至善·先锋

2019东南大学优秀学生风采录

郑家茂　秦　霞　主　编

东南大学出版社
SOUTHEAST UNIVERSITY PRESS
·南京·

图书在版编目(CIP)数据

至善·先锋：2019东南大学优秀学生风采录 / 郑家茂，秦霞主编．—南京：东南大学出版社，2020.8
ISBN 978-7-5641-9097-2

Ⅰ．①至…　Ⅱ．①郑…　②秦…　Ⅲ．①东南大学-模范学生-先进事迹　Ⅳ．①K828.4

中国版本图书馆CIP数据核字(2020)第158435号

至善·先锋：2019东南大学优秀学生风采录

Zhishan · Xianfeng: 2019 Dongnan Daxue Youxiu Xuesheng Fengcai Lu

出版发行	东南大学出版社
责任编辑	贺玮玮
出 版 人	江建中
社　　址	南京市四牌楼2号(邮编210096)
印　　刷	江苏凤凰数码印务有限公司
经　　销	全国各地新华书店
开　　本	787 mm × 980 mm　1/16
印　　张	23
字　　数	342千字
版 印 次	2020年8月第1版　2020年8月第1次印刷
书　　号	ISBN 978-7-5641-9097-2
定　　价	86.00元

* 本社图书若有印装质量问题，请直接与营销部联系，电话：025-83791830。

中国脊梁
东南担当

中国工程院院士
东南大学校长
张广军

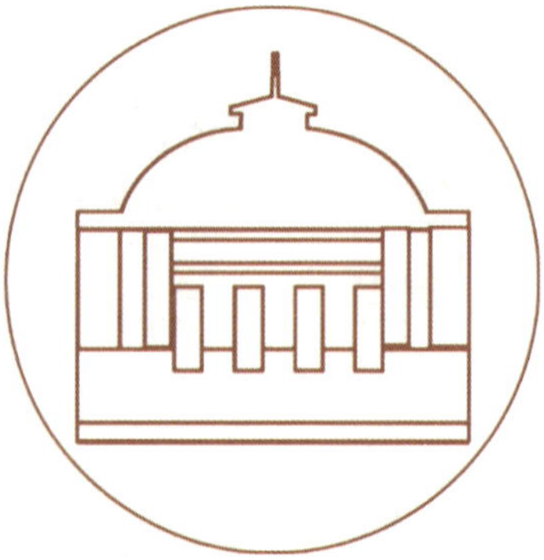

中国脊梁　东南担当

启事在教诲，成事在榜样。青年学子是实现民族复兴、国家富强的主力军。在成长奋斗的征途中，榜样的力量将帮助广大青年学子强固理想信念，砥砺初心使命，在追求崇高中收获精彩人生，报效国家，造福人民。

学在东大，胸怀天下。东南大学历史悠久，始终坚持优良的办学传统，优秀的榜样层出不穷。前有茅以升、杨廷宝、吴健雄等老一辈杰出校友，今有林鸣、刘晓东等各行各业领军人才。他们自觉以解决人类生存发展、国家行业区域发展面临的重大问题为己任，艰苦奋斗，玉汝于成。走进新时代，东南大学坚持立德树人，继承优良传统，与时俱进超越，重塑人才培养目标，努力造就具有家国情怀和国际视野、担当引领未来和造福人类重任的领军人才。一批批同学在学习科研、学生工作与创新创业等多方面表现突出，涌现出了一大批典型代表，如严格同学不仅学习成绩优异，更有着热心公益的奉献精神；张天禾同学力学笃行，团结同学，在台前幕后皆能发光发热；陈雪纯同学不仅用勤奋来浇灌梦想，更有着“心中有家国、眼中有世界”的情怀……我们将这些学生的事迹选编出来，既是为了激励在校生以他们为榜样努力拼搏，也借此展现东南大学青年学子的东大气质、中国情怀与国际视野，彰显“中国脊梁，东南担当”的东大精神。

希望东南大学学子始终铭记、践行“止于至善”的校训，在孜孜不倦的奋斗历程中涵养家国情怀，立大志、干大事、勇担当，在东南大学这片学府圣地和青春舞台，写好东大故事，筑就中国梦想，谱写时代华章！

2019 年 12 月

《至善·先锋》编委会名单

第一篇　中国脊梁　我辈担当

Contents

第二篇　学在东南　志在四方

Contents

Contents

中国脊梁 我辈担当

第一篇

邓一秀 DENG Yixiu

■ 个人简介

邓一秀，女，汉族，1998年2月出生，中共党员，东南大学建筑学院城乡规划专业2017级本科生。曾获国家奖学金，何勤奋奖学金；东南大学三好学生标兵，东南大学优秀团员等荣誉称号；长三角地标设计大赛金奖，江苏省“互联网+”大赛一等奖，“力行杯”江苏省社会实践一等奖等。

万卷书万里路

——记建筑学院邓一秀

在师长的谆谆教导、同学的热心帮助下，在东南大学严谨求实的校风、止于至善的校训的熏陶和鞭策下，邓一秀在力学笃行的路上一步一个脚印。她用求真的决心和不放弃的耐心，磨炼着那个并不完美的自己。读万卷书行万里路，在有限的大学时光里，她希望像海绵一样吸收知识，打开更加广阔的视角认识世界。

■ 专业学习，严谨而专注

2016 年 8 月，怀着对大学生活的期待和对未来的一丝迷茫，邓一秀走进了东南大学的校园。她第一次骑车从梅园路经李文正图书馆，到达九曲桥；第一次走上四牌楼的中央大道，隔着涌泉池的水幕遥望远处的大礼堂。这是她求学之路的开始。

步入大学，对待专业知识，邓一秀一直保持热忱与专注，发扬不怕苦不怕累的精神。2016—2017 学年，她在经济管理学院学习，以“经世济民”的院训鞭策自己，学年绩点前 5%，完成“对南京网约车的现状分析调查”SRTP 项目，参与四次校级人文讲座。暑期，在慎重思考和取舍后，她选择留校学习绘画，参加建筑学院城乡规划专业转系考试。

2017 年 8 月，她背着画板来到建筑学院所在的四牌楼校区。因为对专业学习的热忱与专注，她在大一、大二学年绩点均为专业第一，获得五四表彰“优秀团员”、2017—2018 学年“三好学生”、何勤奋奖学金、2018—2019 学年“三好学生标兵”、2018—2019 学年国家奖学金等荣誉称号及奖学金。止于至善的执着和不放弃的毅力是她求学之路的关键。

专业课学习如此，课外竞赛亦然。对于竞赛等活动积极参加并努力争取获奖，2017 年，她参加东南大学结构创新竞赛，和同伴们在一个又一个深夜计算结构受力、修改模型，不放弃不抛弃，最终模型设计获得校级二等奖。2018 年，她参加第五届江苏省“互联网+”大学生创新创业大赛，从寒假开始阅读大量有关乡村振兴的文献资料，学习往届的优秀产品与设计。学期中，她白天忙于专业课程学习，同时还挤出来时间和同伴沟通“互联网+”比赛并分工合作；晚上，在宿舍撰写策划、修改内容和制作PPT。7 月的工作室只有她和队友。从早上8:00进入中大院到晚上10:00 走出中大院，从南京到常州，从校赛到训练营、到省赛、到省赛训练营、到国赛网评，她和队友们一起学习完全陌生的知识——财务、公司组成、规划政策，也一起度过了累而充实的假期。敲击键盘的声音是她对那段时光最直接的印象。最终她所在的“乡筑”团队在第五届江苏省“互联网+”大学生创新创业大赛中获得一等奖。接着，2019 年暑假，她报名参加“筑梦上海，青春畅想”长三角大学生地标设计大赛，8 月暑期除了她和队友还留在学校，其他同学早已经回了家。她和队友们苦思冥想、挥洒汗水，不肯放过任何瑕疵，一遍遍修改，一遍遍检查。在指导老师耐心地讲解和深入浅出地分析中，她和队友们一次次推翻与重建，四处找教室做模型、画图纸。对她们来说，设计方案的那 30 天没有暑假的氛围，在本应轻松愉快的假期她和队友们历经初赛选拔、复赛淘汰、决赛角逐，一轮又一轮的答辩与修改、视频剪辑、海报制作、答辩模拟让她们每个人都精疲力竭。幸而努力得到回报，最终，她和队友们的作品“云络”获得了“筑梦上海，青春畅想”长三角大学生地标设计大赛金奖。2019 年 9 月开学初，她和队友报名参加 2019“力行杯”江苏省大学生社会实践项目大赛，其间修改 12 版讲稿，多次往返省委大厅和四牌楼校园进行模拟展示。当开学的忙碌撞上比赛的烦琐，迅速调整状态的她也有力不从心的时候，多亏同班同学的帮忙，最终她和队友以题为“星火大仓”的暑期实践项目获得2019年“力行杯”江苏省大学生社会实践项目大赛一等奖。

在她看来，专业课学习和课外竞赛是相辅相成的，专业课学习得精而深才能为竞赛打好基础，在课外竞赛中才能灵活运用专业知识；除此以外，很多专业课学习不到的知识，例如视频剪辑、讲稿编撰、海报制作等能在课外竞赛中轻松学习到。她对待专业知识严谨而专注，也不畏惧各项烦琐和困难的考验。止于至善的执着与不放弃的毅力是她对自己的要求。

■ 志愿实践，热忱而勤恳

2017年8月，邓一秀参加了东南大学欢迎新生志愿活动，从场地的确认、军训物资的领取、时间的配合等多方面，为欢迎2017级新生做好了准备。这是她第一次在大学参与实践活动。这次实践活动，历时两天共计志愿时长19小时。虽然辛苦劳累，但看到学弟学妹们眼中的期待，为正在苦恼的学弟学妹们排忧解难而听见的一声声“谢谢”，就觉得辛苦也是值得的。这天，她知道了实践的魅力，在实践中遇见更多的人和事，像是打开了一扇又一扇新门。实践是和学业不同但一样充满挑战和收获的事情。这是她实践之路的开始。

2018年初，在机缘巧合下，她幸运地加入至善讲解团。一篇又一篇地背诵讲稿，一次次带着外来客人们或是新同学们从大礼堂走向孟芳图书馆，从健雄院走向校史馆，给他们讲解东南大学的历史，讲述发生在校园不引人注意的角落里的一个又一个有趣的故事。在讲解中，她与来自五湖四海的同学沟通交流，了解各地的风土人情，在长辈的口中了解一段段文献中不曾记载的东南大学故事。两年间她一共参加22次志愿活动，打卡时长超过65小时。

走出校园、走出熟悉的舒适圈，走进山区、走进更真实的生活，这是实践的真谛。除了志愿活动，在2019年暑假，她报名参加暑期社会实践项目，以“星火大仓”为题在暑期前往江西井冈山市荷花乡大仓村，进行为期一周的实地调研活动。她和伙伴们走进一户户村民家中，听他们讲述自己祖辈父辈的抗战故事，讲述大仓村村民从绿林好汉到革命英雄的传奇历程。根据大仓村的红旅需求，她和队友为大仓定制明信片、旅游手册，更用镜头记录了现在的大仓，拍摄视频《听见大仓》。“星火大仓”社会实践结束后，他们得到了大仓村村民的热情肯定。“星火大仓”作为先导项目之一，拉开了井冈山成为东南大学社会实践基地的序幕。在接下来的每年暑假，会有更多的东南学子走进山区，真正用双脚去丈量土地，邓一秀也会在这条路上不断努力。

■ 专业实干，慎思而笃行

作为建筑学院城乡规划专业的学子，作为一名中共党员，邓一秀努力将所思所学投入实践中去，主动走出自己的舒适圈，去感受、去体验真实的生活，拓宽自己的视野、增长自己的见识，参与到乡村振兴战略和城市复兴发展的建设中，以自己的专业之长去回馈、去补益我们的社会。

在大三学年的社会调查专业课上，她和队友以“社区型商业”为题，走进南京老城的多个社区商店，分发问卷、采访顾客，也遇到过被人拒绝、被人误解。课程更多的收获绝非是社会调查的结论中带来的，而是参与整个社会调查以及在访问真实多样的社会形态的过程中经历和看到的。她看到早晨 9:00 齐聚商店购买优惠商品的老年人，看见中午 12:00 接孩子补习下课的妈妈，访问了从不在家做饭的青年夫妻，看见刚进社会开始打拼的五分钟吃完中饭的年轻人……形形色色的人们在奔波，在生活。在采访内容之外，她倾听过受访人的生活难处，分享过他们的喜悦和骄傲，也帮助过他们解决力所能及的小问题。这样的活动不同于一味地从书本上接受知识，活动中偶有的专业知识的现实运用使得她更直观、更全面地感知社会，增强实干。在不同人、不同事的主观表达里，她慢慢地学会了对事物的客观理解与分析。她尽自己所能，运用所学的知识，为社区规划提出自己的一些建议与看法。穷则独善其身，达则兼济天下。邓一秀用她的言行告诉更多的年轻学子，不应囿于眼前的图纸和模型，而应运用所学去营造一个更加幸福的社会。

正如朱熹在《答郭希吕》中所说，“夫学问岂以他求，不过欲明此理，而力行之耳”。 局限于书上的方寸之地绝不是一个规划万丈土地的规划师应该做的，唯有带着专业知识走出去，才能结合实际情况充分发挥专业的无限魅力，才能拥有领军人才的开阔眼界！

推荐老师 吴洁莹

师长点评

邓一秀同学是一位热忱专注和德智体美劳全面发展的优秀学生。她在学习上认真努力，积极进取，具有一定的探索与研究能力，获得多项竞赛奖项；专业课程之外，积极参与各类实践活动，用脚步丈量土地；生活中尊敬师长，团结同学，具备良好的团队合作精神。希望她能怀揣梦想继续努力！

建筑学院 副教授 高 源

谈秀丽 TAN Xiuli

■ 个人简介

谈秀丽，女，汉族，2000年4月出生，中共预备党员，东南大学机械工程学院工业工程专业2017级本科生。曾获国家励志奖学金，朱斐孙绎奖学金；东南大学优秀学生干部，东南大学三好学生，东南大学优秀团干，东南大学优秀团员等荣誉称号；东南大学第八届创新体验竞赛校级二等奖，东南大学第三届本科生物流设计竞赛校级优秀奖等。

慢摇轻舟　乘风破浪

——记机械工程学院谈秀丽

谈秀丽，温文尔雅，喜欢慢节奏的生活，这样的她喜欢平平淡淡，喜欢独处，但这并不意味着她喜欢毫无波澜的生活。她将人生的帆船驶入尚未涉足的海域，享受一路前行时海风拂过面颊的闲适，享受与汹涌澎湃的海浪斗争的过程，享受每一处高地、每一座孤岛从陌生渐渐熟悉的变化。将自己融于生活这片汪洋大海，不忘感恩，勇往直前。

■ 初见迷雾

2017年9月，夏末秋初的南京仍带有盛夏的几分傲娇。她第一次和父母从家乡来到南京，走入东南大学，对于周遭的一切，有几分害怕也有几分期待。

她期待，周围陌生的人、陌生的事。一段崭新旅程，陌生的人会因为价值观念相似而走到一起，陌生的事物又都充满了新鲜感。她期待不期而遇的惊喜。

她又害怕，周围陌生的人、陌生的事。来自五湖四海的人聚集在一起，地域差异、文化差异所带来的同龄人之间的差异让她心中泛起许多愁绪：如何同他人相处？如何让自己的大学四年有价值？如何让自己变成想成为的人？众多的疑问令她谨小慎微，不苟言笑，甚至显得刻板。她害怕与众不同的孤独。

经历 21 天的军训，参加大学以来第一次班委竞选，认真书写入党申请书，观看班级辩论赛……她看到了自己害怕的那些差距，对她来说，自己似乎很难融入这样一个集体。对于未来，她没有多想，眼前像笼罩着迷雾，不知道路在哪里，该往哪里走。只能走一步看一步，小心翼翼地向前。

■ 明志建舟

担任组织委员，寻找班级归属感 大一时谈秀丽参加班团委竞选，有幸当选 026171 团支部组织委员。一开始，像众多新上任的班委一样，心中有些莫名的高兴，思索着为班级做出贡献；但是也心存疑惑，不知道从何下手，如何建设一个优秀的班集体。

她决心加强班级同学凝聚力，让来自不同省份的班级同学在 026171 感受到家的温暖。她和生活委员一起，组织策划一场又一场的同学生日聚会，悄悄购买生日蛋糕，精心准备生日礼物，给大家送去惊喜。在中秋节、平安夜，甚至儿童节，也会和生活委员一起给大家准备节日礼物，给大家送去节日祝福，让每一位 026171 的同学能够感受到来自他人的温暖，来自班集体的温暖。而当同学们有所反馈时，她会觉得一切都是值得的。刚进入大学生活，她自己也找不到归属感，所以换一个角度来说，帮助别人找到归属感的同时，她自己仿佛也找到了一份来自班集体给予的温暖。

参与志愿活动，感受人生百态 谈秀丽认为，大一时选择加入机械工程学院学生会志愿服务部是一个十分正确的决定，如果时空可以重叠，她一定会当面感谢曾经做出这样选择的自己。作为志愿服务部的干事、副部长，她组织并参加了许多志愿活动。她组织参与东山敬老院志愿活动、南京南地铁站志愿活动、南京市第一院志愿活动、马群社区志愿活动等，获得机械学院优秀志愿者称号以及南京市第一医院“志愿组织领导奖”。在这些志愿活动中，她遇见过安享晚年的老人、行色匆匆的旅人、饱受病痛折磨的患者、恪尽职守的医生、天真烂漫的孩童，听过爷爷辈的故事，见过紧张的医患关系，体会过他人为了生活不断奔波的艰辛与喜悦。

在假期时，她也不忘记参与志愿活动，体验百态人生。从2017年寒假开始参与东南大学假期资助宣传大使志愿活动，连续参加3个假期，其间通过发放宣传资料、到当地扶贫办讲解、编辑网文、家访、建立专门的QQ交流群等形式在家乡宣传国家资助体系及政策。她也从中进一步认识到家乡的发展变化和人们生活状态的变化。资助宣传经验的积累，让她有幸当选机械工程资助专员，服务更多同学。

在近距离接触社会时，她渐渐开始觉得自己并不是一座孤岛。自己在班级中、在社会中不是完全孤立的，同社会中的每一个个体都有可能发生直接或间接的联系。一个人的行为举止、价值观念、理想追求在整个社会中单独拿出来看，可能影响不大，但当每个个体的理想抱负、价值理念汇聚在一起时所体现出来的集体价值理念是会影响到每一个个体的发展的。在她眼里，将自己的人生目标与集体的终极目标高度统一起来尤为重要。

她开始不再局限于自己的发展，不再单单看中自己的利益得失，而是更多地投身到离自己最近的集体——026171的建设中，希望把每一个和自己有关的集体建设得更好，让集体中的每一个人感受到集体所带来的幸福。

服务于他人，为他人带去幸福似乎成了她自己的幸福来源。她决定勇敢冲破迷雾，驶入人生的大海，以追求更好的自己为建舟之材，以为他人服务的理念为帆，渐渐建起属于自己的人生扁舟。

■ 扬帆起航

由于优秀，谈秀丽开始担任026171团支部书记，为使支部成员幸福而扬帆，同学们的信任使她觉得责任重大。她担任团支部书记之初便在组织委员工作的经验基础上，结合支部实际，设立支部建设目标：建设一支有活力、有凝聚力、有体系、有影响力的集体。

完善支部管理体系 在大一支部建设的基础上，她在担任团支书后的第一次支部委员会议上提出“由团建带动班级建设”的整体思路，得到委员们的认可。在她的带领下，班委、支部委员及全体支部成员共同努力建立了富有特色的支部组织架构、成员信息管理册、财物制度、宣传制度等，形成较为完善的支部管理体系，为各类团建活动的成功举办打下基础。

开展丰富多彩的团日活动 在她的带领下，026171团支部开展了“我是读者”活动，吸引了校内外120多人参与，其中包括浙江大学、北京体育大学等多所高校的同学，以及东南大学交通学院、土木工程学院、人文学院等本校同学的参加；“家乡·家香”活动带领支部成员品味儿时味道，寻找初心；“先进人物进学院”活动中，支部成员采访了身边优秀的学生代表，寻找榜样的力量；机械工程学院“五老”特别活动，让支部成员感受东南大学的变化，追寻时代的使命召唤，树立远大的理想信念。

班级荣誉感及凝聚力的提升 在她的带领下，026171团支部开展各类团建活动数十次，完成了管理体系的优化，拍摄了独属支部的视频，支部成员的凝聚力和幸福感通过活动参与不断提升。在支部成员的共同努力下，026171团支部获东南大学“甲级团支部”荣誉称号、“2018—2019学年机械工程学院优秀团支部”荣誉称号，机械工程学院“五老”特别活动获“校优秀磐石计划”，在“读懂中国”系列活动中荣获嘉奖。服务于支部、服务于同学的同时，她也收获满满的幸福。

参与社会实践，为脱贫攻坚助力 2019年暑假，她同志同道合的伙伴一起前往云南省红河县红河州架车乡开展以“脱贫防返贫”为主题的社会实践。作为社会实践进度监督者和参与者的谈秀丽，为实地调研贡献了自己的力量。她走出学校，走出舒适区，零距离感受脱贫攻坚工作开展的实际情况，汇总调研成果。通过实践，在同当地政府工作人员、基层干部、村民们的接触中，她更深刻地体会到为人民服务的价值，也更加坚定了自己的理想信念，同时验证了她的人生扁舟建设的正确性。

她明白了，只要踏踏实实完成当前的工作，真真切切为了集体思考，站在集体的角度上多去思考一个问题产生的原因，从自身出发多寻找原因，遇到的很多困难便可以解决。无论扮演何种角色，都不能仅仅考虑自己的价值实现和利益获取，而应更多地考虑集体的利益，在为更多人的幸福而奋斗时，自己就会收获更多的快乐。

在人生的大海上，难免诸多困难险阻，难免不少寂寞孤独，难免诸多未知迷茫，但是只要心中有光，扁舟有帆，就会有方向。轻舟已扬帆，航行正当时。她说，未来的旅途要不断检修自我，脚踏实地，敢于开拓，不断朝着未知迈进，让人生的帆船航行得更远。

推荐老师　柏　硕

师长点评

谈秀丽同学在学习上认真努力，生活中积极向上，积极参加各类活动，工作认真热忱，责任心强，创新意识强，耐心努力，勤奋务实，学习态度端正。作为团支部书记能够起到一定的模范带头作用，具有奉献精神和担当精神。

机械工程学院　副教授　罗　晨

易礼言 YI Liyan

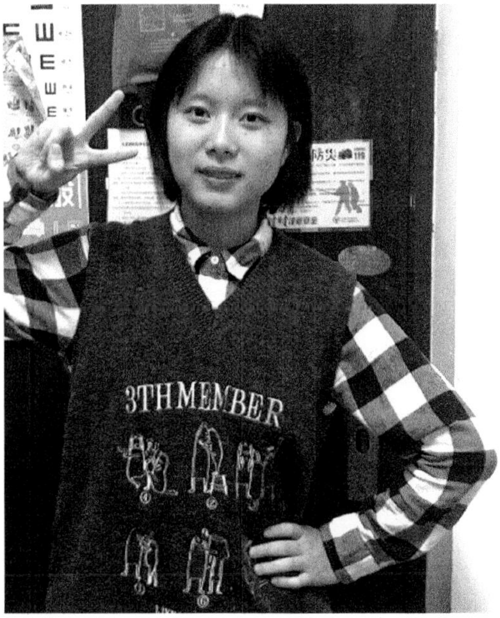

■ 个人简介

易礼言，女，汉族，1999年10月出生，共青团员，东南大学电子科学与工程学院电子科学与技术专业2017级本科生。曾获2018—2019学年国家奖学金，2018—2019学年科达奖励基金；东南大学三好学生，东南大学优秀团员等荣誉称号；2019年全国大学生电子设计竞赛国家级一等奖，东南大学第十三届智能车竞赛校级一等奖等。

积少成多　知行合一

——记电子科学与工程学院易礼言

入学伊始，易礼言就为自己定下了目标。但她也明白，“凡事以理想为因，实行为果”，只制定目标却不行动是远远不够的。她将目标一步步拆解为日常生活中的小计划，在日常的学习与实验中认真、勤勉地去完成每一个小计划。今日事今日毕，对于交代给自己的任务，不拖延，认真地做好每一件事。因为她明白，就像修建高楼，现在的每一步，虽然辛苦，但都是在夯实地基，牢固建造。九层之台，起于累土；千里之行，始于足下。只有在平时的学习中，严格要求自己、勉励自己，才能朝着理想不断地迈进。

■ 博观而约取

但现实不是如同故事中所表述得那般尽如人意。“最困难的事在于认识自己”，刚入大学，易礼言就陷入了苦恼。身边优秀的同学绝不在少数，甚至有人在入学前便已掌握了部分基础知识。在这样的境况下，她迷茫，她害怕，预感到在高中一向成绩名列前茅的她很可能难以继续保持优秀。于是，她全身心投入课内知识的学习中，课堂上认真听讲，课后积极完成作业，定期整理知识点，练习扩展题。然而即使她一门心思地学，绩点并不是名列前茅。她也参加过一些竞赛，例如高等数学竞赛、全国大学生英语竞赛、结构竞赛等，但是结果也不出彩。

大一对于她来说是不尽如人意的，她沮丧过，但明白不能以此作为放弃或者是不努力的借口。在调整好自己的心态之后，她开始更加积极地了解与专业相关的知识内容，甚至是扫盲式地入门科普，如单片机、电路、芯片、信号处理……在大一的那个暑假，她对自己所学的专业有了更广泛的认识，也有了更大的兴趣。

获得知识的途径向来是多种多样的，发达的网络、身边的同学、学识渊博的老师……只要有了求知的心，便不会有阻碍。“Stay hungry, stay thirsty”，她心中默念这两句，遇到有趣的内容便会查阅资料，弄清背后的原理。正是因为求知若渴，她一步步走进了电子的世界，开始去了解、去探索、去发现、去领悟、去创造。

■ 厚积而薄发

白驹过隙，时光匆匆，不知不觉，已到了大学第二学年，她选择了与朋友一起组队参加学校内的智能车竞赛，这对于她来说是第一次认认真真、兢兢业业地投入竞赛。分工安排任务之后，她就时刻提醒自己、督促自己，尽自己最大的努力去完成工作和任务。这次的任务是图像处理，这对她来说是一个没有接触过的领域。查阅资料、询问他人、努力钻研……她不断地付出努力，尽力完成任务。智能车的调试并不是嘴上随便说说的 PID 原理那样简单，理论与实际向来是存在差距的，因此过程中也难免遇到挫折。竞赛本身的难度、竞争对手给予的压力以及辛苦调试后却不尽如人意的结果使她时常感到心态失衡、灰心丧气。在很多时候，她也想过放弃，也跟朋友抱怨过，也苛责质疑过自己。但是总有一种信念在支持着她，在鼓励着她。那是来自理想和目标的声音，提醒着她积极面对困难和挫折，提醒着她转换思路、迎难而上。一次次的挫折和困难锻炼了她坚韧的心性，培养了她坚强的意志品质，同时也使她学到了不少的技能与方法。回顾整个赛程，让她感到欣慰的不只是最后获得校一等奖的荣誉，更多的是参与其中的鲜活感，以及投入的精力、付出的行动、获得的积累。

在长达大半年的智能车赛程中，她还报名参加了老师发布的 SRTP 课题项目。在课题研究的过程中，她也收获了不少从前未接触的科研方面的知识。从查找资料到阅读文献，再到理解其中的内容，她一遍遍地查找与翻阅各种资料，也更加明白做任何事都无法一蹴而就的道理。

■ 实践出真知

在充实而忙碌的大二的末尾，易礼言决定参加与专业相关甚密的竞赛——电子设计竞赛。校赛的一周是“昏天黑地”的，一下课就匆匆赶去电工电子楼，设计电路、焊板子、查电路……即使已经过去半年有余，她回忆起那段时光仍然感到苦涩，但同时也感到自豪，即使结果是不尽如人意的，但正由于过程的坎坷，她收获了许多不曾经历的经验。

转眼又到了暑假，她毅然地选择了与队友继续一起作战，准备电子设计竞赛的国赛。对于她来说，近两个月的电子设计给她留下印象最深的不是结果，而是与队友一起奋战的过程。

一轮轮的淘汰赛即将开始，对于做四旋翼题目的她来说，7 月 1 日开始的培训时间也是十分宝贵的准备时间。她所在的队伍基础并不扎实，而四旋翼题目的解答却需要很丰富的专业知识。最开始她缺乏信心，担心自己能力不够而无法完成任务，担心被其他组甩开太大差距，担心会在一轮轮淘汰赛中被刷掉。当时的她几近崩溃，也一度想过就此放弃。好在有队友的陪伴，有亲朋的鼓励，她调整好心态，继续前行，而无畏结果。正如同校训所说的“止于至善”，她选择尽力而为，也选择莫问前程。

她仍然记得，电力设计练习期间，4 道题目难度递增，前两道题是基础，考察飞行器的飞行控制——是否飞得够稳、定点够准。后两道题则难度攀升，对于图像识别的要求提高。她是组内负责图像处理的队员，压力突然变大。好在前期准备下足了功夫，所以图像元素的识别也没有难倒她。在第3道题解答期间发生了一些未预料的情况，她反复检查代码，处理一些逻辑上的小漏洞。在这个过程中，她在代码异常处理、代码逻辑的思考以及布局、解决问题的思考角度等方面的能力都得到了提升。

易礼言依然记得那称得上“天昏地暗”的最后四天三夜，从看到题目时的惊诧，再到4次调整方案和尝试，时间被排得满满当当。最后的两天一夜她和她的队友几乎没有闭眼，直到最后一天晚上8点多完成了装箱，这意味着电力设计竞赛暂时告一段落。最令人紧张的还是测试环节，因为时间紧张所以更考验心理素质。令她感到欣喜的是她们的设计最终通过了省赛和综合测评，顺利进入国赛。到了国赛现场，在看到各个赛区准备充分，而测试场地变化又大的情况后，她意识到了自己团队的方案存在鲁棒性不足的问题。同时，没有准备备用方案，以及对于时间的把握不足都是参与本次竞赛的遗憾之处。她也更加懂得了“人外有人，天外有天”的道理。有志者,事竟成……最终她所在的团队获得了国赛一等奖，巨大的惊喜从她心中涌出，似乎要将她整个人淹没。

■ 知而后行

进入大学的近三年时间里，易礼言认真完成学业之余，也积极参加竞赛等课外活动。她看到象牙塔外的世界，明白在这个领域里有许多精英，这也让她产生了许多思考：对于学习，绝不能埋头书斋，死啃课本，而应该积极地走出去开阔视野，在不断地实践和思考中锻炼自己，真正地做到知行合一。人生也是如此，纸上谈兵向来不能解决问题，唯有自己尝试过才能明白个中滋味，才能积累丰富的人生经历。

未来道阻且长，她很清楚地明白取得的成绩已是过去，更好的未来仍需要奋斗，勇敢地逆流而上，朝着理想不断努力。正如老子所言，“九层之台，起于累土；千里之行，始于足下”，唯有一步步踏实积累，方能至千里。

推荐老师　王一卉

师长点评

易礼言同学积极向上，学习认真，成绩优异。积极参与学科竞赛，并取得了不错的成绩。在校期间，获得许多奖学金和荣誉称号。但是她不骄不躁，继续进步，脚踏实地做好学问，厚积薄发，为未来长远发展做着坚实的准备。

电子科学与工程学院　党委副书记　江雪华

赵云龙 ZHAO Yunlong

■ 个人简介

赵云龙，男，汉族，2000年7月出生，共青团员，东南大学自动化学院自动化专业2018级本科生。曾获国家奖学金，课程奖；东南大学三好学生，东南大学2019年十佳志愿者，新任团支书培训优秀学员等荣誉称号；第十一届全国大学生数学竞赛一等奖，江苏省高等学校第十六届高等数学竞赛二等奖，东南大学本科生2019年高等数学竞赛三等奖，东南大学第十三届数学建模竞赛三等奖，志愿者服务优秀奖，社会工作优秀奖等。

大学之道　止于至善

——记自动化学院赵云龙

赵云龙是一位普普通通的青年，没有出众的外貌，也没有显赫的家世，不善歌舞，琴棋书画也无一擅长，他聊以自慰的是有一颗善于思考的心。中学时，他也和同学们一样憧憬美好的大学生活，同时也在思考大学学习的意义，和怎样去探索追求大学之道的问题。奈何当时高考压力在身，无法抽出时间深入思考这个问题，最终也不了了之。现在他进入大学，终于可以重新思考这个问题了。

咬定青山不放松，立根原在破岩中

虽说进入大学，有了更加丰富多彩的社团活动、锻炼自我的学生工作以及挑战十足的竞赛，但他明白重心还是要放在学习上，毕竟是“Study Everyday University”。进入大学不代表学习上可以放轻松，而是意味着仍需保持中学阶段的吃苦奋斗精神甚至更加严格地要求自己，因此在进入大学后，他比备战高考那段时间还要努力。时间像海绵里的水，挤挤总会有的，这句话在他的身上可得到验证：上课之余，除了花在路上和吃饭的时间，他基本都用来学习了。他给自己定了个小目标——“今日事今日毕”，他深知“打败我们的往往不是能力，而是拖延和懒惰”这个道理，因此当天老师布置的作业，课上未弄明白的知识点，以及当天未清的事情，不管忙到多晚，他都要把剩余的事情完成，实现自己对自己的承诺。与中学阶段相比，大学学习的自主性需要更强，很多同学往往会在大把的时间里不知道要干什么。他得益于高中特有的“271”教育模式，在高中三年里已经初步具备了自主学习的能力，在大学学习的过程中，他制订了一份类似高中“成长日记”的计划书，坚持每天给自己制订学习计划，精确到每分钟，把每天安排得很充实，同时也避免了学习的盲目性和随意性。学而不思则罔，与此同时，他还制作了一份“学习档案”，每周都会进行一次书面总结，对自己过去一周里学习等方面进行全面复盘，总结不足，保持优势，因此得以行稳致远。正是这样的计划性、自律性、反思性，加上日复一日的刻苦学习，使得他的学习成绩一直名列前茅，在2018—2019整个学年中，获得绩点3.81，名列年级前8.27%，斩获课程奖一项。他告诉自己，继续秉承“千磨万击还坚劲，任尔东西南北风”的松柏精神，不懈奋斗。

■ 问渠那得清如许，为有源头活水来

当然，他也知道，如果在大学里还像中学阶段一样“两耳不闻窗外事，一心只读圣贤书”的话，那将难免陷入死读书的循环，导致自己沉浸在过去的世界里，而跟不上世界的快速发展。现在整个社会都在倡导创新，创新势必要接触外面的世界，因此在学习之余，他也在努力跟上社会和科技的发展。而大学校园是最不乏创新精神的，在这里参加竞赛是接触科技发展的主要途径之一。俗话说“万丈高楼平地起”，他也明白这个道理，要想以后在科技发展方面有所造诣的话，还是要先打牢基础学科的地基。因此他参加了高数竞赛，在高数竞赛的道路上他一路过关斩将，先后获得了第十一届全国大学生数学竞赛一等奖、江苏省高等学校第十六届高等数学竞赛二等奖、东南大学本科生2019年高等数学竞赛三等奖等奖项。在参加高数竞赛的过程中，他既打牢了高等数学这一重要地基，又从试题的设计中窥探到了科技发展的方向，也初步培养了自己钻研的精神。同时，他也明白术业有专攻的道理，通过和学长、学姐的交流知道将来在科

研道路上有许多地方需要建立模型，因此他也参加了数模竞赛，获得了东南大学第十三届数学建模竞赛三等奖，目前也加入备战2020年美国大学生数学建模竞赛的行列当中。在参加竞赛的过程中，他对建立模型有了初步的了解和掌握。他还明白，对于工程类相关专业都应有所了解，因此他还参加了结构创新竞赛，获得了东南大学第十八届结构创新竞赛暨第八届南京高校结构创新邀请赛优秀奖。当然了，尽管他是一位工科学生，但是人文素养还是不可或缺的，因此他参加了学院的口才大赛，也获得了三等奖的好成绩。如今他正奋斗在智能车等竞赛的道路上，竞赛也许有结束的一天，创新却永不止步。

■ 但愿苍生俱饱暖，不辞辛苦出山林

有一群人，他们身着红马甲出现在社会的各个需要帮助的角落，他们的青春靓丽构成了这个社会一道美丽的风景，他们就是平凡而又伟大的青年志愿者。赵云龙也是这道美丽风景中的一员。大学并不像中学一样，每天的课表都是满满当当的，大学有更多的自由时间可供支配。《诗经》云：“投我以木桃，报之以琼瑶。”他认为，自己在党和国家的培养下成为一名大学生，是时候做些事情回报社会了。因此入学后，他就加入青年志愿者的队伍，投身伟大的志愿服务事业。

他曾在钓鱼巷老人公寓陪老人们聊天，给卧病在床的老人们剪指甲，陪他们欢度晚年生活。他也曾在同仁医院帮助前来就诊的患者挂号，这样患者早一些挂上号，也就能早一些减轻疾病的痛楚。他也曾穿上橙色的迎新志愿者服装，帮助刚来南京读书的学弟学妹们早一些安定下来，早点融入东南大学这个大家庭。他还负责过接待前来报道“‘我的南京’在宁62所高校科研院所2019年开学典礼”的媒体朋友们，为帮助新同学们更好地了解南京而努力。他也参加过军训服的回收工作，将新生们不用的军训服收集起来捐献给需要的人们。他也接待过回国参加“中国侨联青年委员会第四届委员会”的侨界杰出青年们在华东地区的参观，帮助海外华人华侨

了解祖国日新月异的变化。

一年多来，他的志愿时长累计达 67.55 小时，并获得了东南大学 2019 年十佳志愿者、志愿者服务优秀奖等荣誉。 也许他只是一个普通的青年志愿者，但他希望能通过他的志愿活动帮助更多的人。

■ 衣带渐宽终不悔，为伊消得人憔悴

不论是个人，还是集体，大学相较于中学都更加独立。 因此大学阶段的学生工作也就更加能锻炼本领和服务同学。 他深知这个道理，因此一入学就参与学生工作。 他现任共青团东南大学委员会青年志愿服务指导中心与青年志愿者协会外联部部长，组织了校青协与各院系志愿服务部门的交流和合作协议的签订，努力将志愿活动推广到每个人，让每个人都有机会成为一名光荣的志愿者。 他也先后组织了东南大学青年志愿者协会与南京大学青年志愿者协会、江苏警官学院志愿者团、南京理工大学青年志愿者协会等南京地区的高校青年志愿者协会以及山东大学青年志愿者联合会、西北民族大学青年志愿者协会和江苏科技大学青年志愿者协会等其他地区高校青年志愿者协会的交流，希望通过交流学习其他高校志愿组织的优秀之处，从而提升东南大学青年志愿者协会的志愿服务质量。 他还先后担任了东南大学 08A184 团支部、080181 团支部的团支书，先后组织了以“德义礼智信，耳濡目染；核心价值观，身体力行”“五四烽火百年燃，青春建功正当时”为主题的一系列团日活动，从而达到了“青春跟党走”的教育目的。 他也是 G21194 班的班指导，努力给学弟学妹们答疑解惑，帮助他们更好地融入东南大学这个大家庭。

也许这些只是一些微不足道的事情，但他希望能够凭借自己的微薄之力更好地服务同学。 有一分光，发一分热。 那么大学之道到底是什么呢？ 现在看来，是“咬定青山不放松，立根原在破岩中”的刻苦学习，是“问渠那得清如许，为有源头活水来”的矢志创新，是“但愿苍生俱饱

暖，不辞辛苦出山林”的志愿公益，是“衣带渐宽终不悔，为伊消得人憔悴”的服务同学，还有很多很多，但概况言之，汇成四个字，便是“止于至善”。

推荐老师　成　曦

师长点评

赵云龙同学思想上进，积极投身专业学习、学科竞赛、志愿服务等，全方位自我锻炼。希望赵云龙同学能够不忘初心、勤奋克己，为成为领军人才而不懈追求。

自动化学院　副院长、副教授、硕士生导师　金立左

李子涵 LI Zihan

个人简介

李子涵，女，汉族，1999 年 3 月出生，中共预备党员，东南大学人文学院哲学专业 2017 级本科生。曾获 2018—2019 学年国家奖学金；2018—2019 学年东南大学优秀学生干部，2018—2019 学年东南大学学习优秀生，2018—2019 学年优秀团员，2018 年东南大学暑期社会实践活动优秀个人等荣誉称号；“至善西行公益旅游”项目获江苏省第四届“互联网+”大学生创新创业大赛“青年红色筑梦之旅”赛道三等奖，“中国金石义例著作集成”获批 SRTP 省创项目等。

慎思笃行　行则将至

——记人文学院李子涵

《礼记·中庸》有言："博学之，审问之，慎思之，明辨之，笃行之。"在三年多的大学生活里，这句话一直是李子涵努力的方向，她说："也许我无法能将这五方面都切实地达到，但在立志与求学的过程中，慎思与笃行，是我时刻牢记的根本。我也相信，当坚持了这两点，自然就不会忘了博学审问的重要性，不会游离于党的旗帜下，不会忘却学以致用、学以报国的人生目标。"习近平总书记曾引《诗经》与《荀子》中的诗句，提出："道阻且长，行则将至。"人生前行的道路上充满阻碍，既远且长，但只要坚持不懈地走下去，就一定能够达到最开始的初心。慎思笃行，行则将至，正是明白与坚持了其中的精神，她的人生才能够增添一分别样的精彩！

■ 平明空啸咤，思欲解世纷

立志存高远。2018年暑假的贵州之行，让李子涵更深刻地明白了怎样的人生才是真正做到了"中国梦""东大梦""个人梦"的有机统一，这为她的人生道路进一步明晰了方向。2018年4月，郭正兴教授莅临东南大学人文大讲堂，为同学们带来讲座。他说："老一辈的人才大多是一辈子只干一件事，将毕生精力都投入进去，不急功近利，而是深刻地热爱。"受到郭教授的影响，更感怀于南仁东先生的动人事迹，李子涵加入了"追梦天眼FAST"的实践队伍中去，开启了一场难忘的贵州之旅。

经过 5 小时的颠簸车程，队伍才从旅店进入平塘县克度镇的大山深处，来到中国科学院 FAST 重点实验室，难以想象工程师们是在如何艰苦的条件下修筑出如此浩大的工程的。 尚未抵达观测园区，同学们的通信设备就被屏蔽了信号，以防止电磁波对天眼观测产生干扰。 不同于一般游客在远处山头的观景台遥望天眼的宏伟，李子涵等同学是真正地在天眼外圈的索架结构上走了一圈，单是绕天眼外圈一周，就花费了 1 小时之久。 天眼的反射面板的透光率可以达到 50%，厚度约 1.3 毫米，降水可以渗透到天眼底部的土壤。 俯瞰山洼，原本因施工而破坏的植被又重获新生，绿意盎然。 除了 FAST 之旅，李子涵等同学还前往了贵阳市图云关红十字救护总队遗址、遵义市红军烈士陵园、遵义会议旧址等进行参观，同时也作为志愿者在遵义会议纪念馆内为参观者们进行讲解服务，对西部扶贫情况进行了问卷调查。 而项目成果也获得了较大的关注，让天眼精神、遵义精神与东大精神一起，在校园中共放光芒。

李子涵认为，这是一次历史、现实与未来相交织的实践。 天眼 FAST 之旅让她想起曾经看过的一句话：如果不走出去，你会以为这就是世界。她感受到了它所展现出的国家科技水平的进步，国力的日益强盛，以及这浩大工程背后不为人知的汗水与辛苦，其中也承载着东大人的理想。

在遵义，“遵道行义”的标语随处可见，这里不愧为红军播下革命火种，经历生死转折的地方，让李子涵对红色爱国主义教育的必要性有了更深刻的认识。 对于红色之旅，仪式感其实是人们表达内心情感最直接的方式。 在贵阳，图云关给予她的则是一种直击灵魂的催人泪下。 每一位年轻学子，都有必要来这里学习、体悟那一份冒着客死他乡风险也不悔的无私奉献精神。 人的一生，追求的应该是生活而不是生存，所以，为信仰而活，才不枉这一生的光阴。 而这种信仰，决不应低于爱国这一层面。 爱国不是一句口号，更不是一种刻意。 也正是这次的社会实践，更加让李子涵端正了自身的入党动机，并能够不断严于律己，以党员的标准要求自己，为争取早日加入中国共产党、实现自身的价值而不懈奋斗。

■ 业精于勤，学不可以已

习近平总书记对当代青年寄予厚望，他指出，青年处于人生积累阶段，需要像海绵汲水一样汲取知识，要突出主干、择其精要，努力做到又博又专、愈博愈专，要克服浮躁之气，静下来多读经典，多知其所以然。学习可谓是学生的第一要务，李子涵不仅能够认真努力地完成本科人才培养方案的各项课程，同时她也对自己的学业发展有着明确的认识与规划。两年多来，为了不断地充实自身，做好学生的本分，李子涵始终将学习放在第一位。她没有忘记自己进入大学的初心，无论是必修课还是选修课都严肃对待，从不无故缺席，认真听讲，勤于复习与反思。对于老师提出的问题，她总是仔细思考，参与交流讨论，遇到问题虚心向老师和同学请教。有耕耘就会有收获，她的专业课成绩在年级始终名列前茅，现为专业第一，获得了2018—2019学年东南大学“学习优秀生”荣誉称号。

除了在基本的课业学习中苦下功夫，李子涵探索的触角还伸向了其他许多方面，但那并不是广撒网的漫无目的的尝试，而是有着明确目标。她从大一开始就积极地参与SRTP项目，内容涉及社会现实热点、文学史料整理、经典原著分析等等，其中“中国金石义例著作集成”获批SRTP省级大学生创新创业项目。通过有意识地培养自身的创新精神与学术科研能力，她为今后的学习打下了良好的基础。此外，她认真寻求老师们对自己专业学习与学业规划的指点，并开始对黑格尔、马克思等思想家的原著进行认真研读。她考取了江苏省高等学校计算机等级考试二级Microsoft Office高级合格证书，并于2019年暑假参加“美国杜克大学全球人文与社会比较研究”项目，以A(94~96分)的优异成绩获得了结项证书。

■ 行成于思，止于至善

在认真学习的同时，李子涵也不忘将学习与思考得来的知识应用于实践，并对集体始终有一份责任感。她积极参与学生工作与各项社会实践活动，目前担任了136171团支部团支书和东南大学人文学院科技创新协会副主席，曾任东南大学校团委创业实践部竞赛管理中心副主任。她还积极参加社区关怀、小学课堂、医院义工、地铁站志愿者等志愿活动，获博爱助残、医院志愿者活动等志愿证明，她参与的项目“至善西行公益旅游”获江苏省第四届“互联网+ ”大学生创新创业大赛“青年红色筑梦之旅”赛道三等奖。

值得一提的是李子涵在学生工作中的认真负责的态度。 她总能站在同学们的立场上想问题、办事情，急他人之所急，细心解决同学们遇到的问题。 在她与其他班干的努力下，班内氛围十分融洽，同学们在班级团支部的组织下，充分发挥主体性建设班集体，既有学术探讨中的热烈交流，也有平时生活与学习中的互帮互助，团结和互助成为班级团组织建设的核心理念。 在协助老师处理院内 SRTP 相关工作时，李子涵的认真负责也得到了师生们的高度赞扬。 面对繁重的任务、同学们遇到的许多突如其来的问题，她都能细心解决。 她以自己的笃行务实践行着东南大学“止于至善”的校训，并获得了 2018—2019 学年校“优秀学生干部”荣誉称号。

慎思笃行，行则将至，李子涵说她会继续秉持这样的信念，在今后的学习与工作中将“个人梦”与“东大梦”“中国梦”统一起来，不负习总书记对广大青年学生的嘱托，用青春书写无愧于时代的华彩篇章。

推荐老师 刘文成

师长点评

李子涵同学在校期间学习态度端正，成绩优秀，有较强的创新意识与团队协作精神，在思想上积极追求进步，尊敬师长，待人谦和，对待工作认真负责，表现突出，是一位品学兼优的大学生。

人文学院　院长　王　珏

张岭南

ZHANG Lingnan

个人简介

张岭南，女，汉族，1999年1月出生，中共预备党员，东南大学人文学院汉语言文学专业2017级本科生。曾获国家奖学金，多项课程奖；2018—2019学年东南大学三好学生，党委宣传部“十佳优秀记者”等荣誉称号；东南大学第十一届中华赞经典诵读竞赛三等奖等。曾在《东南大学报》上发表多篇文章。

做新时代“嚼得菜根，做得大事”的东大人

——记人文学院张岭南

六朝松下箫韶仍在，齐梁遗韵袅袅。每一位东大学子在进入东南大学后，学会的第一首新歌大概就是《东南大学校歌》了。这首调寄《临江仙》填词的校歌，有着厚重的历史沉淀感和高亢激越的情感，朗朗上口，迅速飘进每一位东大学子的心中，成为每个人爱听歌曲的TOP榜之一，而“日新臻化境，四海领风骚”这句歌词，更是成为每一位东大学子奋斗的目标与方向。张岭南也不例外，并一直为这个目标努力着。

■ 缘起校史，勤为使命

彼时刚入学的张岭南，和每一位经过高三的学生一样，听过老师的那句“上了大学你们就轻松了”，这似乎是让高三学生在面对高考时最有动力的一句话。终于熬过高三，跨入大学校门，每一个人心里似乎都已经规划好了五彩斑斓的计划，想要把过去那些关在习题册里的白日梦统统放飞到现实。

大学的课堂，氛围远比高中课堂宽松，又因为郭秉文班大类招生的通识培养模式，大一的绝大部分课程是“大课”，教室很大，同学很多，200

多个人在全校最大的阶梯教室上课。虽然有扩音器，可老师的声音在略有一点嘈杂的大教室里仍然像是小说里古战场上那缥缈的号角声，老师自然也无从关注每一位学生的学习状态。在这样的“理想课堂”中，张岭南度过了一段曾经在高中想都不敢想的快乐时光，在多个日光正好照进窗内的上午，她在教室一角安然畅游在小说的奇幻世界里。

然而，她意识到应该改变，这个想法是从学校组织的集体参观校史馆之后开始的。四牌楼校区典雅大气，真正置身于这样一个“百载文枢”的学府故地，震撼与冲击是前所未有的。听着负责讲解的学姐说起这所百年学府的辉煌历史，“嚼得菜根，做得大事”走进了她的心里。

东南大学的前身是创立于1902年的三江师范学堂，自1988年更名为东南大学，“嚼得菜根，做得大事”正是三江师范学堂当年的办学理念。东南大学培育了一批又一批杰出的奋斗者，他们都是这一校训最典型的榜样。在那一刻，身处六朝松下的张岭南深刻地感受到了他们身上那种执着奋斗的精神，以及他们对“止于至善”的不懈追求。

“同样是在东大，为什么我不能够做到‘嚼得菜根’呢?”这是那一段时间张岭南常常问自己的一个问题。她收起了自己的小说和漫画书，开始在每一堂“大课”上，抢着坐在教室前排，认真地记下老师讲过的内容，或是自己在课堂上灵光一闪的想法。她开始感受到大学课堂的魅力，那是一种开阔平台上自由思想的碰撞。只要你在嘈杂中静心聆听，多少都有收获。曾经认为艰涩的伦理学在熟识之后，逐渐走进心中，引导着她展开一些对自身与社会的哲思；社会热点探析的讨论课上，她开始发现问题不仅有一种解法，在和老师、同学的观点碰撞之中，曾经肤浅的认识逐渐沉淀；艺理课让她从审美的角度无功利地进行鉴赏，发现更纯粹的美……大学课堂成了她新的宝藏。

在“嚼得菜根，做得大事”的理念之下，以“止于至善”为自己的目标，她义不容辞地肩负起了勤奋的使命，认真对待课堂，倾注心血在研讨课中，乐此不疲地发现更多以前从未知晓的新知。

勤奋成了她走得更好、更远的一条“捷径”。

■ 结识先辈，榜样力量

榜样的力量，无疑是每一个人在奋斗的路上最好的助力。张岭南很幸运地在初入大学校门时就结识了许多优秀的学长学姐，他们在她成长的路上给了她很多激励和建议。

张岭南在大一年级时加入了人文学院团委学生会的团委组织部，结识了三位优秀的部长。在学业上，他们耐心地把自己大一时的学习经验与学习资料与她分享，帮她从初入大学对论文一无所知到渐渐找到一点自己的感觉，不厌其烦地多次帮助她修改论文提纲和研讨提纲。多亏了几位学长学姐的帮助，在大一这段过渡衔接期，她走得很顺利。

除了学业，几位学长学姐的优秀学习习惯也对她产生了深刻的影响。几位前辈都是学习效率很高的人，在把学生工作有条不紊地完成的同时，学习一点也没有被耽误，三个人都是自己专业里名列前茅的佼佼者。在不断地“取经”过程中，张岭南也在不断地提升自己的学习效率。

优秀的人是她前进路上的榜样力量，他们是标杆，他们是旗帜，他们更是一种方向，通往那个方向的路叫作“我要变得更好”。走在这条路上并不容易，而榜样就是最大的助力与激励。三位学长学姐都曾站上过“中国脊梁　东南担当”的国奖领奖台，这样一种荣誉在那时的张岭南看来遥不可及，但或许也就是在那时候，她心中隐隐生出一种想要试试的向往和想被认可的渴望——万一呢?

实现目标的路从来不好走。大一专业分流后，张岭南如愿进入最心仪的专业——汉语言文学，但是进班排名也仅仅是第十名，谈不上突出，而且作为人文学院分流绩点最高的一个专业，班内优秀的同学有很多，这让当时的她感觉自己离站上焦标舞台的目标又远了一大截。当时几位学长学姐已经到了大三，学业繁忙，相见的次数一学期也是屈指可数的。但是每一次见面，他们都热切地关注着她的学习近况，也乐于为她解答一切关于学习和未来发展的困惑，同时也不断地为她加油鼓劲。在专业学习的一年内，她紧咬牙关不放松，面对大学分、高难度的课程，她拿出了120分的努力，终于在学年末尾拿下了专业绩点第一名的好成绩。虽然总绩点仅上升了1名，但她明白，这是自己用认真和努力换来的“一小步”，总有一天会积少成多，成为跨向梦想的一大步。她没有辜负每一个人对她的期待与关怀。

许多人都戏称拿国奖是院团委组织部的传统，但是张岭南明白这个传统的背后，是一届届团委组织部成员用榜样的力量系连起来的。这种积极向上的传承，让变得更优秀成为毋庸置疑的选择。

■ 挥洒汗水，跨越障碍

前进的路上自然也有不少很难跨越的障碍，面对这些障碍，张岭南有一个独属于自己的秘诀——“再坚持一下”。靠着这句秘诀，她破解了很多难度系数五颗星的障碍。

自从有了想要站上焦标舞台这样一个目标之后，张岭南面前有了一个巨大的路障——体育成绩。在东南大学，体育成绩一直是所有评奖评优的硬性门槛，只有80分以上，才能够参加学校的评奖评优。这个看似平常的标准让她很苦恼，她的体育成绩一直都不太好，800米和跳远都徘徊在及格线的边缘，仰卧起坐更一直是“及格困难户”，如果这样下去，体育成绩肯定是无法达到80分的标准线的。

在这样的情况之下，她为自己制订了一个详细的“补救”计划。因为基础不太好，只能采用循序渐进的方法，一点一点进步。先是坚持每天来一次800米跑、一次仰卧起坐。不求速度，只求能再坚持做一个仰卧起坐，多坚持跑一会儿不走路。渐渐地，跑起来没那么喘了，仰卧起坐也不那么痛苦了，她再渐渐把速度提起来。就这样，在默念着“再坚持一下”的口诀中，这些老大难的问题渐渐解决了。她甚至开始享受运动，曾经那种对于运动的倦怠和恐惧的心理不再有了，心理上的困难克服了，问题的解决也就取得了实质性的进展。

除了在具体项目上的不懈努力，早锻炼的加分她也没有放弃。学校要求早锻炼跑操一学期要打卡满 45 次，如果能全勤会获得额外的 5 分加分。她考虑到自己的体育成绩可能属于“危险范围”，下定决心要坚持满勤。当逐渐接近学期末时，参与早锻炼的人越来越少，可能只有还没拿到 45 次的同学不得不继续坚持。尤其是冬天，大家都想在温暖的被窝里再多待一会儿的时候，她默念着“再坚持一下”的口诀，爬起来继续坚持跑操。就这样一天又一天，在“再坚持”的一下又一下中，参与早锻炼的 4 个学期，她全拿到了满勤。最初或许是为了那 5 分的额外加分，再后来，当体育成绩已经足够“安全”甚至是优秀的时候，坚持已经成为一种习惯。

她坚持的汗水，最终消融了那曾经看起来不可逾越的障碍。

高歌理想，也低头行路。张岭南已然在东南大学度过了两年半的时光，她自认自己不是最优秀的，她没有各种拿到手软的竞赛奖，比起同班许多更加努力的同学，还多了点运气的成分。在达成每一个目标的路上，勤奋是她的捷径，榜样是她的助力，而坚持是她最大的秘诀。国家奖学金是她在实现做新时代“嚼得菜根，做得大事”的东大人这一长远目标的旅途上的一种认可、一种激励，也更是一种鞭策——迷茫的时候别忘了那个曾经努力追梦的自己。

推荐老师 刘文成

师长点评

张岭南同学思想进步，学习刻苦勤奋，尊敬师长，待人谦和，积极参加学生工作，担任 134171 班班长，人际关系融洽，具有较强的活动策划能力和组织能力，是一名品学兼优的优秀大学生代表。

人文学院　党委副书记兼副院长　何熠

王　敏

WANG Min

■ 个人简介

王敏，女，汉族，1997 年 7 月出生，中共党员，东南大学外国语学院日语专业 2016 级本科生。曾获国家励志奖学金，东南大学出国交流奖学金；东南大学优秀学生干部，东南大学三好学生等荣誉称号；中华赞校级二等奖，国家级大学生创新创业项目优秀项目等。

做最纯粹的追梦人

——记外国语学院王敏

王敏的经历，就是追梦人不断奋斗拼搏的过程，无论是在学业、学生工作上，还是志愿服务上，她都听从自己内心最真实的想法——朝着梦想的方向不断奋力前行。

■ 学贯中外，止于至善

王敏的学习态度认真踏实，在大三上学期，她成功申请到北海道大学的留学项目并获奖学金，去日本进行交流。为了出国交流，她付出了很多努力，这对她来说是来之不易的半年。

北海道大学位于札幌，是一个相比于南京更为安静的城市，也更容易让她静下心来，感受在日本的点点滴滴。在生活方面，单间的宿舍给人更多的私人空间，集体的厨房提供了和不同国家的人交流的机会，和蔼的宿管老爷爷、老奶奶更让她体验到了温暖。来到日本，她得以近距离地感受日本的文化。日本人的谦和给她留下了深刻印象，例如每一次问路都被亲自带到目的地，每一次过马路都被随时停下的车辆让路。在这里，开口说日语、英语的机会时时都有。

在北海道大学，有丰富多样的课程可供选择，校内的图书馆有丰富的资源、完备的设施供大家学习。来自世界各地的教授们根据各自的研究领域开课，相对于国内有了更多的选择。授课方式也和国内有所不同，这里的教授更注重课堂讨论，并且鼓励大家积极发言、大胆讨论，课堂气氛十分活跃。和来自全世界各地的同学一起交流，也丰富了她的见解，让她了解到其他国家的文化、教育、思想等各个方面，不局限于一种思维。正所谓“君子和而不同”，她尊重每一个国家、每一种文化、每一种思维方式。

她在这里选了三门课程。第一门课程是只针对留学生开放的英文课，课堂上基本上是欧美国家的留学生，英语都相当于母语水平，在这门课上，欧美同学发言特别积极，总是会引领课堂。课后大篇幅的阅读材料让她感到很吃力，但这也让她的英语水平进步得很快。第二门课程是对留学生以及日本学生都开放的英语课，课程相对简单，日本学生的英语水平不高，他们也很腼腆，上课不怎么发言，在这门课里可以了解到更多日本的社会文化，和日本学生也有了更多的交流。第三门课就是在学部内和日本学生一起上的课，这门课对日语能力要求很高，并且要具有相关的专业知识。在这门课里，可以更加全方位地了解日本的教育和日本学生的日常学习生活。相应地，课程难度也更大，尤其开始会很不适应。王敏合理调整好心态，选择适合自己的课程，认真完成老师布置的阅读任务，认真对待每一节课。她在这个学期里收获满满，无论是学习能力的提升，还是视野的开阔，抑或是生活的独立，都收获了许多。现在的她，已经成功拿到学校保研资格，将继续在东南大学外国语学院日语专业进行研究生阶段的学习。

■ 仰望星空，脚踏实地

大一暑假，她曾参与贵州支教的社会实践，大二暑假，她义无反顾地选择再次踏上“黔程”。她有一份“支教情怀”，她想念贵州的蓝天白云，怀念支教时一群人为同一个目标奋力前行的感觉，更重要的是，她想参加一次纯粹的真正的支教，希望尽她所能为贵州的孩子们做些什么。和大一暑期的支教相比，这次的支教更为艰苦，也更加深化了她对中国西部落后地区的认识。

在支教之前，她主动选择要当六年级的班主任，带五、六年级的英语课。因为在她看来，一方面，六年级的孩子有着对世界的初步认识，不像她去年支教的高中生，六年级孩子的行为习惯和三观都没有定型，所以他们有着无限的可能性；另一方面，他们比低年级的孩子更需要精神的引领，支教对于他们来说，不光是陪伴和关爱，更是知识和眼界的拓展。英语是贵州的孩子们非常薄弱的科目，但是英语不仅在高考中占有很大的比重，掌握英语也是现代社会必不可少的一项技能，所以她更愿意教英语。

为了带给孩子们丰富的课堂内容，她参考了大量资料，反复修改课件，因为她觉得支教最重要的还是课堂质量。满怀着期待和信心的她，再次踏上了贵州的土地。这趟旅程的确没有辜负她的努力，不仅给那里的孩子们带去了温暖与希望，本次实践项目还成功申请到了校级重点社会实践项目，并在最终答辩中获得了校一等奖的好成绩。

在志愿工作方面，她还积极参与到各类志愿服务工作中去。在日本期间，王敏参与札幌福祉中心慰问残障人士的志愿工作，体验日本的志愿服务文化。回国后，参与南京国庆招待会志愿者工作，并获“优秀志愿者”称号。她多次参与支教活动，并因为支教情怀，在大四的人生转折点毅然放弃直接保研，选择加入东南大学研究生支教团，她即将奔赴基层，用一年的不长时间去做好支教，奉献青春。

■ 敢于担当，挥斥方遒

在学生工作方面，王敏两年连任172161班班长，在大三后连任172161班和172162班班长，妥善处理各种日语系事务，让院系老师和同学之间有效沟通，在学习和生活方面也处处做好榜样。大学以来一直担任班长的她，学到了很多东西，尤其是在与人打交道这个方面获益匪浅。只有了解了所有同学们的想法，才能恰当地开展组织和管理班级的各项工作。从这个方面来看，她认为自己的表现是合格的，她基本做到了和每一位同学保持友好的关系，并耐心倾听同学们的意见。

院里的老师以及班上的同学也都非常认可她的班长工作。她的另一大收获就是学到了不少组织大型活动的经验。经过三年多的工作历练，她与从前的自己最大的不同就是，现在的她乐于做一个组织者，积极地参与到各项管理和组织活动中。

王敏还担任SRTP项目小组组长，以“日本传统建筑工艺的活化传承对中国的经验启示”为研究主题开展研究。这次经历，最重要的就是带给她科研能力的提高，在老师的帮助下，她熟练掌握查阅各种文献的方法，以及写论文的格式规范。她的学术认知得以加强，这是在课堂上无法详细了解的知识。同时，她对中日古建筑相关方面有了较为清晰的认识，在建筑行业内，从华人建筑大师贝聿铭到中国第一位普利兹克奖得主王澍，他们从中国传统建筑中传承文脉，将之融入现代建筑设计之中，为后继者提供了传统建筑保护与传承的成功先例。再观日本，在传统建筑的保护与传承上也取得了优秀的成果。在现如今建筑行业乃至整个文化相关产业都面临着前所未有的挑战与机遇的世界环境下，新一代建筑从业者应该如何应对保护与发展的冲突？如何设计出符合中国人文化背景与审美的建筑？如何在世界建立中国的设计语言？这些问题在此次对于日本和中国就传统建造技艺保护与传承案例的梳理与比较中，让她有了深入的思考。

当然，经历了这次研究，她的统筹协调能力也得到提高，与组员工作十分融洽，使得项目得以顺利完成。她与组员一起阅览了上百篇文献，写出了数万字的报告，丰富的研究成果是她包括每一位组员努力的结果，

现在的她在校团委担任学生助管，接触了更多的学生工作。她依旧竭力为同学们做好服务。期待着属于王敏的未来能够更加精彩。

推荐老师 周 琛

师长点评

王敏同学学习态度端正积极，对知识的掌握精益求精，日语本科期间各科成绩优秀，并且在本科生科研项目上取得了优异成绩，令人赞赏。此外，她还专注于社会贡献，在云贵高原贫困地区的志愿教师工作方面倾注了大量精力，收获了当地学生的喜爱和好评。经过四年本科教育，她已成长为专业优秀人才，期待她的进一步努力，成为更高层次人才。

外国语学院 教授 周 琛

熊昱安
XIONG Yu'an

■ 个人简介

熊昱安，男，汉族，1998年8月出生，中共预备党员，东南大学化学化工学院化学专业2016级本科生。曾获国家奖学金，宝钢教育基金优秀学生奖，大连化物所奖学金，正保教育奖学金二等奖，6门课程奖；东南大学三好学生，东南大学优秀团员，校级社会实践A等优秀队员等荣誉称号；第十六届“挑战杯”全国大学生课外学术科技作品竞赛一等奖，中国化学会第十届全国无机化学学术会议优秀墙报奖，江苏省大学生课外学术科技作品竞赛一等奖，东南大学第十六届“挑战杯”特等奖，文艺活动优秀奖等。以第一作者发表2篇SCI论文，分别以第一发明人和第二发明人申请国家发明专利1项。

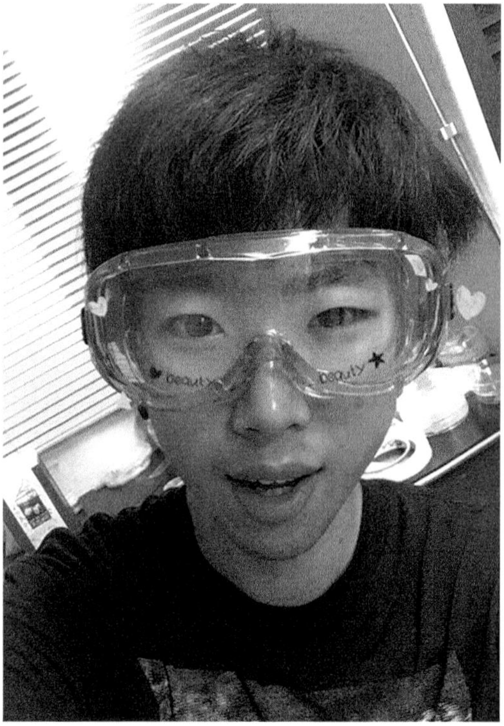

大学之道，在止处于至善之行

——记化学化工学院熊昱安

“止于至善”是东南大学校训，也是每位学子所追求的修身之道。孔颖达疏：“‘在止于至善’者，言大学之道，在止处于至善之行。”三年时间如白驹过隙，回望这段时间，唯有“止于至善”四个字萦绕脑海，熊昱安在追求大真、大爱、大诚、大智，在修身养性为道，在止于至善。

■ 博学慎思，问道求索

从高中开始，他就对化学产生了无限的兴趣与好奇。术业有专攻，大学的课程也不再像高中那样杂乱。化学带给他的不是乏味的知识点，而是元素与元素交织的多样、物质与物质反应的多彩，充满无限的乐趣。他始终坚信，兴趣是激发人不断奋进、努力探索的潜在动力。以热爱为船帆，加之努力的桨，定能使他遨游在化学的海洋，助他领略精深的知识，带他驶向成功的彼岸。

面临不同于不问世事的高中生活的大学时光，没有家长的督促和提醒，他充满迷惘和无措。大学里的同学，曾经也都是高中里的佼佼者。大学伊始，没有奋斗目标也没有掌握大学期间的学习方法，他的成绩只处于中上游。这让他扪心自问：“大学就要这样平庸地度过吗？”但他及时调整心态，告诫自己大学只不过换了一个地方，别人可以做第一，自己为什么不行？他给自己制订了短期和长期目标，并不断努力争做一流，挑战自己，学习成绩也在不断调整和奋斗中得到提升。从大一时只处于中上游，到大二班级第二，再到后来，他终于完成了自己的一个小目标，实现了自己的承诺：成为班级第一。仰望星空的同时脚踏实地，使他获得了国家奖学金及多项奖励。

大学有许多可以自己支配的空闲时间，他十分重视并充分利用这些时间，去完善自己在各方面的能力。在课程学习之外，他在英语四、六级，国家、省级计算机二级水平考试中都获得了优异的分数。在专业技能方面，积极参加学术会议和相关学术竞赛，在中国化学会第十届全国无机化学学术会议上做关于分子铁电、压电材料的短报告，获得皇家化学会(ACS)赞助的优秀墙报奖。他还积极参加了东南大学第五届化学化工实验竞赛。他有足够的毅力、坚定的意志去坚持、完成自己的目标。他也独立思考，积攒丰厚的文化知识，配之以坚定不移的信念，一直认真地走下去！

■ 统筹规划，责无旁贷

青年一代有理想、有本领、有担当，国家就有前途，民族就有希望。作为青年人，要肩负责任、敢于担当，要承担，要付出，要服务，要坚持。学生工作是锻炼，是挑战，也是考验。有点“强迫症”的他，在大学生活中对学生工作也一丝不苟、尽心竭力。从秘书处干事到组织部部长，他为学生会举办的大大小小的活动准备活动场地和物资，学习如何编写完整的活动策划，管理学生宿舍区辅楼，在活动现场进行工作协调与沟通……这几年，他协助学院与学生会举办了第八届“绿色先锋”环保文化节、“一起向未来”迎新年晚会、“化语化别”毕业生酒会等活动。他在秘书处工作期间还创新地提出并策划了第一届“槑烦恼”大赛，旨在为同学们提供一个安静且集中的平台，让同学们可以真正地放下烦琐的事情，在一段完整的时间里，安心完成一件自己感兴趣的事情。这项活动也被延续了下来，并成为学生会系列活动，面向全校继续举办。在组织部的部门建设上，他和他的成员们也有许多新思路和新方法：头脑风暴活动创新点，提升部门成员的思维创新能力，完善部门成员对活动的整体考量能力；编写每次活动的策划，方便赞助商及校领导全面了解他们的活动；编写活动的前期安排和执行策划，用以给各部门更明确的工作安排分工；负责活动现场的调配，使现场更加井然有序。组织部最终获得了院学生会“优秀部门”的称号，而他也选择了继续留在院学生会。

担任学生会副主席，他明白自己又要经历一次角色转换。现在的他需要站在一定的高度上去思考、去统筹。主席团是院学生会的中流砥柱，不仅要从大局上思考每一个环节，也要在细节中把控整场活动；既要对外负责，也要对学生会内部进行协调。这是对他的考验，也是对他能力的提升。

作为院会代表，他曾前往中国药科大学与其他 9 所高校学生会进行交流，针对学生会的建设与活动的统筹策划方面提出自己的见解和意见。他说，学生会应弘扬和建设“家”文化，多举办与专业相关的特色活动，需要兼顾活动的深度和广度，真正面向同学、服务同学。其他高校也对他所在学生会所举办的活动以及文化建设赞不绝口。正是热情、冲劲与执着，让他面对学生工作时尽心尽力、责无旁贷。

■ 助人为乐，绽放青春

熊昱安知道，通过学习知识来服务社会的同时，还需要从现在开始有奉献公益、投身志愿的行动，为他人真正做一些实事，为社会贡献自己的一份力量。人生价值在奉献的过程中也将得到提升和升华。在大学三年期间，他积极参与了南京南站地铁志愿者公益活动，为他人指引道路和解决问题；担任 2016 年跨年演唱会灯光总监，负责协调灯光师与主办方之间的灯光交流，并协助灯光师对节目与灯光的配接；担任九校联盟“卓越杯”化学实验竞赛志愿者，为其他高校来参赛的学生提供全面、完善的服务，向他校展现东南大学学生的风采；参加 2019 年高层次人才创新创业无锡交流大会等志愿活动，向大家介绍东南大学的创新创业项目。

作为一名青年人，他深知自己肩负的社会责任。在追求止于至善的路途上，他无时无刻不在践行这份责任。2017年夏天，他们的社会实践小组走进社会，实地进行有关南京市儿童性教育普及的调查和采访。在对社区、医院、学校进行走访时，他们了解到儿童性教育普及并非十分广泛，许多家长还是回避此类话题。他们向学校及教师建议逐步加开此类课程，并向医院提出了团队的意见和建议，得到了积极反馈。在第一次走出书本，真正走进社会的过程中，他希望对社会尽自己的一份力，希望社会可以更好、更健全地发展。

■ 潜精研思，磨砥刻厉

先进高端材料的研发是先进制造业的基础。《中国制造2025》中明确提出，只有关键基础材料实现自主保障，才能逐步缓解受制于人的局面。熊昱安的梦想，就是希望自己能够在祖国最需要的地方建功立业。面对当前我国先进高端材料远未实现自主供给的困局，大学三年多来，他始终全身心地投入材料领域最前沿的学习与研究中，在国际顶级期刊 Advanced Materials和 Angewandte Chemie International Edition 发表了两篇高水平论文，同时申请国家发明专利两项。

科研没有捷径，要始终保持对未知问题永恒的冲动与追求，在不断试错中持之以恒。熊昱安作为队长带领了国家级大学生创新创业项目——“氟代效应”与相变调控的分子铁电体应用研究，并参加了2019年“挑战杯”全国大学生课外学术科技作品竞赛。团队创新性地从分子设计和可控合成入手，利用多重手段探索，在降低成本和难度的前提下，提升新型分子铁电体的应用价值。确立研究方向后，就是大量的实验。数百个日夜、上千次实验，无数次推倒重来，让他既体会到艰辛与波折，又常常有“众里寻他千百度，蓦然回首，那人却在灯火阑珊处”的美妙体验。经过三年多不懈努力，他在实验室发现了数例性质优异、应用前景广阔的分子铁电体，并在国际顶级期刊以第一作者身份发表了累计影响因子超过30的论文。

科研需要信仰，要不断自省我们之于祖国的价值与意义，用科技报国的初心激励前行。青年是科学的希望，也是强国的力量，大学生在创新创造领域大有可为。熊昱安即将本科毕业，毕业后将在东南大学继续攻读硕士学位。科研道路还很漫长，但科技报国的初心依旧。他希望通过自己的钻研与努力，真正让新型分子铁电材料在信息存储、仿生微纳机械、柔性电子器件和可穿戴设备等应用领域大放异彩，助力国家战略性新兴产业发展。

未来，相信熊昱安将坚定科技报国之志，按照习近平总书记“爱国、励志、求真、力行”的教导，以实际行动在祖国科技创新的广阔舞台上建功立业，追求止于至善的领军精神，创造不负时代的人生！

推荐老师　周亦珩

师长点评

熊昱安同学在各方面都能严格要求自己，以积极乐观的心态面对生活。在专业学习过程中，学习态度端正，学习踏实努力，专业成绩优异，实践能力强，本科生阶段就进入实验室进行相关科学研究实验，取得了不错的成果。他努力提高自己在各方面的素质，具有较高社会实践能力和创新能力，相信他在未来的深造中也一定会取得不错的成绩。

化学化工学院　副院长、教授　游雨蒙

关贵钰
GUAN Guiyu

■ 个人简介

关贵钰，男，汉族，1998 年 3 月出生，中共党员，东南大学化学化工学院制药工程专业 2016 级本科生。曾获国家励志奖学金，校长奖学金；东南大学优秀学生干部，东南大学三好学生，东南大学优秀团干部，东南大学优秀团员等荣誉称号；第六届全国“卓越杯”化学实验设计大赛二等奖，第二届江苏省“安莱立思杯”水处理实验创新大赛一等奖等。参与发表论文 1 篇，发明专利 1 项。

追梦不息　止于至善

——记化学化工学院关贵钰

■ 敢于担当

关贵钰出身普通家庭，虽然经济条件不好，但他从小就学会积极乐观地应对一切，在逆境中生长，反而磨炼了他自立自强、坚忍不拔的精神品质。 高考之后，他如愿踏进了学府圣地——东南大学。 这是一所历史悠久的大学，有着属于自己的独特文化底蕴和历史背景，“止于至善”的校训让他倍加喜欢这所百年名校，并谨遵校训，学习不怠。

他勤俭节约，奋发上进，除了学费是借助国家助学贷款解决以外，其他的生活费都是通过自己努力获得的。 他先后获得国家励志奖学金和王琦奖助学金，此外，在假期通过实习也获得一定的生活费，为家庭减轻了不少负担。

他在认真学好自己专业课的同时，也十分重视政治理论课和时事学习。 系统地学习了马克思主义基本原理概论等系列课程之后，他在政治觉悟、思想修养、文化科学知识等方面都有了很大的提高，初步树立了共产主义的世界观、人生观、价值观，进一步坚定了共产主义理想和社会主义信念。

他要求自己不断进步，大一的时候，他就积极向党组织靠拢，递交了入党申请书。 由于在校表现优秀，被评为入党积极分子，同时参加了学院的党课培训。经过党组织为期一年的考验，他现在已经成为一名正式的中共党员。他时刻以党员的标准严格要求自己，积极要求进步，树立了良好的人生观和世界观，永远保持与时俱进，认真学习党的工作路线，正确贯彻党的方针政策，时刻关注党和国家的发展形势，以及国内外的局势变化。他担任所在本科生党支部的副书记之后，积极协助党支部书记完成各项事务，努力为党支部建设贡献一份力量。

勇于创新

关贵钰刻苦钻研，潜心实验，在多个实验项目中取得了一定的创新性成果。大二学年，他参与了两项省级大学生创新项目，分别为“硅橡胶的合成与改性研究”和“生物质基炭/碳纳米管复合材料的制备及在污水脱除中的应用”，均获得良好的成绩，顺利结题。

兴趣是最好的老师，在进入实验室之前，他与导师进行了选题的交流，他当时最大的感受就是，导师给出的每一个课题都非常有意思，而且都具有一定的应用前景，这极大地激发了他的科研兴趣，最后他选择了最感兴趣的关于隐形眼镜的项目展开研究。

在“硅橡胶的合成与改性研究”项目中，他制备了一种光学性能、力学性能均较好的完整成型无污染的硅橡胶基础镜片，通过对基础镜片进行表面硅氢功能化，制备了表面带有硅氢的硅橡胶镜片，并通过接枝反应将亲水性分子引入镜片表面。水接触角测试结果证实接枝改性后硅橡胶表面的亲水性得到了很好的改善，后续对实验还进行了一些优化。此项目中部分研究成果已申报一项国家专利。

为了更好地拓宽视野，发挥学科与学科之间交叉结合的优势，他选择了和能源与环境学院的同学合作完成第二个研究项目。在“生物质基炭/碳纳米管复合材料的制备及在污水脱除中的应用”项目中，通过改变复合材料制备过程中生物质与金属质量比、碳纳米管沉积的时间、锰铈活性金属的摩尔比等，研究不同条件下催化剂对氯苯的催化氧化效率，得到了催化效果最好的制备条件，制备出了催化效率较高的催化剂，为氯苯的工业化脱除提供一种新思路。

此外，大三学年他又参与了一项国家级创新项目“绿色高效水处理剂ESA/APEM/AMPS的合成与性能研究”。在该项目中，目前已完成不同单体配比的三元共聚物水处理剂ESA/APEM/AMPS的合成，按照碳酸钙静态阻垢性能评定方法对合成的水处理剂阻垢效率进行测定，得到阻垢效率最佳单体配比的水处理剂。目前该项目已大部分完成，他还参与发表了一篇论文。

■ 乐于拼搏

关贵钰从不放下追求知识的脚步。他能够有效地利用时间，提高上课效率，注重学习方法，经过不懈努力，他的总绩点一直位列专业第一，曾获多门课程奖。

作为大学生，关贵钰一直认为学习并不是单纯地学习课本知识，还要学习如何工作，学习如何与人沟通交往，学习如何做人，等等。为了培养自己各方面的能力，在大一他加入了院学生会，他以认真、负责的态度参与各项活动。在这一系列的活动中，他的能力得到了很大的提高，也真正做到了热情服务同学，积极帮助同学。大二，他继续留学生会工作，担任院学生部门部长。他锐意进取，胆大创新，对内部建设提出自己的想法，并进行落实，取得了一定的成果。大三，他仍不停歇，继续坚守学生会阵地，担任院学生会主席，不断调整工作方式，磨炼工作技巧，实行重要改革，组织多场活动，规范内部制度，扩大院学生会在校影响力。

学生会的工作很辛苦也很琐碎，但却收获很多。他学会了如何和不同的人相处，学会了怎样更好、更有效率地完成一项工作等。在学生会工作的三年中，他所收获的都可称之为不可忽视的财富。他任职期间正值筹备化学化工学院成立三十周年庆典活动之际，他参与组织东南大学化学化工学院成立三十周年庆典晚会，获得了莅临现场的各位校友和老师的好评。

在班级里，他还担任班长一职。同样，大大小小的事情几乎都要操心，因为班长是班级同学和老师沟通的桥梁。虽然有时候也会遇到比较麻烦和棘手的问题，但是他都能有条不紊地解决问题、开展工作，他与同学们保持着友好团结的关系，给班级营造了一个良好的学习氛围。同学们也非常认真和努力地学习，积极参加各种院校级活动，在各种比赛中创优争先。任班长期间，他能认真完成团总支的各项通知发布和统计工作，协助团支书完成团日活动，并获校级优秀磐石计划。

青年要有理想，有本领，有担当，而大学就是一个实现梦想、练就本领、锻造担当的地方。关贵钰在三年的大学时光里，不断奋斗在专业学习、学生工作、科研创新、社会实践、志愿服务等多个领域，不断完善自己，追求更高境界。三年来的各种经历，将他塑造成为一个敢于担当、勇于创新、乐于拼搏、甘于奉献的东大人。当然，他并不止步于此，因为追梦的步伐不会停息，奋斗的目标将是止于至善。

推荐老师 周亦珩

师长点评

关贵钰同学是一名有潜力的学生，在学习上态度认真、刻苦钻研，能够有效利用时间，注重学习方法，成绩优异；同时积极参与学生工作，服务同学；并且能很好地平衡时间，投身科研项目，潜心实验，学以致用，真正做到理论联系实际，相信他在各方面的努力一定有利于他未来的深造。

化学化工学院　副院长、教授　姜　勇

严　格 YAN Ge

■ 个人简介

严格，女，汉族，1999 年 10 月出生，中共预备党员，东南大学化学化工学院制药工程专业 2017 级本科生。曾获国家奖学金，国家励志奖学金，唐仲英德育奖学金；东南大学优秀学生干部，东南大学三好学生等荣誉称号；江苏高校大学生化学化工联盟实验竞赛二等奖，创新体验竞赛校级优秀奖等。

有梦想的人永远年少

——记化学化工学院严格

■ 志存高远，自强不息

金陵古都的内敛与庄重孕育了百载文枢东南大学古朴浓厚的学风。两年前，经过高考的洗礼，严格顺利来到东南大学化学化工学院，这是她人生又一个重大的转折点，从此，人生征程翻开了崭新的一页。面对新的环境与新的角色，她向着新的目标开始了新的奋斗和跋涉。诚朴、勤奋、求实是东南大学校训"止于至善"不变的精神，大学的宗旨在于弘扬光明正大的品格，在于除旧布新，在于通过追求尽善尽美的实践而不断进取，达到最高境界。东南大学沉稳的气度让她深知学海无涯，唯以执着为帆，勇气作桨。

入学时，面对大学生活的迷茫，在学业由基础大课转为专业时，她显得手足无措。图书馆、自习室，浩瀚的书海成为安定她情绪的良药，更是开启她学术科研梦的密钥。不断地阅读与学习，让她清晰地认识到了自我学习能力的重要。博览、深究、勤问成为她大学学习的关键。大一时课程种类较多，时间总是不够，她第一次感到自己要真真切切扼住时间的脉搏，丰富与扩大知识面。在困难中的执着、在失败下的勇气让严格一直在本专业名列前茅，大二学年中更以 4.20 的绩点名列专业第一。部分课程的全英文授课方式对英语的要求以及自身的兴趣促使她不断提高自己的专业英语水平和交流能力，并荣获四级课程奖。在学校完备而全面的资助体系帮助和资助中心老师的指导下，她申请了江苏省海外交流项目，受瑞华圆梦基金会全额资助，在大二暑期赴新加坡进行学术文化交流，这给了她第一次走出国门的机会，让她去感受外面世界的精彩，体会不同思想和文化的碰撞。

化学是理论学科，化工是工业应用，二者相辅相成形成了如今生机勃勃的化学化工学院。作为一名初涉专业领域的大学生，兼容并包、理论融合实践的学院教学方式，给了她进入实验室将书本理论付诸动手实践的机会。严格参加了一项创新训练项目并担任项目负责人，在研究期间参与发表了一项国家发明专利。在了解了化学在制药方面的应用后，为了巩固所学知识，她决定尽可能全面了解化学化工在各方面的应用与实践。于是，她再次加入另一项天然药化方面的研究项目，走进实验室与师兄师姐一起展开积极的实践探索。她希望，四年春夏之后，毕业之时，回首之际，梦想能在实践中纷飞如旧。

大学包容，知识无边，唯有将梦想化作不可磨灭的信仰，秉承执着与坚强的信念，在困境中鼓起勇气不断突破自我的勇气，才能触碰到科学真谛。她会坚持对学术科研的热爱，对梦想忠诚到底。

■ 团队协作，合作探索

团队才能创造奇迹，每一个创造与成果的背后都有无数人的默默守护。严格坚信团队的力量无穷，愿意作为一个零件在整部机器中不断磨合自己。团队协作，是她最热爱的一种工作与学习方式。大学伊始，她成为化学化工学院学生会的一分子，这是一个充满活力与梦想的组织，她认识了人生中最重要的一群朋友，学长学姐的付出与指导让她领会了团结与奉献的真谛。大三时严格以最高票数当选，成为院学生会主席。在这一年中，她积极组织例会，和大家一起策划好每一次活动，通过头脑风暴得到新的点子。而在班级中，她担任学习委员，负责和老师联络，及时答疑，布置和监督班级同学的作业完成情况，积极参与班级大大小小的每一个活动，最大程度地发挥出自己的力量。

校党委左惟书记说，我们正站在波澜壮阔的历史交汇期，时代正对我们东大青年一代提出更高的要求。作为一名学生干部，我们不仅仅要成为一名国家栋梁之材，而应该思考，如何顺应新时代潮流成为一名领军人才。这是她在参加第五期大学生骨干研习营时的一分收获。于是她开始思考，如何在课堂学习之余，最大化地追求大学教育附加值，而融入团队进行更好的合作与探索不失为一个绝佳途径。在大学生骨干培训班的那段时间，好像为她打开了一扇新的大门，身后是旧的生活，面前是新的挑战。大师的讲座，实地的考察，营员的互动，极大地开阔了她的视野。

严格很感激有这样一些机会让自己的能力得到锻炼，也无悔这些年为之努力过的岁月。在从学校走向社会的过渡期中，校园中的学生工作无疑给予了她最大的帮助，她也因为这些经历而变得更加自信、从容，她坚信不断探索才能创新，而团队协作终将成为贯穿她一生的信念。

■ 内外兼修，奉献自我

"心灵和身体，总有一个在路上。"

对科研学习和学生工作的付出并没有让严格放弃自己的兴趣和对四年无悔青春的期盼。外向好动的她，将很多课余时间花在了各种引人注目的文体赛事上，积极策划院内大大小小的活动，既能当晚会礼仪和节目表演人员，也能在运动场上驰骋拼搏，荣获社会实践优秀奖、体育活动优秀奖、运动之星、优秀运动员等荣誉。她在校运会、理化材联合运动会中获奖 10 次，积极参加篮球、网球、羽毛球、乒乓球、定向越野"新生杯"和"院系杯"活动，曾获"联盟杯"定向女子组第 6 名、万人长跑女子竞赛组第 17 名、"传承杯"女子单打第 1 名、"科百特—传承杯"女子单打亚军……这些活动和赛事虽然占用一定时间，但她不后悔自己的参与。因为这些不仅是自己课余放松的多种选择，更是提升交际和综合能力的机会。

不仅如此，她认为，光是追求自身的发展还不够，人的价值在奉献中才得以升华。只有懂得奉献，关注公益事业，在社会实践中贡献自己的力量，人生才得以完整。国家和学校给了她很多帮助和温暖，而她也决心将自己的青春回馈给社会，奉献自己的爱心，身体力行地服务他人，让这一份温暖能永远传递下去。

经过学生处的选拔，她成功获得唐仲英德育奖学金，并进入东南大学唐仲英爱心社。在那里，聚是一团火，散作满天星，以爱之名给需要帮助的人带去温暖。她在周末去南京南地铁站帮忙指引行人，为异乡人带来六朝古都的包容和关怀；参加暑期夏令营给农民工子女当志愿者老师，帮助他们看到外面精彩的世界；参加“爱从家开始”家访志愿活动并担任队长慰问学校新生，用一举一动诠释对母校的热爱；担任学生资助宣传大使，给当地学子讲解国家资助政策；开学时担任绿色通道志愿者，为资助学生发放助学金；担任校迎新志愿者，耐心热情地帮助每一位学弟、学妹；担任跨年志愿者，协助跨年演唱会的举办。在每一次奉献的过程中，她收获的都是无与伦比的感动。

在帮助他人的同时，严格也在鞭策自己，努力地做到更好，实现自己真正的人生价值，谱写人生新的篇章。

■ 不忘初心，砥砺前行

人生之路，有繁花似锦亦有崇山峻岭，此刻的风景总如过眼云烟。现在，还不是最终的未来。心有多高，舞台就有多大。

在过去的两年光阴中，严格觉得自己还不够努力、不够优秀。虽没有耀眼的成果也没有大的影响力，但她不会放弃，坚持点点滴滴的积累，坚持对梦想的忠诚。她会努力继续保持优秀的成绩，补足自己弱势的学科，参加更多的竞赛和学生活动，提高自己与他人交际的能力。与此同时，心怀感恩，关心时事，关心人民群众的喜怒哀乐，尽自己的努力温暖人心。作为一名中共预备党员，她深刻认识到当代大学生应确立正确的价值取向，坚持国家和人民利益至上，坚持马克思主义的世界观和方法论，坚持和全国人民一起为建设中国特色社会主义贡献力量。她说，我们处在一个色彩缤纷的世界，作为年轻人要追求的东西有很多，但是我们绝对不能浮躁，不能被一时的诱惑扰乱心智、迷惑双眼，始终要有坚定的理想信念和追求。

一切还没停止，一切还将继续，有梦想的人永远年少。愿四载光阴剪成六月烟花之时，那闪烁间照亮的是她逐梦路上不可磨灭的信仰。

推荐老师　周亦珩

师长点评

严格同学为人诚朴、品行端正、思想进步，有良好的人生观及价值观，学习勤奋努力，学习成绩名列本专业前茅，多次获得奖学金。她在化学化工联盟实验竞赛及创新体验竞赛中分别获得二等奖及校级优秀奖，为学校及个人赢得了荣誉。

化学化工学院　教授、博导　廖志新

余晓虎 YU Xiaohu

个人简介

余晓虎，男，汉族，1998年3月出生，共青团员，东南大学交通学院道路桥梁与渡河工程专业2017级本科生。曾获NITORI国际奖学金，国家励志奖学金，2017—2018学年校长奖学金，茅以升铁道教育希望之星奖；东南大学三好学生标兵，东南大学三好学生，东南大学学习优秀生等荣誉称号；2018全国高等数学竞赛一等奖，2018江苏省高等数学竞赛一等奖，2019校结构创新竞赛一等奖等。以第一作者发表论文1篇。

踏万古河山　铸不朽人生

——记交通学院余晓虎

缘起

余晓虎喜欢大自然，从小和爷爷奶奶一起生活的他在田间地头里玩耍的时候多希望永远不会长大。但和小伙伴们一起数星星、追月亮时，他也会时常问自己，外面是不是有一个更大的世界呢？从村里的小学，到镇里的初中，再到县里的高中，他一步一个脚印，通过自己的努力来到了一流大学建设高校——东南大学。因为甚是佩服茅以升老先生的家国情怀和对桥梁的热爱，他毅然决然地选择了交通学院道路桥梁与渡河工程专业。开始了一段和东南大学的奇妙缘分。

觉醒

他很喜欢三毛的一句话：梦想可以天花乱坠，理想是我们一步一个脚印踩出来的坎坷道路。但是有时不幸的事情总会发生，进大学前家庭的一场变故让他在进入大学后的一段时间里不能走出低迷。但是他也知道有些事情永远不会改变！不管是之前求学生涯的一丝丝不甘，抑或亲人师长的谆谆教诲，都毫无疑问地告诉他，大学是一个崭新的时期，是人生中最重要的时期。他要做的，不是沉浸于过去的低迷之中，因为过去永远无法改变；而是将自己的有限精力投入到未来的无限可能中去，在这个波澜壮阔的历史交汇期，贡献自己的一份力量就是他想做的。他在探索着怎样适应大学的学习和生活。尽管大一的时候强制晚自习到晚上 9:00，但他仍坚持在教室多学习一两个小时再离开，一方面复习今天学习的功课，另一方面预习明天将要上的课程。他夜晚走回宿舍的路上有时会看着天空的星星，那一步一步坚实的步伐让他倍感欣慰。是呀，仰望星空与脚踏实地两者缺一不可！在他看来，学习专业知识是大学的根本，把学习的事情处理好了，才不至于在忙其他事情的时候手忙脚乱。他也在探索中不断地改变自己，例如，坚持早睡早起，每天睡前简单写一个明日计划，见到同学真诚微笑，这些小小的习惯都是他努力坚持做好的地方。让他印象深刻的是大一冬天学校发放的寒衣，不仅仅温暖了整个冬天，更让他心怀一颗感恩之心，愿意真诚对待每个人。不过，探索大学学习和生活的过程本身就不是一帆风顺的，失败总会比成功多。尽管一开始就很努力但大一上学期他的成绩还是不理想，他没有因为这一点点的挫败而气馁，而是再接再厉。在大一下学期，面对十几门课程他潜下心来稳扎稳打，最终以优异的成绩进入道路桥梁茅以升班，继续对桥梁专业的追求。总的来说，大一的余晓虎一直在积极地探索他的大学生活，正如他在一篇散文中说的一样，在这个即行即停的位置，他多想时间能够慢一些，好让他思考一些过去。大一结束时余晓虎对广阔的大学舞台抱着更加坚定的信念，因为在大一探索的过程中，他知道了取舍，明白了每个人都有自己擅长的地方，而他要做的，是在自己喜欢的事情里投入更多的精力，有选择性地探索。他常常感叹大学时光短暂，自己要珍惜时光。暑假期间，他没有选择待在家里，而是在高数老师的指导下在《高等数学研究》上发表了他的第一篇论文；在校图书馆杂志《书乐园》投稿，文章也被成功收录；更重要的是他成了大学生骨干研习营的一员。他知道每个人只有将个人的命运和国家的命运紧密结合起来，才能更好地实现自己的人生价值。在大学生骨干培训班上，他接收到了这个时代前沿的政治、军事文化知识。曾经秉持“两耳不闻窗外事，一心只读圣贤书”观点的他感到惭愧，因为这世界大可有作为，他愈发地感到在这百年未有之大变局时青年人的使命和担当。

的确，每个人都有一个觉醒期，而这正是他在大学中的一个重要觉醒期。

■ 情深

他很喜欢冰心的一句话："成功的花，人们只惊羡她现时的明艳！然而当初她的芽儿，浸透了奋斗的泪泉，洒遍了牺牲的血雨。"他在大二实现了很多以前没有实现的目标，这是他最充实的一年。在这一年里，他获得了13门课程90+的优异表现，在大二下学期的时候取得了专业第一的好成绩，参加的一项SRTP项目也取得了良好的答辩结果，在高等数学竞赛中获得了国家级一等奖，在结构竞赛中获得了校级一等奖，在智能车竞赛中获得了校优秀的好成绩。然而他知道没有什么事情是一蹴而就的，几乎每天在教室自习到晚上11:00是他的常态；为弄懂每个知识点，他伴着晨光起床锻炼后早早到教室进行一天的课程准备也是常常发生。看似单一的生活在他看来并不枯燥。在他心里，不仅仅对东南大学有着很深的情感，对南京城也有着深厚的情感。利用空闲时间，他去过南京大大小小的景点不下30个，每到一处，都被其深厚的历史底蕴和文化气息吸引。在南京南地铁站、谷里街道关爱留守儿童活动、阳光伙伴活动、学校基础学科答疑室都留下了他志愿服务的身影，因为他相信爱心是可以传递的。还有他最热爱的体育锻炼，他从初二开始接触篮球已经有六七年的时间了，进入大学后跟随院篮球队训练，他喜欢打篮球，不仅仅是因为运动可以让他更加放松，更重要的是在篮球中学习团结合作的乐趣，体会一起奋斗的拼搏精神。除了篮球，他还喜欢骑行、跑步等运动，经过一天疲惫的学习，夜跑可以让他放松，让他和星空对话。他利用寒暑假时间不断丰富自己，寒假期间参加东南大学学术冬令营；暑假在瑞华资助计划的帮助下，前往美国明尼苏达大学进行交流学习，积极探索多学科交叉和不同文化交融，提高了自己的专业素养，也扩展了国际视野。他第一次坐上飞机、第一次踏上美国大陆的激动之情难以言表，让他又想起了小时候看星空时的遐想：外面是不是有一个更大的世界呀？是呀！外面有一个更大的世界。学期结束，他乘火车回家乡的时候，一路上的差距让他心里感慨万千，大城市的快速发展和家乡贫穷落后强烈的对比总让他想为家乡做些什么。努力地学习专业知识和先进的思想，将来为家乡带去一点点改变的理想目标会给他心里带来一丝丝慰藉。尽管他也知道他现在还不够强大，能够做的事情太少，但是不积跬步无以至千里，一步一步地走，最终会到达彼岸。他相信在未来的某一天，他会实现这些小小的改变，哪怕是再小的改变。

大二总结起来，他变得更加从容了，不会再像以前那样面对一些事情手忙脚乱，而是有着自己的生活节奏，有着自己热爱的事情。他像一个小孩子一样在这个高度包容的校园里不断尝试，尽力抓住学校所能提供的每一个机会，去不断提升自己。他说在这大学里有太多要感谢的人，一时间竟无语凝噎。滴水之恩，当涌泉相报；此情至深，竟不知何以回报。

■ 远航

有人说，人生就像一辆列车，沿途会经过大大小小的站点。在东南大学的两年多时间里，余晓虎从有些稚嫩逐渐变得成熟起来。从小山村来到这里的在东南大学站停靠的这趟列车，他也时常在思考未来它将驶向何方。他也知道外面有更大的世界，作为大学生的他必须要突破定式思维，走出自己狭小的舒适圈，去探索未来的可能。不能因为一个好成绩、一个比赛获奖而沾沾自喜，而是应该“吾日三省吾身”，时刻警醒自己未来任重而道远。他也深知自己有很多不足的地方，但是对知识的渴望让他想要走向更高、更远的地方。经过学校两年多的历练，他心中已经有了答案：继续自己专业知识的学习，攻读研究生，探索桥梁工程学科的未知领域，为祖国的桥梁事业发光发热。他从小就有个理想：希望在未来的时光里，他能将热爱与理想相结合，驶向远方！

的确，凡心所向,素履所往,生如逆旅,一苇以航。这是他最真实的写照！

最后，引用茅以升老先生的一句话总结：“人生一征途耳，其长百年，我已走过十之七八，回首前尘，历历在目，崎岖多于平坦，忽深谷，忽洪涛，幸赖桥梁以渡，桥何名欤？曰奋斗。”愿余晓虎同学能够“桥梁以渡，不负韶华”。

推荐老师 罗 磊

师长点评

余晓虎同学勤奋刻苦，成绩优异，在科研竞赛方面表现突出，在日常生活中，真诚待人，乐于助人，是同学们心目中的榜样。

交通学院桥梁工程系 教授 黄 侨

张津铭 ZHANG Jinming

■ 个人简介

张津铭，女，汉族，2000 年 5 月出生，共青团员，东南大学艺术学院产品设计专业 2018 级本科生。曾获 2018—2019 学年国家励志奖学金；2019 年“宝骏 e 200”车贴创意设计大赛优胜奖。

天道酬勤　圆梦明日

——记艺术学院张津铭

■ 天道酬勤，做好自我

张津铭出生四个月时被查出患有先天性心脏病(室间隔缺损)，生活在单亲家庭的她，在母亲一人的抚养下，先后经历了两次心脏手术，两次手术使得本不富裕的家庭陷入了生活危机。为给张津铭治病，母亲东拼西凑，欠债十万余元，幸运的是手术成功并术后恢复。

从小因为治病导致她的家庭经济困难，但她是一个懂事的孩子，在家里帮助母亲做力所能及的家务，学习上也从来不让母亲操心，优异的学习成绩给母亲带来了极大的安慰。经过高中三年紧张而努力的学习生活，2018 年 8 月张津铭考入自己理想的东南大学艺术学院产品设计系。

来到东南大学开启新的学习、成长之路，对她而言既期待又忐忑，家境的贫寒让她有些不安。没想到开学不久，她便受到了学校的资助支持，绿色通道、新生助学金、寒衣发放等让她感受到了学校的温暖，她决心在这里要更加勤奋努力，将这温暖带给身边更多的人。她给自己做好规划，一步一步实现，希望自己能度过充实而有意义的大学生活。

在大学的军训中，她时刻严格要求自己，虽然因手术的后遗症她无法站立太久，但军训中教官教授的每一个动作，她都尽自己最大的努力做到最好。同时，作为通讯员的她，不怕麻烦、不怕累，为同学们做好服务工作，这也是她最高兴的事。在近一个月的军训后，她被光荣地评为“军训优秀标兵学员”。

在生活中，她积极乐观。家中并不富裕的她并没有因此感到难过自卑，反而让她更加知足和感恩。她一直用乐观的心态面对生活，善待身边每一个人。朴素节俭的她，经常利用假期去打工，为自己赚取一些生活费，为母亲减轻一点负担。同时这些经历也让她体验了生活，丰富了阅历，提高了修养，让大学时代更充实也更有质感。

在张津铭看来，因为有了国家、学校，有了亲朋好友和社会爱心人士的支持和帮助，自己才能一步步走向更好的明天。在她最困难的时候大家无私伸出援手，让她能够顺利迈进大学校园的大门，这些她都铭记于心，因此她积极参加学校组织的各项公益活动。张津铭说：“自己也想为公益尽一份绵薄之力，去帮助更多需要帮助的人。无论以后挣多少钱，一千、五千或是更多，我都要拿出一部分工资来做公益，帮助别人。对于帮助过我的每一个人，最好的回馈就是让自己也成为这样的好人，把爱心不断传播出去，为社会、为他人做出奉献。”

“做事先做人，人不立，事不成。”在大学生活中，她用一颗真诚的心换来老师和同学的信任。军训的表现得到了同学们的认可，被推选为班长后，张津铭对工作更加一丝不苟，认真履行工作职责，勤恳做事、严以律己、宽以待人、以身作则，始终以“从我做起，服务同学”为宗旨，真正做到为同学服务，尽心尽力关心同学的生活，组织丰富多彩的活动，增加班级凝聚力，让同学间和睦融洽；并与其他班级干部积极配合，在同学中树立了一定的威信。

另外，张津铭还积极参加校内校外活动，积极参与各种比赛，加入院学生会后，曾两次被评为“艺术学院学生联合会宣传部干事先进个人”；在 2019 年资助诚信教育主题活动之诚信文创作品征集令中获优秀奖。目前她担任宣传部部长一职，校内校外累计志愿时长达 30 余小时，经常参加李文正图书馆志愿工作及鸡鸣寺景区志愿活动，并加入艺术学院志愿团，被评为“艺术+ 志愿团优秀学生干部”。她组织班内同学和艺术+ 志愿团

“感恩祖国，拼绘南京”志愿活动对接参与，以及素质拓展“探访木艺工作室”课外学习活动……

时光荏苒，大一的珍贵生活转瞬即逝，身为班干部，张津铭努力做好本职工作，不断提高自身素质，时刻以一名优秀大学生的标准规范着自己的行为。

不忘初心，方得始终

升入大二，学习和生活更加紧张、充实。无论是迎接新生入学，还是各种志愿者活动，都能看到她的身影。背着相机的她，为学校做活动摄影及宣传品制作，目前在学生处的宣传小组任职干事。她曾为2018年东南大学“万物之理——大学物理复习讲座”设计海报；在2018年东南大学暨校园地国家助学贷款学生还款协议签订和生源地贷款学生毕业确认中担任全套活动展品的设计；在2019年东南大学贫困资助寒衣发放活动中设计全套展品和现场拍摄；参加2019年“宝骏e 200”车贴设计大赛，并荣获优胜奖；参加第七届全国高校廉洁教育活动暨“携手打击腐败”公益广告作品征集及2019年东南大学极地科考无人值守移动电源设计征集等活动。

她很享受这些过程，她努力过、奋斗过，她始终坚信：不忘初心，方得始终。

你要问她初心是什么，她可以很自信地告诉你，“是让自己更优秀”。因为从小母亲的言传身教，她知道，要想成为一个优秀的人，不仅要拥有丰富的知识，而且要具备良好的社会责任感、使命感和个人道德修养，这种观念深深扎根在她心中。她励志成为一名全面发展的学生，积极拥护中国共产党。出于对党的向往，大二开学，张津铭积极向学校递交入党申请书，她一直以加入中国共产党为荣，很想成为其中的一分子。2019年，她很荣幸地成为入党积极分子。她认真参加培训，坚持上党课，学党章，认真学习马列主义、毛泽东思想、邓小平理论和“三个代表”重要思想、习近平重要讲话等等，学会用正确的理论武装自己的头脑，树立正确的世界观、人生观、价值观。在日常学习生活中，热爱祖国，遵纪守法，尊敬师长，团结同学；关注时政，了解和学习党的精神，积极向党组织靠拢。她时刻牢记要保持自身的先进性，并且在各个方面都严格要求自己，在思想行动上为同学们树立一个良好的榜样，并虚心求教，接受同学监督，让自己更加贴近党，也让身边的同学能够离党更近一些。

张津铭勤奋好学，得到了任课老师的一致认可。“知识是人类进步的阶梯”，作为一名学生，她明白学习的重要性，她坚信“生活不会亏待每一个辛苦付出的人”！因此，她在学习上一直刻苦努力，上课认真听讲、积极发言，遇到不理解的地方也常常向老师请教，并提出疑问和自己的见解。合理安排时间，充分利用学习资源。

天道酬勤，张津铭的学习成绩不断提高。虽然大学期间取得了很大的进步，但是她深知大学的学习和生活所能给她的并且她所能够接受的，毕竟是有限的，面对社会这所没有围墙的大学，她不断地更新自己，不断地给自己充电，丰富自己的知识面。在学好自己专业知识和技能的同时，她还通过阅读扩展知识完善自我，并积极准备英语相关等级考试，学习热情和进度始终与成绩同步提高。

■ 圆梦明日，追梦未来

通过一年的努力，张津铭拿到了国家励志奖学金。她时刻提醒自己要更加努力，让自己的各个方面都更优秀，在接下来的大学生涯中仍旧要不断地优化自己。有一句话很美：“等我足够优秀，再大方拥有。”

张津铭一直以一个积极乐观、坚强自立、自强奋进、热心奉献的精神状态生活着，一直以一个严于律己、高度负责、勤俭朴素、艰苦奋斗的标准来要求自己。真正的成功来源于前进道路上的每一小步，坚持不懈，每一天都要为实现目标而努力。一分耕耘，一分收获，她相信每一分付出都会结出硕果，每一个理想插上翅膀都会翱翔，每一个青春因为奋斗都会变得精彩！

“路漫漫其修远兮，吾将上下而求索。”成绩属于过去，未来要走的路还很长很长，带着那么多的关怀和期待，她将会以更加向上的姿态迎接生命中一次又一次的磨炼和考验，以更加饱满的热情投入以后的学习和生活中去，心怀感恩之情，志存高远、脚踏实地，争做国家的骨干和栋梁，将来为中华民族伟大复兴贡献智慧和力量。

推荐老师 刘 畅

师长点评

张津铭同学作为一名新时代的大学生，在国家资助政策和学校资助育人项目的支持下志存高远、追求卓越，凭着自强不息、坚忍不拔的品格，勤奋努力、虚心求教，不仅在追求艺术的道路上取得了突出的成绩，而且表现出强烈的爱国热情和高度的社会责任感，积极参与多项公益活动，用志愿和服务去帮助他人，充分展现了当代大学生的精神风貌。

艺术学院 学办主任 刘 畅

张天禾 ZHANG Tianhe

■ 个人简介

张天禾，女，汉族，1999年8月出生，中共预备党员，东南大学法学院法学专业2017级本科生。曾获国家奖学金，校长奖学金，顾冠群、章玉琴奖助学金；东南大学优秀学生干部，东南大学三好学生，东南大学优秀团员，军训优秀学员等荣誉称号；江苏省“南仲紫金杯”模拟仲裁庭大赛亚军，全国大学生英语竞赛校级一等奖，东南大学寒假社会实践优秀团队一等奖等。

拥一片星云　爱一方舞台

——记法学院张天禾

怀着星云而来的人，终会找到属于自己的舞台。以心为星云的人，即使微弱的光，也会让班级的舞台美轮美奂。

——题记

曾经胆小内向的她，进入东南大学以后，先在自己的舞台上磨砺，再为班级集体的舞台添砖加瓦，现在，她以优秀的表现成为一名优秀学生干部。她主持过学校20多场大大小小的活动，在学习上名列前茅，那是属于自己的舞台；她在辩论比赛中永不言败，并成为社会实践、志愿者活动的主力，那是团队的舞台；从郭秉文班中的一员分流进入法学院，她担起一份责任——成为250171班的班长，这一角色让她懂得有一份热爱便有一份付出，有一份真诚便有一份担当。这是一个青春力量共同绽放的舞台。她，用心拥抱每一片星云，努力扮靓每一个舞台。

■ 幕前幕后，皆为梦想舞台

2018年寒假期间，春节临近，共青团江苏团省委、省学联联合省教育厅在东南大学举办了以“奋进新时代　欢喜庆新春”为主题的江苏寒假留校大学生新春集中慰问活动。来自各高校的100多名国内外学生代表欢声笑语、载歌载舞，共同庆祝新春佳节的到来，活动取得了圆满成功。她担任这场联欢会的主持人，从接到学校通知立刻订票返校，在严寒天气中进行紧张的排练和准备，到成功完成主持任务，她只有不到一周的时间。但是，她有一股信念和劲头——学校荣誉、郭秉文班的形象是第一位的，这个舞台不是自己的，是属于东大人的。所以，即使感冒了还在熬夜写、背主持词，她一直在全力以赴。在为别人带来欢乐的时候，她收获了团队工作的宝贵经验。这时候，她刚刚进入东南大学半年，很难想象半年前她还是个在人多的地方都不敢说话的中学生。

她一直有一个小小的主持梦，因为她认为舞台是可以让她自信表达的地方，她渴望让自己在舞台上发光发热。高中时，她曾羡慕在舞台上多才多艺的同学。进入大学后，一次偶然的机会，辅导员让她作为郭秉文班的新生代表发言，这一契机让她迈出了接近梦想的第一步。

心中有梦想就会有舞台。成为东南大学的一员后，她积极报名并且通过一场场大型活动的面试，加入了文化素质教育中心、广播台关注节目组、人文科协声音工作室，在文化素质教育中心的工作中主持日常校园讲座，在广播台举办的“与声俱来”配音大赛中担任主持，与人文科协声音工作室的小伙伴们一起登上新生文化季闭幕式的表演舞台……很快，她在学习之余，主持了2018年新年音乐会、校运动会开幕式、“中国脊梁、东南担当”东南大学本科生颁奖典礼、第九届大学生学术报告会、饶雪漫校园讲坛等学校活动，还主持了法学院12·4宪法日知识竞赛、秉文书院大师面对面学术沙龙等学院活动。喜欢演讲和朗诵的她，还跨界获得了2017年中华赞朗诵比赛三等奖。

而舞台从不只是在聚光灯下。在校广播台的今日关注节目组，她负责每周节目的剪辑、播音、采访等工作。在午后的食堂门口，经常有她与同学就近期发生的新闻、与学生息息相关的话题进行探讨的身影，报道同学们关于宿舍门禁、校园文化的心声。她积极通过志愿者活动锻炼自己的交流和服务能力，作为志愿者带领来东南大学交流的台湾地区学生参观校园、交流文化，为担任“大学生到国际组织实习任职全国高校巡讲”志愿者的外校来客做好接待，为秣陵街道的小学生讲授成长的感受、共同开启幸福视界等。在社团活动中，她认真付出，与志同道合的小伙伴做着自己感兴趣的事情，她的工作也得到了大家的认可，被评为“文化素质教育中心优秀工作者”和“广播台优秀台员”。其实，一场活动从准备到结束需要很多时间和精力，但因为热爱她从不觉得疲惫。

■ 真心相待，温暖班级舞台

“每一位同学正如那点点星云，而班级就是舞台。”刚入学的时候，作为班级军训临时牵头人，瘦弱的她经常抱着大包的书籍、服装等穿梭于各个宿舍，虽然很累，但她为此感到快乐。大一时，她主动竞选班级学习委员，及时将每周的作业、老师的课件整理成文档发在班群，在期末学习紧张时为大家整理学习任务清单等，尽职做好本职工作，成为班级的“主心骨”，班级事务始终排在她计划本的前面。不过，真正的锻炼是她在大二担任班长以后。

成为班长后，舞台转换了，责任也更大了。她对班长的定位很简单，就是做班级的小太阳。她思维较为跳跃，觉得有很多有趣的点子想和大家一起分享。法学不仅有深度还应有温度，让学习任务繁重的“法学生日常”多一点温暖和乐趣就是她的初心。

真心策划，建一个温暖有爱的班级舞台。在辅导员的鼓励下，她和班委一起积极开展班级建设，经常在课下讨论怎样结合班级的特点让日常生活变得有序又有趣。她时常思考如何成为一名优秀的班长，在班级建设上把班会作为交流的平台，对于解决如何安排同学参加活动的难题，她决定实行轮流参加、计算活动次数的方法，希望可以调动同学们参加活动的积极性。她与团支书一起通过磐石计划活动调动班级氛围，不让“活动成为负担”。到了元旦等节日时，她会和团支书一起制作小饼干，并写上对每一位同学的祝福送给班级的同学，让节日充满温暖。为了帮助转院生和少数民族学生尽快融入班级，她也经常与他们谈心交流，帮助他们顺利开始新的学习，这一工作得到了老师们的认可。让她感动的是，在她自己生病时，很多同学给予她问候与持续的帮助，让她感受到班集体浓厚的温暖和爱。

在实践中，她与班级同学组成社会实践小组，采访英烈后人，探寻英雄的伟大与意义，她希望通过法律手段保护他们的名誉权。这一实践获得寒假社会实践优秀活动团队一等奖、暑期社会实践活动优秀团队二等奖。更重要的是，班级的学风端正、风气健康，多名同学成绩位居年级前列，获得文体、科研等类别的比赛奖项。令人欣慰的是，2019 年底班级还被推荐参加了江苏省优秀班级评选。

真心拥抱团队的星云，团队的舞台就会被照亮。她常说自己越小大家的舞台就越大，她只是星云里的一颗星。她所在的班级有特别处，一方面辅导员一个人管理本硕博各年级学生呕心沥血十分繁忙，另一方面班级先后增加了十多名转院生，她的工作强度和工作挑战也就更大。为了尽快完成各项统计和活动安排，她经常顾不得吃饭，一边在手机上接发信息，一边在电脑上飞快地用表格进行统计；尽量不占用大家的学习时间，把每一个事项都安排得井井有条，不出现错漏，在认真学习的同时积极为大家服务。

同学们说，她看上去是一个“非典型班干部”。作为班长，她在认真做好班级日常工作之外，用她自己对兴趣和梦想的热爱与热情、对学习的一丝不苟带动着大家，尽力散播温暖。她想用自己的一点付出，让每一位同学在偌大的校园里找到班级的归属。

勤奋钻研，展望人生舞台

当好学生干部，不仅仅要做好服务工作，当好老师的助手，更要力争带个好头，尤其是带动学习。她不曾放松过自己的学习，大一一年，她获得全国大学生英语竞赛校级一等奖、艺理课程研讨一等奖，并有幸获得了校长奖学金，以分流绩点排名第八进入法学院。

学习是学生的主业，她要带头做到专心向学。大二的学习是一个考验，因为法学基础课两年并作一年。在法学院新学期开学典礼上，作为学生代表发言时，她说："从大一最初到现在一直没有变的，就是来法学院的心愿。"法学院氛围的开拓自由、同学们的积极向上让她有了深深的归属感。也是因此，她选择竞选班级的班长，以班长的角色为班级奉献，也鞭策自己不断进步。怀着对专业的热爱和对自己的严格要求，她在课堂上认真听讲和做笔记，每一本笔记都是整洁的字迹、详细的标记。她经常为了完成一篇日常论文作业，在图书馆一待就是一天。大二学年结束后，她获得 5 门课程奖，完成 2 项校级 SRTP 项目。同时，她也注重英语的学习，英语四级与六级考试均考到了 600 分以上，大二的暑假以 7.0 分通过雅思考试。在学习的过程中，她的理想信念进一步坚定，对于新时代大学生应有的思想境界和道德境界有了更进一步的思考和认识；她经受了党的考验，光荣地成为一名共产党员，这激励她发挥更好的表率作用。

除了院内的学习活动，她还积极代表学院参加比赛。为了锻炼自己的语言表达能力和法律实践能力，大二下学期，她鼓足勇气报名参加了江苏省"南仲紫金杯"模拟仲裁庭大赛，与同队的两位同学开始了日夜奋斗的准备历程。那段时间，他们每天都是院楼最后离开的，凌晨两点还在教室查资料讨论，有时怕太晚回去打扰室友便在通宵自习室中休息。他们深知自己的不足和短板，因为仅学习了一年的法律，很多知识还没有涉足，因此他们请教了法学院的几乎所有老师。 她作为团队的领队联系老师指导、安排模拟答辩和日程，同队的队员曾说：“她是一个会带着我们坚持到最后的人。”由于她的坚持，最终他们通过初赛、复赛与决赛，获得江苏省“南仲紫金杯”模拟仲裁庭大赛亚军，为学院争取了荣誉。 在这个过程中，她体会到了什么是责任、什么是担当。

也许青春便是要不拘一格，人生更是一个多面体，她在大学中努力挖掘自己的潜质，不论舞台在何方，总是初心以待，用从零做起的认真去面对，尝试大学的丰富与多彩。 人生有太多的梦想要尝试，有太多的挑战要经历。 无论身处人生的哪一片舞台，她都会怀着一颗简单诚挚的心用力燃烧。 少年不惧岁月长，星云相伴，何谈畏惧?

推荐老师 费倩倩

师长点评

张天禾同学热爱法学专业，刻苦努力，成绩优异，在担任班长期间能够很好地团结同学，为班级取得了很多荣誉，很好地践行了一名优秀班干部的职责。希望她能够在今后的学习和生活中相信自己，再接再厉，取得更好的成绩。

法学院 副院长 单平基

李明码

LI Mingma

■ 个人简介

李明码，男，佤族，共青团员，1996年10月出生，东南大学公共卫生学院预防医学专业2015级本科生。曾获国家励志奖学金(2016—2020学年连续4次)，云南省优秀贫困学子奖学金等；南京市优秀志愿者，东南大学军训优秀学员等荣誉称号；参加院、校运动会并获多项一等奖。

求学一途

——记公共卫生学院李明码

鸡鸣起，柴火生；东方即白，后山如佛影，虫鸣渐渐。泥路泞，湍流急，前后相牵，远望土坯楼，读书声声。这是他人生中的第一条每天上学都要走四趟的路，也是从踏上这条路的那天开始，他便从未停下过向前的坚定步伐。

■ 荒芜前日，启蒙上道

他的家乡，是一个穷乡僻壤的小地方，坐落于祖国的西南边陲。他记忆里村子最久远的画面，是约莫四五岁时，他拿着家里断了一半手柄的菜勺，想去隔壁借点油，给还没收工的父母准备晚饭。推开木门，却正好撞到了打算到自家借油的几把小勺，几个小孩你看看我，我看看你，在后山的半个太阳的照射下都笑得暖洋洋。从小学二年级开始，虽然学杂费不多，却也是他每学期开学前家里的一大难题。往往都是父亲找了好几户人家筹借，才能补齐。新书包、新文具盒什么的更是想都不用想了。小学时除了学校配发的课本，他从未添买过任何一本辅导工具书。他还会在假期的时候就把村里高年级哥哥姐姐的书本借来看，提前了解下学期的学习内容，这样他就可以更快、更好地掌握新知识点了。还有一些用过的习题册子，别人不再使用，就成了他的工具书，颇有宋濂先生的“家贫，无从致书以观”之共鸣。

数学家华罗庚曾说：“聪明出于勤奋，天才在于积累。”努力，不一定就能取得傲人的成绩，但不努力，就算天上掉馅饼也不一定能接得稳。农村最大的悲哀，就在于大家都很贪玩，根本不知道外面的世界还有无数个比自己优秀的人，并且优秀的人还都在不停努力。好在他的父亲是一个有远见的人，小时候就对他严格管教，要求他不一定下地帮家里干活，但老师布置的作业必须百分之一百二十地完成。人穷志不短，虽然家中无比困难，他的父亲从来没有上过学，却也在几十年的生活中积淀了不少思考，父亲常常教导他：“没事孩子，困难只是暂时的，咱们要有骨气，只要你好好读书，总有一天会带着我们走出大山，走向外面的世界。”在成长的年月里，父亲是每一个男孩的偶像，就像一座山，永远给人力量和安全感。父亲的激励让他形成了一股信念，那就是要想改变自己的命运，就得好好读书，只有通过教育这架不断螺旋向上的阶梯，才能让他的家庭摆脱贫困的泥潭。

因为对知识的渴望和刻苦求学的态度，他的成绩一直名列前茅。他母亲回忆说因为他小学时天还不亮就早早地去邀约村里的其他小伙伴去学堂，老是被叔叔阿姨反问她：“难道你们家小马晚上都不睡觉的吗？大清早的就来叫叫叫。”而她也只能耸耸肩，无辜地说，自己也是受害者啊。

■ 努力当下，勤以补拙

有志者，事竟成，破釜沉舟，百二秦关终属楚；苦心人，天不负，卧薪尝胆，三千越甲可吞吴。

2015年7月，他收到了东南大学的录取通知书，终于实现了自己的小目标，迈出了离开大山的第一步。 作为第一个在乡里取得如此好成绩的农家子弟，大家都对他打心底竖起了大拇指，不少亲邻近友还登门问候祝贺，这给他那颇有远见的老父亲赚足了面子。 每次出工、串门都是脸上藏不住笑呵呵的。 但是李明码自己心里很清楚——征程，才刚刚开始。

如果说来到南京是小船跃入了大海，那东南大学就是他休整补给的港湾。 在这里，他不断地汲取知识以获得能力，去应对社会这片海域上处处潜藏的危险和机遇，让他有机会去探索更广阔的天地。 初到学校时，他被东南大学的图书馆惊呆了，怎么这么大！ 在高中以前，他还从来没有进入过有这么多书的地方，就算是云南临沧那里最大的书店，也不及这里图书馆一个房间的藏书多。 几年下来，东南大学的图书馆是他除了学生宿舍去得最多的地方。 在这里他不仅能够得到专业知识的补充、巩固和加强，还可以丰富知识体系、开阔眼界，让他看得更高、看得更远。 在他眼里，图书馆可能算是人类建造的最具魅力的建筑吧。

人刚出生时都很脆弱，而进入一个新的环境恰如一次新生。 他刚到南京时很迷茫：该如何奋斗？ 该抱有怎样的态度？ 他曾很多次如此发问自己：“我已经抵达了战场，这里的一切对于我而言都是那么的新奇，那我应该怎么迈开我的步伐同友军和敌人周旋并取得突进？”他开始不断地尝试，学习一切他认为值得努力的东西。 在大一的时候，他操着一口带凤庆方言口音的英语，参加了英语班长竞选演讲。 那时他英语真的很差，但是大家都认可他的态度和精神，最终以压倒性的票数当选班长。 之后他还顺利完成了英语老师在东南大学的一期学术交流接待。 自此，他意识到，主动性能很大程度决定成败。

“夫君子之行，静以修身，俭以养德，非淡泊无以明志，非宁静无以致远。”无论是个人卫生还是群众卫生，他都认真对待，这是他自小对自身修养的基本要求。 大三学年，他被全班同学极力推荐担任班长，一年下来他通过生活和学习中的各个细节去关怀和帮助每一位同学，以此来凝聚整个班集体，在同学之间建立兄弟姐妹般的情谊。很多授课教师都会评价说，他们班更能给人以一种舒服的氛围。在他看来，交朋友也是大学生活的重要部分，所以更加修身养性、热忱待人。

万物有源，人亦不可忘本，无论走得多远，都不能忘了自己的根在哪。从土坯小屋到高等学府，一路走来，他除了自己的努力和坚持，还有很多很多的热心人从各个方面给了他很多帮助，或不断地鼓励他努力向前，或给予他经济上的支持。他很感激这些朋友、长辈，同时他也知道这些热心帮助绝对不是为了回报，而是让这个社会充满更多的爱，在这些爱意的熏陶下，他也不断地在向社会贡献出自己的爱。在丁家桥校区，不论同学还是老师，都知道有一个乐于助人的小伙子——小马哥，不管你遇到什么问题，都可以找他，他会的，能帮你解决；他不会的，他可以学。

■ 未来还远，航帆高扬

千里之行，积于跬步；无尽江海，源于小流。想做的事情立马去做就对了。

农家小子，当无所求，专于农事，娶一妻养一子并孝老而终，这是家乡绝大多数人长久以来形成的人生图景。读书改变了他的命运，他接触的越来越多的新事物、新思维使他认识到世界是如此多姿多彩，人的一生还可以有很多种可能。对现在的他来说，求学早已不是单纯的学习知识、获得技能，而是对人生的一种探知和实践。他的人生之路因读书而变得不同，而将来的路也将充满种种可能。人们常说：活到老，学到老！可在他眼里，这句话应该是“学到老才能活到老”！从小学的灌输式学习到中学的牵手式教育，以及大学的指引及自主探索，从课堂到实践，他在不断地学习，以此获得适应社会的能力。而如今科学技术在高速发展，社会每天甚至每分每秒都在产生“新物什”，一个人如果不学习那就是在飞速落后，而我们每个中国人都知道“落后就要挨打”，对于这个道理，他也深有体会，并下定决心终身学习直至终老。

定吾辈鸿鹄之向，历他人难忍之苦，路漫漫其修远兮，吾将上下而求索。 求学一途，止于至善！

推荐老师 王 蓓

师长点评

作为李明码同学大学本科的任课老师和今后三年的硕士生导师，我很有幸结识这个来自西南边陲的充满活力与爱心的“小马哥”。课堂上他学习认真、勤于思考、敢于提问，成绩优良；课堂外他尊敬师长、团结同学、热心公益、工作积极。同时，他还是一个懂得感恩的年轻人，从来不忘给予过他帮助的朋友、长辈，立志学有所成，回报社会。他的乐观向上，自尊、自爱、自强、自立给我留下了深刻的印象。

公共卫生学院 流行病与卫生统计学系系主任、教授、博士生导师 王 蓓

陈　辉

CHEN Hui

个人简介

陈辉，男，汉族，1998年3月出生，共青团员，东南大学网络空间安全学院网络空间安全专业2017级本科生。曾获2018—2019学年国家奖学金，山石网科网络安全奖学金；东南大学三好学生标兵等荣誉称号。

蜕变

——记网络空间安全学院陈辉

对每一位学子来说，大学生活都是一段关于青春、关于梦想的美好时光，而正是不懈的奋斗才让这段时光熠熠生辉。大学生活给了每位同学仰望高山的机会，更给了意气风发的少年努力蜕变的无限机遇。

■ 初见高山，也曾迷茫

在他看来，学习优秀的学生或许都有一个相同的特质：不论目标明确与否，都能始终坚持做好眼前的事，保持良好的学习习惯和学习态度，为未来的选择和发展做好充分的准备。而他，在初入大学时，既没有足够地对专业的认知和兴趣，又没有静心做好眼前事的耐心和决心。整个大一学年，他的绩点排名在年级处于中游的位置。成绩平平，能力平平，“先进”或者“优秀”于他来说似乎没有什么关联。他不禁对前途和未来感到迷茫。彼时的他甚至相信，这一年时间，他与优秀的同学已然有着难以弥补的差距了。

然而机会总在不经意间到来。在大一暑期的社会实践活动中，他与几家网络安全相关企业的工作人员进行了短暂的交流，并参与了网络空间安全学院的保研夏令营，在了解了行业的发展前景以及自己与高年级本科生的能力差距后，他决定要亡羊补牢，奋起直追。

他说，他能接受平凡却不能甘于堕落。然而攀爬高山的道路总是荆棘遍布：由于大一数学和 C++基础薄弱，他在概率论及信号与系统课上难以快速理解数学公式推导；由于对数字电路理解不到位，理解计算机组成原理对他来说更是困难重重……尽管这一切看起来都是那么艰难，但他心中明白，要想去看更广阔的世界，便要越过一道道艰难险阻，一步步做好眼前的事。学习的道路本就需要甘于清苦、耐得寂寞，既然课程难以理解，那么就坚持认真上好每一门专业课，完成好每一份作业，虚心请教每一位老师，积极关注行业发展动向。每一段艰难的时光都是宝贵的财富，正是在最为艰难的大二期间，他的态度由迷茫和失落转变为积极向上、奋力拼搏。而他的成绩也由年级中游提高到了年级上游的位置，大二上学期，他的绩点突破了 4.0，排名年级第六；再到大二下学期，他继续保持良好的学习态度，学期绩点 4.18，排名年级第二。至此，他向自己证明了一个简单的道理：世上无难事，只怕有心人。

■ 使命在心，勇于尝试

他努力的动力和源泉，一方面来自对于未来的期望和向往，另一方面更来源于网络空间安全专业本身无穷的魅力。在计算机网络课程学习中，现有网络体系结构的设计原理打破了他的原有想象，使他深深感受到了网络架构设计哲学的能量；在密码学课程的学习中，他不禁为现代密码学的安全性哲学所折服。不论是传统计算机网络、密码学，抑或是操作系统相关的安全，都向他展露了无穷的魅力。在他收获成绩提升带来的喜悦的同时，网络空间安全专业的魅力也正向他打开大门。课内，他在专业课上孜孜不倦地汲取知识，而在课后，他也逐步走向初步的科学研究。面对当今我国乃至世界网络空间安全问题日趋严重的现状，他明白，学以致用是他肩头的一份使命。

在对专业的了解不断加深以后，他有意识地在学习之余，更多地参与到科研项目当中。在这个阶段，他参与的区块链 SRTP 项目成功申报了国创，同时他还加入了学院杨望老师的课题组，初步参与科研工作，期望为更深入的研究打好基础。在杨望老师的课题组中，他参与了 DataCon 大数据安全分析比赛、IDN 域名欺骗的研究项目及 IPv6 扫描、IPv6 与 IPv4 双栈地址映射的项目，锻炼实践能力的同时也开阔了视野。

除此之外，他还多次参与志愿活动，曾以主要负责人的身份承担了学院保研夏令营以及暑期 InForSec 学术会议的志愿者工作。其中，InForSec 的学术交流活动使他受益良多，在此次会议上，他与网络空间安全领域国内外各大高校的老师进行了交流，加深了对专业的理解，也加强了他对网络空间安全发展前景的信心。在会后，他与 InForSec 主办方清华大学的相关老师建立了密切的联系，他不仅计划能在未来作为营员参与该学术论坛，更希望能为本院学子参与其中做出自己的贡献。功夫不负有心人，在 2018 年 11 月，他有幸参与了 InForSec 在清华大学的一次学术论坛。在此次学术论坛上，国内网络安全领域大牛云集，各种前沿思想相互碰撞摩擦，而让他感触最深的还是学者们对科研的热情和付出。他暗下决心，在未来，他希望能保持对网络安全的浓厚兴趣，不断提高自己的科研素养，为他的前途和未来，为东南大学网络空间安全学院的发展，为技术的革新，静心研究，愿有所成。

■ 强健体魄，做舟中英雄

强健体魄是他奋斗路上坚持不懈的目标，加入龙舟队更是他蜕变路上浓墨重彩的一笔。作为东南大学龙舟队的一名队员，他自大一入队以来，坚持努力训练，发扬龙舟精神，为校争光。每周健身房训练 4 次、坚持 5 千米环校跑、每周 3 次划船训练……大一期间，经过龙舟队的集训，他的体重从 87.5 千克降到了 70 千克，引体向上从只能勉强拉起 2 个到可以做 10 个以上……作为主力队员，他多次代表东南大学参加各类龙舟赛事，于 2018 年及 2019 年分别取得了南京金斯利喜来登龙舟公开赛 500 米接力赛的冠军和亚军，获南京八卦洲龙舟公开赛团体优胜奖、中国·东海世界名校龙舟赛 300 米第五的成绩。

在数次龙舟比赛中，他与社会各界以及世界几大名校的龙舟爱好者展开了亲切的交流，建立了良好的友谊。他认为，强健的体魄是大学生未来长久工作和科研的基础，也在一定程度上决定着未来是否能够幸福快乐。因此在进入大二以后，为传承和发扬龙舟精神，他承担了训练大一新队员的任务。作为训练小组的组长，他坚持带队训练，健身房、环校跑、划船都不曾缺席，同时在学习上也给予组员们帮助和建议，帮助他们尽快融入大学生活。同时作为校龙舟队的一员，他更明白自己有义务让更多人了解龙舟精神，他愿为推广龙舟运动而努力，也更愿为东大学子营造更好的强健体魄的环境而努力。

■ 求学路漫漫，愿为引路人

对他来说，来到东南大学，有四大幸事。一幸，求学于网络空间安全学院，并成为本院第一届本科生。此刻，他不再迷茫，当志存高远，愿为网络空间安全专业人才培养而努力。二幸，结识众多友人，不论是院内同学、龙舟队友还是校内校外相熟的恩师，在东南大学与他们建立的深厚友谊都将使他受益终生，他们是他积极乐观的源泉，亦是他为未来不懈努力奋斗的支撑。三幸，寻得兴趣所在，网络空间安全面临着无数的挑战，也意味着它蕴含着无限的机会。他愿借此长风，破千层浪，成为一个出色的科技爱好者，做优秀的东大网安人。四幸，正当其时又正遇良机，目前手头的 IPv6 扫描及地址映射项目，于他个人，于网络空间，于现实空间，于国家民族，都有着重大的意义。

回首过往经历，从迷茫失落到乐观积极，大学两年的经历让他一次次蜕变。他希望以自己为例，能够劝勉和帮助更多仍感到迷茫不定的同学，让他们也能够把握当下并实现自己的完美蜕变。因此进入大三以后，他报名担任了 2019 级新生的班指导，用自己的亲身经历来帮助每一位新入学的学弟、学妹。在他看来，对于新入学的同学，大学伊始，崭新的大学生活有着无限的可能，若能有一个好的开端，未来的道路或许能够走得更远。

于是从军训到跑操，从自习到初识科研，他总是尽可能地陪伴在学弟、学妹身边，耐心负责地为他们答疑解惑。与此同时，他也注意到，有许多刚进入大二的2018级的同学也经历着和他当初一样的迷茫，因此他借国奖答辩的机会，向他们展示了自己的经历，给他们鼓励。他希望不论学弟学妹们志在何处，自己的经历都能对他们有所影响，有所触动。他坚信，优秀的网络空间安全学院不难培养出优秀的本科生，而这更需要科研人员、行政人员甚至每一位本科生来共同努力。既然东南大学为他的梦想搭建了舞台，他便要用自己的力量带领一位又一位的学弟学妹们精彩筑梦。

推荐老师　杨　望

师长点评

陈辉同学爱学习，爱运动，爱帮助同学，他不仅基础课程学得扎实，并且热爱Hacking，积极参与课题研究，勇于挑战网络空间中的问题，更让我感动的是他愿意将他的心得体会积极与学弟学妹们分享，带领他们避开学习中的弯路，我为171班有他这样的同学而自豪。

网络空间安全学院　讲师　杨　望

贺博文

HE Bowen

■ 个人简介

贺博文，男，汉族，2000 年 3 月出生，共青团员，东南大学网络空间安全学院网络空间安全专业 2017 级本科生。曾获 2018—2019 学年国家奖学金；东南大学优秀学生干部等荣誉称号；全国大学生英语竞赛国家二等奖，全国大学生高等数学竞赛国家二等奖，全国大学生数学建模竞赛省一等奖等。

追梦人

——记网络空间安全学院贺博文

“大学之道，在明明德，在亲民，在止于至善。”大学是每一位学子追梦的起点，而每一个令人振奋的青春故事都是由一个个充满汗水和挫折的日子串联起来的。他是一个平凡的东大学子，是求学路上不断突破的奋斗青年，也是心怀梦想便不畏浮云遮望眼的“追梦人”。

■ 初见东大，憧憬于心

他第一次来到东南大学是在2017年的6月，那是东南大学开启综合素质评价类招生模式的第一年。早在那年5月听到这个消息时，他便毫不犹豫地报考了东南大学，不仅因为他的初中和高中都是东南大学附属中学，更是因为六年的中学生涯早让他心中对这所优秀工科学校充满了憧憬与期待。考试的那一天，他起得很早，第一次来到大学校园，第一次走进大学的教室，面对着眼前这么大的阶梯教室，他的心中夹杂着好奇、茫然与激动。最终他达到了综合评价类的录取要求，如愿以偿地成了东大人。

高考结束等待通知的暑假里，在欣喜地拆开录取通知书的时候，他看到了吴健雄学院的招生信函，得知吴健雄学院的工科试验班计划在8月底进行一次全校范围的学生选拔。吴健雄是东南大学的优秀校友，有“东方居里夫人”之称，吴健雄学院的学生也都是东南大学的拔尖同学。对优秀的向往让他满怀欣喜地报名了吴健雄学院的选拔测试，信心满满的他在暑假期间特地花了整整一周时间准备吴健雄学院的选拔测试。可当选拔成绩出来后，他却异常吃惊——足足跟录取分数线差了20多分。对于从小就是班中佼佼者的他，这无疑是一个巨大的打击。他不禁心生疑惑：东南大学的学生都这么优秀吗？自己又该付出多少努力才够呢？一个又一个问题接连不断地在他脑海涌现，就这样伴着憧憬与迷茫，他开启了大学生活。

■ 精彩大学，突破自我

一入学便是紧锣密鼓的三周军训，每天从早到晚都是忙碌的训练生活。但这么忙碌的生活依旧没有抹去他内心的伤痛与不甘，对于该如何充实度过大学生活，他心中依旧充满了各种困惑：大学到底该怎么过？该如何去完善自己？学习压力会不会太大？对大学的憧憬和一开始的打击让他对该怎么过好大学越来越好奇，既然心中存在着困惑，那不如主动去探索、去突破。

最终，他明白，学习永远是大学中最重要的一环，因此在学习方面，他努力刻苦，想弥补学期初失败的遗憾。因为高中时参加过数学竞赛，这让他在工科数学的学习中有了不错的基础，同时他不放过一切课余时间多做题目，这最终让他和同年级的同学相比有了不小的优势。于是在高等数学期中考试中，他考出了99分专业第一的好成绩。而期末考试更是综合成绩位列专业第三。拿到专业排名的那一刻，他明白了努力的重要性，也明白了只要在大学中努力学习，便会有所收获。

于他来说，大学生活便是一个又一个突破自我的机会。当2018年春节的热闹还没散尽，东南大学便已恢复了她往日的书声琅琅。新学期里，他依然努力学习，但是他总觉得少了些什么。与高三生活相比，好像缺少了那股对自己目标的拼劲与冲劲。他思考了很久，发现这可能是专业问题，不知道自己是否喜欢软件工程这个专业，也不知道自己能否在这个专业中有所得……直到东南大学教务处发出了关于转专业的通知，他好像重新点燃了心中关于梦想的火焰：他完全符合转系生的条件，只需通过暑假的转系考试便可以成功转到其他专业。因此他开始在转系通知中选择自己心仪的未来专业，这时，招收40名转系生的网络空间安全专业映入了他的眼帘。他不仅认识一些网络空间安全专业的学生，同时对这一专业有一定的了解，尤其是网络空间安全专业中较多的数学基础课、与网络攻防相关的实践课深深地吸引了他。因此他迅速开始咨询身边的老师、同学、家人，不断了解网络空间安全专业的前沿知识，再加上近年来国家对网络空间安全建设的重视，他决定再次突破自我——报名转系，加入网络空间安全学院。经过精心的准备，他等到了期盼已久的转系考试。在考试中，他凭借着扎实的数学基础与认真的准备，取得了优异的成绩：不仅总成绩位列转系生第一，更比第二名高了十多分，高等数学的成绩更是以98分位列全校之首。最终他也如愿以偿转系来到了网络空间安全学院。

■ 强健体魄，再次出发

转系之后，他继续在新的班级担任团支书的职务，很快也和班级里的同学打成一片，新的生活让他动力十足。然而2018年的10月底，在一天晚上睡觉时，他突然感觉耳边多了一阵异样的声音，久久挥散不去，过了一会儿他意识到自己陷入了耳鸣。焦虑和痛苦随之而来，尽管他希望能够尽快摆脱耳鸣，但是始终摆脱不掉。医生对他做出了患有神经性耳鸣的诊断，并告知他需要住院检查。这个突如其来的消息让他不知所措，把平静又规律的生活瞬间打乱。这时的他感到无比难过，在大二课程压力最大的时候放下课业去住院，他不知道这到底会对自己未来的学业产生怎样的影响。每每想到对学业的耽误，担心与焦虑便涌上心头。

与学习相比，一个良好的身体显得更加重要，一个强健的体魄更是一个学生能够好好学习的前提。因此他决定住院做检查，并接受治疗。虽然那一段时间他被迫放下了很多的课业，但他也开始有机会思考身体健康与学业的平衡关系。他明白是自己之前学习用力过猛、压力过大导致了神经性耳鸣，现在要做的就是放下包袱安心静养。在医院输液两星期之后，虽然耳鸣还没有完全好，但是耳鸣对于听力的影响已经消失，因此他决定出院，并且他决定改变自己的学习方式，将锻炼与学习相结合，争取能实现更加持久的学习。

就这样，他一直坚持到了期末考试，让人意外的是，期末考试并没有受到这次生病的影响，他很多门科目考到了专业前几名。他很是欣喜，因为这证明了他学习方法的正确性，大二下学期他依旧坚持着这样的学习方法，考试成绩依旧不错。最终他的大一、大二学年总绩点位居专业第一，并成功获得了2018—2019学年的国家奖学金。这对一名大学生来说，是最高荣誉，也是对他最大的肯定。而这对于他来说也只是一个新的起点，他将把这份国家奖学金作为对自己学习生活的肯定与鼓励，继续砥砺前行，学习更多的知识，掌握更多的技能，为成为一个真正优秀的人而不懈奋斗。

他在大学本科前两年生活中虽然经历了不少挫折，但难能可贵的是收获了成功的喜悦，也收获了克服挫折的勇气。这便是他前两年最大的收获。在一次次的经历中，他渐渐褪去了刚入学时的青涩，也明白大学期间最重要的事情还是要弄清楚自己想成为什么样的人、自己应该怎么做。正所谓遇到困难并不可怕，关键是要有敢于解决困难的勇气，而不是寄希望于逃避。他希望自己永远都不满足于自己的所得，而是一直在发现问题与解决问题的路上。

推荐老师 肖卿俊

师长点评

理论学习方面，他认真努力，注重专业知识积累；工程实践方面，他克服困难，切实寻找工程难题解法；班级工作方面，他积极服务同学，投身于支部党建、团建工作。贺博文踏实勤奋，大胆创新，成绩、竞赛、项目各方面都很突出，是学院同学们学习的榜样！

网络空间安全学院　副教授　肖卿俊

盛乐恒 SHENG Leheng

■ 个人简介

盛乐恒，男，汉族，2001 年 4 月出生，共青团员，东南大学吴健雄学院工科实验班 2018 级本科生。曾获国家奖学金；东南大学三好学生标兵，东南大学优秀团员，吴健雄学院学生会优秀干事等荣誉称号；2019 年高等数学竞赛全国二等奖，2019 年江苏省高等学校高等数学竞赛二等奖，东南大学军训摄影大赛特等奖，东南大学趣味结构竞赛二等奖，东南大学寒假社会实践团队一等奖等。

奋斗青春　不负韶华

——记吴健雄学院盛乐恒

一个没有任何专业基础和竞赛经验的“小白”，通过自己分秒必争的不懈奋斗，全面发展，一步步成长为同学眼中的“大神”，书写了“奋斗的青春最美丽”的精彩的东大故事。

■ 笨鸟先飞，只争朝夕

带着一些高考失利的失落和第一次离家的迷茫，他来到了东南大学吴健雄学院。

很早就听说这是一个学霸云集、“大神”出没的荣誉学院，而他，只不过是一个来自小城市普通高中的普通学生，是一个彻头彻尾的“小白”。刚一开学，各类课程就给他来了个下马威：公式看不懂、代码不会写，上课听得云里雾里，下课更是对着作业犯难。看到周围同学轻松自如地学习，他不禁有点焦躁。后来和辅导员、班主任的交流渐渐打消了他内心的顾虑，他开始明白，路都是走出来的，没有空想就能实现的事儿，只有立足当下、脚踏实地，才不会有那么多平白无故的焦虑和烦恼。

他清楚地知道自己和别人的差距，既然自己不是天才，那必须比别人花更多工夫。大一一年，他用足了高三学习的劲头。上课听不懂，课下便对着课本一遍一遍反复看，一段代码一段代码地写。有不会的便虚心向室友和学长请教，一下课便向老师追问。晚自习时，他总是最后离开教室的那一个。他还参与各类学科竞赛，通过实践来帮助自己理解专业知识，更好地学以致用。他虽然起步慢，但渐渐赶上了周围同学的步伐。

笨鸟先飞，天道酬勤。正是凭借着这样一份热情和执着，他从课听不懂、代码不会写，到成绩排名年级前五、全科满绩；从竞赛一开始的一无所获，到高数竞赛的全国二等奖、江苏省二等奖，并斩获了国家奖学金和三好学生标兵两项重要荣誉。

■ 勇于追梦，活出色彩

作为荣誉学院工科实验班的优秀学子，他却拥有一颗文艺的心。在大学里，他积极地尝试着一件又一件新事物，渴望追求自己内心真正的喜好，在忙碌单调的学习生活之余寻找属于自己的“桃花源”。

从高中起，他就爱上了摄影。摄影不同于工科的严谨，更注重对美的感知。他享受这种捕捉光和影的过程，喜欢探索生活中不为人知的美丽。他的镜头下，有江南风光的旖旎，也有雪山冰封的壮丽，有东大校园的美好，也有大学生活的“小确幸”。这种对美的向往，也使他在繁忙的学业中一直保持着对生活的热爱，积极阳光地去面对生活中的每一次挑战。

擅长摄影的他，大一军训期间，在其他同学挥汗如雨的时候，入选进入军训团编辑部，用另一种方式参与“军训”，为同学们记录在军训场上不怕苦不怕累的瞬间，获得了军训摄影比赛特等奖。他通过吴健雄学院宣传部的考核选拔，加入了院学生会，凭借自己出色的技术和独特的审美，活跃在各大活动的现场，累计为学院、学校拍摄照片达5000余张，制作数种宣传品，获得优秀干事的荣誉，更有效地传播了健雄精神和吴院文化。

此外，他不断拓展自己的兴趣，探索自身的潜力。他登上焦标舞台表演舞蹈，参加吉他社自学吉他，在深夜的体育馆练习滑板，利用周末学习素描……

梦想的实现需要培养全方位的素质和能力，他对每件事都抱有最饱满的热情，努力把每件事都做到最好。这些尝试让他的大学生活多姿多彩，也让他看到了未来的无限可能。

■ 走出小我，努力奔跑

作为吴健雄学院的新生，他有幸参加了和张广军校长的座谈会，共同探讨“我想成为什么样的人”。在张校长的启发和引领下，他开始认真思考大学生活应该怎样度过，什么样的人生才是真正有价值的。他认识到，一个人只是学好书本知识，能够帮忙拍几张照片，不能算是一个对社会真正有价值的人，必须涵养家国情怀，散发自己的光和热，用自己的所作所为让世界更加美好。于是，他开始从幕后走到台前，开始从一个旁观者成为一个参与者，他开始将故事传递，把爱和温度传播，他开始从一个人奔跑，变成带领一群人一起奔跑。

他是东大故事的讲述者。作为大一学生代表，他参与了台湾地区电视节目《梦想大学堂》的录制，他的分享和介绍，让两岸的青年学子了解东南大学悠久的历史底蕴和辉煌的办学传统。他利用寒假担任怦然心“东”返校宣讲的主讲人，冒着寒风在高中校园为母校奔走宣讲，和家长见面交流，给学弟学妹们答疑解惑，让更多的考生和家长认识东南大学，认可东南大学。

他是公益事业的志愿者。他积极投身于各项社会服务，经常参加无偿献血。2018 年冬季，他参与爱心捐衣活动，到老年公寓慰问老人。2019 年暑假，他参与青少年高校科学营，向全国各地的优秀中学生传播东大文化，获得了江苏省优秀志愿者称号。

他还是学生工作的“领导者”。他越来越深刻地认识到，一个人的优秀是不够的，一群人的优秀才是真正的优秀。在志愿奉献中，他发觉了自己内心的渴望，就是希望为集体做更多的事，带动一个集体共同进步。他担任了吴健雄学院学生会宣传部副部长，立足岗位，带领团队，助力学院的文化建设。大二伊始，由于同学们的信任与支持，他通过竞选担任了 615182 班班长。身为班长，他切实加强班级建设：半年内共召开 3 次班委会、3 次班会，举办 3 场班级活动，班级相关文案撰写累计超过 1 万字。他着力提升班级凝聚力：联系华为南研所，带领全班调研民族企业，树立文化自信。他坚持促进班级共同进步：在班级内成立了 3 个学习小组，发挥学习优秀生的带动作用。他持续打造班级集体记忆：率领全班同学登上了焦廷标馆的舞台，让每一位同学都收获了聚光灯下的精彩……这些经历让他不断蜕变，以小我融入大我，将青春献给祖国。

不忘初心，笃定前行

一直以来，他都很喜爱诗人海子的一句诗："所有的道路都通向天堂，只是要度过路上的痛苦时光。"

步入大二，课业越来越繁忙，学生工作与肩上的担子越来越重，他偶尔也感到有些疲惫。但作为"健雄学子"，吴健雄先生一直是他的人生楷模，"积健为雄、止于至善"的健雄精神也是他一直以来追求的目标。所以，他坚守初心，不会止步，他会一如既往地着眼当下，逐梦青春，影响、感染和激励身边的同学一起不懈奋斗、不负韶华，共同奔向属于新时代青年的诗和远方！

推荐老师　罗　澍

师长点评

我一直觉得，喜爱摄影的人看待世界应该有与众不同的视角，看待生活应该有五彩斑斓的色彩。盛乐恒同学不仅热爱摄影，且擅长通过摄影留下自己和同学成长的印记。

出生在火热重庆的他，对待这个世界却是温润如玉，对待大学生活乐观阳光，对待自己能常自省，因此，大二的他便已在同龄人中脱颖而出、崭露头角。他不仅熟练运用相机，成为美好瞬间的记录者；也用自己的勤奋和钻研，取得了学业上的优异成绩，成为美好生活的奋斗者；更可贵的是，他积极参与学生工作、社会实践和志愿服务，引领班级和身边的同学，共同成为美好未来的创造者！

"振衣千仞冈，濯足万里流。"我相信，一个人有多大的视野，就能够滋养多大的胸怀。希望盛乐恒同学向内滋养精神，向外拓宽视野，珍惜宝贵时光，把握时代机遇，早日成长为像吴健雄先生这样具有中国灵魂和世界眼光的领军人才！

校团委文体部　部长、615182班班主任　罗　澍

第二篇

学在东南

志在四方

冯　春 FENG Chun

个人简介

冯春，女，汉族，2000 年 2 月出生，共青团员，东南大学建筑学院城乡规划专业 2018 级本科生。曾获东南大学三好学生，五四表彰优秀团员等荣誉称号；中国青年志愿服务公益创业赛银奖，中国建筑新人赛第三名，社会实践校级优秀团队二等奖，优秀调研报告、优秀个人，东南大学创新体验竞赛校级二等奖，各类朗诵比赛校级优秀奖等。

如切如磋　如琢如磨

——记建筑学院冯春

■ 钻坚仰高，精进学业

对待专业学习，冯春一直保持着热忱与专注，发扬精益求精的工匠精神，策顽磨钝，钻坚仰高。她的成绩绩点也一直稳居专业前列，在时间距离最近的大一下学期的期末考试中，冯春同学的平均绩点排名城乡规划专业第三。与此同时，她还获得了建筑设计课和建筑美术基础课两门学科的课程奖奖学金。过去的一年里，恰逢本科一年级教改，冯春还负责制作了关于本科一年级教改成果的分享推送，于建筑学院团学联公众号平台发布，取得了较大的影响力。如切如磋，如琢如磨。她坚信，学问上的研究、探讨，启示着学习与研究离不开琢磨与切磋，唯有如此，才能精益求精，取得更好的成绩。天生我材必有用，但必须有坚忍不拔的毅力和止于至善的执着。

专业日常的学习生活如此，课外相关的竞赛亦是如此，对此，冯春积极参加并努力争取，为学校、为学院争得了荣誉。在2019年中国建筑新人赛中，她在暑假期间不断独立思考，深入研究，一遍又一遍地调整以及优化方案，精益求精，如琢如磨，力求认真对待每一个小细节，最终从1500名来自全国各地几十所高校的建院学子中脱颖而出，在中国建筑新人赛的复赛、决赛中表现优秀，和各位大师们近距离交流，全面地展示了自己的设计方案，并获得了评委们的广泛认可，最终不负众望地取得了第3名的好成绩，获得了“新人奖”。冯春不仅为自己争得了一份荣誉，也为学校以及学院争得了一份荣誉。她还代表学校前往同济大学参加了“2019年风语筑·同济建造节”，当时正临近答辩，同学们都进入了赶图时期，她却与队友们牺牲了自己的大量时间，为同济建造节苦思冥想、挥洒汗水，有一点瑕疵也不肯放过。当队伍到达上海同济大学后，她和队友们面对现场公布的设计建造题目进行了大量的调整与深化。当时有一处支撑结构始终无法保持稳定，陷入僵局，同学们列出所有情况，一个接一个地不断试验，从下午2点半一直坚持到凌晨3点，终于合力解决了结构问题，让方案得以完美地体现。正是凭着这股执着与坚韧，抓住比赛前的每一分每一秒精益求精，最终他们的作品“褶院”获得2019年风语筑·同济建造节三等奖。

不去耕耘，不去播种，再肥的沃土也长不出庄稼；不去奋斗，不去创造，再美的青春也结不出硕果。学业的精深造诣来源于勤奋好学。只有好学者，才能在无边的知识海洋里汲取到真智才学；只有真正勤奋的人才能克服困难，持之以恒，不断开拓知识的领域，武装自己的头脑，成为自己的主宰。勤奋学习，持之以恒，成就人生，让青春写满无悔。

自我充实，全面发展

博观而约取，厚积而薄发。苏霍姆林斯基曾说：“真正的人是具有和谐的、多方面精神生活的人。精神世界、精神利益与精神需求需要丰富。要善于利用和珍惜精神财富，要看到和发现它，并使之在个人的内心世界里人格化。在一个全面发展的、活生生的、有血有肉的人身上，体现出力量、能力、热情和需要的完满与和谐。”冯春积极参与各项活动，在东南大学第九届创新体验竞赛中获得了校级二等奖；在东南大学第十届“中华赞”经典诵读竞赛中获得校级优秀奖，在东南大学第五届“向经典致敬”诵读竞赛中获得了校级优秀奖；她还担任了2018年“建筑之春”晚会以及建筑学院趣味运动会的主持人。她爱好体育，积极参与各项体育活动，运动会、拔河赛、中大杯篮球赛都有她的身影。她还在东南大学第60届运动会“一分钟投篮”项目中获得了校级第1名的好成绩。在参与各项活动的过程中，她总是积极热情地与身边优秀的同学们交流，参与各类分享活动，收获颇多。

马克思、恩格斯曾说过：“只有在集体中，个人才能获得全面发展其才能的手段，也就是说，只有在集体中才可能有个人自由。”冯春积极投身学校以及学院的学生活动，组织支部活动，投身磐石计划，参与各项志愿活动，用实践检验真理。在过去的一年里，冯春同学共参与了15次以上志愿活动，包括多次的展厅布展、弹性离校活动、接待港澳台交换生、中国建筑新人赛外联工作等等；她还自发前往公益献血站，献血300毫升。

如切如磋，如琢如磨。学问切磋更精湛，品德琢磨更良善。君子的修养就像加工骨器，切了之后还要再不断地磨磋；就像加工玉器，琢了还得细细地打磨。冯春同学不断努力，积极提高自身的思想觉悟，把自己的发展与社会发展相统一，把个人的追求与建设祖国、服务社会相统一，把自己的世界观与指导社会发展的正确思想相统一，立志成为国家的栋梁之材，为国家、为社会的发展进步贡献自己的力量，进一步推进自我价值的实现。

■ 躬行实践，知行合一

面对村落老化、基建匮乏、规划落后、环境恶化、劳动力流失等“乡衰”的现状，她作为当代城乡规划专业的学生，生逢其时，责无旁贷，立志扎根祖国大地，用建筑改造村落，用规划兴旺产业，用设计共筑乡魂，解决乡村振兴发展中最迫切、最实际的问题。在2018—2019学年度暑期社会实践中，冯春作为东南大学傩出深山实践团的队长，带领队员们前往安徽池州市贵池区刘街社区，开展刘街地方特色与傩文化考察以及传统徽派民居调研活动，探讨傩文化传承与乡村发展转型可能性，为乡村振兴出谋划策。最终获得了“校级优秀团队二等奖”，还获评了校级“优秀调研报告”，她也被评选为了“优秀个人”。在为期多天的实践考察中，团队采访了刘街傩戏传承人，考察并测绘了刘街的古民居并评估刘街古建筑保护情况，与当地书记座谈并进行资料收集，调研基础设施建设与产业发展情况，后期通过宣传视频公众号推文扩大了刘街傩文化的社会影响力。与此同时，她还是东南大学“筑行天下”志愿服务团队的一员。团队以振兴乡村为己任，致力于探索乡村特色打造，产业精准扶贫的系统方法，助力2020全面建成小康社会的同时努力实现自我可持续发展。团队以志愿服务的形式深入乡村，考察村落建筑，记录村落文化，改造村落风貌。冯春同学和团队成员们始终秉承“三心三筑”的核心理念，以“不忘初心、传承爱心、砥砺恒心”的态度延续着志愿接力，以“筑境、筑业、筑魂”三位一体的改造模式复兴村落原有的芳华。通过规划设计串联产业资源，发扬原有产业，扩大特色产业；让建筑成为传承红色文明的窗口，并通过附加的就业培训提升村落发展的内生动力；同时开展多门就业课程，对村民开展针对性培训，建立长效产业扶贫机制，真正实现村落的产业发展与文化传承。冯春同学所在的东南大学建筑学院“乡筑工作室”项目在第五届中国青年志愿服务项目大赛暨第四届中国青年志愿服务公益创业赛中不负众望斩获银奖。

作为城乡规划专业的学生，冯春同学承担着薪火相传的使命，肩负着振兴乡村的千里之任，推动着满天繁星的闪耀，胸怀着青春建功的满腔热血，心系着国家繁荣的殷切期盼，步履不停，一直前进在乡村振兴的道路上。

推荐老师　伍芳羽

师长点评

冯春同学有着强烈的社会责任感，她积极向上，勇于担当，乐于奉献，利用专业知识为社会贡献自己的力量。在学习生活中，她踏实努力，精益求精，有着明确的目标和清晰的努力方向，加之不断充实完善自己，也因此获得了多项成绩。她阳光开朗，谦和友善，团结同学，得到老师和同学的认可。期待其能够继续努力，怀揣理想，再创佳绩！

建筑学院　副教授　顾震弘

曹宇婷 CAO Yuting

■ 个人简介

曹宇婷，女，汉族，生于1999年8月，共青团员，东南大学机械工程学院机械工程专业2017级本科生。曾获2018—2019学年国家奖学金；2018—2019学年东南大学三好学生标兵，2018年青少年高校科学营优秀志愿者等荣誉称号；2018年全国大学生英语竞赛三等奖等。发表软件制作权1例，发表论文1篇(第二作者)。

峰在眼前　峰在脚下

——记机械工程学院曹宇婷

风和日丽，万里无云。在崇山峻岭、层峦叠翠间，灰黄的碎石小路蜿蜒在云间。在这崎岖的山路上，登山包、随身杖、小国旗映衬着葱翠鹅黄，伴随着徒步客的身影，织成了一幅美丽画卷。此时的曹宇婷，早已越过重重山峦，欣赏着祖国的大好壮丽河山。这就是曹宇婷，她正以自己独特的方式庆祝新中国 70 华诞。她喜欢不论晨昏寒暑的徒步，更喜欢历尽风吹雨打的远足。当别人还在享受假期、享受美食、享受安逸生活的时候，她已经遍赏着神州大地名胜景观。尽管每次徒步都会面临一个又一个困难，她的双手、双脚、身体也一次又一次经历疲惫不堪，但是她从来没有放弃过迎接新的挑战。这是她的习惯，面对下一座高峰，没有什么能让她止步不前。

■ 书山有路勤为径

书山有路勤为径，学海无涯苦作舟。相比于后一句，她更加认同前一句。读书学习本来就是一件有痛苦更有快乐的事情，读书学习更不是茫然地在大海里随波逐流。她更喜欢将读书学习比作登山。读书学习，是有艰难险阻，但也有克服质量力做功的成就感，更有豁然开朗的桃花源，更重要的是有抵达心中目标方能领略的绚烂景观。

对她略有了解的朋友，或多或少会对她的所学专业有个疑问。她曾经被朋友问起：你一个女生，为什么读机械工程呢？ 每到这时，她总是会告诉别人她的故事：追随了父母的脚步，怀着对工科的兴趣，她在志愿书上毅然写下机械工程。 就这样，此生与机械结缘。 来到东南大学机械工程学院，这也算是得偿所愿。 鲜为人知的是，她也曾有一段低谷时期。 那是在大一下学期，初入大学的喜悦和兴奋着实让她“享受”了一阵大学生活。 最终带给她的是低于心理预期的成绩。 暂时的低落和困难并不影响她追求知识的快乐。 到了大二，她开始接触更多的专业课，格物致知的成就感让她极其兴奋。 她在满足求知欲和探索欲、不辍追求真理的同时，顺道取得了良好的成绩。 在整个大二学年，她成为全年级唯一一个绩点 4.0 以上的学生。

每当说起对于未来的规划，她除了坚定不移奋斗于自己所选择的领域，还有一个明确的“小目标”——赴海外深造。 她想在多种文化环境中学习，让自己拥有开阔的眼界、扎实的理论、卓越的技能和出色的交际能力，从而有更强的实现理想、服务社会、报效国家、造福人类的能力。 为了这个小目标，也为了减轻父母的经济负担，她选择自学语言考试内容。在开始阶段，没有专业人士的系统性帮助，她只能自己摸索。 这对于自学者来说是最难熬也是最容易放弃的阶段。 幸运的是，她以超人的毅力和自制力，通过搜集资料、购买书籍、制订计划，以每天雷打不动的 200 个单词、两章语法和两章阅读题的节奏，熬过了枯燥乏味的备考阶段。 她凭借着自己一步一个脚印踏踏实实的努力，取得了理想的托福和 GRE 成绩。这算是攻克了语言关，她要将重心转向科学研究。

■ 路漫修远，上下求索

科学研究，对本科生来说原本是一件遥远的事情。 一个人在大学阶段即使有机会参与到课外研学活动中，也大多从事与解决核心问题较远的事务性和技术性工作，不涉及国际前沿的核心科学问题。 她自己也认为“科研艰深、非我所能”。 幸运的是，她遇到了自己的 C++老师——东科老师。东科老师几乎是一个以推公式和写代码为娱乐的人，从事的正是那种需要独立思考、反复质疑、严谨求证的理论研究工作。她在C++课上对他的疑问和质疑得到了他的赞许和欣赏。于是，在申报大学生课外研学课题时，她加入了东科老师的课题小组。他是一个要求极高且极为严厉的老师，而且那些艰深的理论、复杂的符号、一环扣一环的严密逻辑都让她觉得自己仿佛置身迷雾。另外，东科老师在科研中对不满意的任何一幅图、一条线、一个符号都不放过，都要求不断修改完善直到尽善尽美。这对于初窥科研之门径的她来说，并不容易。但是，任何风雪都无法阻拦真正的登山者。这些困难反而激发了她强烈的求知欲和征服欲。厘清一个过程、理解一个公式、阐明一个问题，都会让她觉得格外开心，什么都阻挡不了她对不断学习、不断探索、不断攀登的热爱。

在科研训练中，她学到了在课堂和书本上得不到的科研知识和技能，也了解到了开展研究工作的一点门径。她发现一些原来觉得很困难的事情其实并不难，而一些看上去简单的事情也并不简单。文献阅读、代码编写、设备调试、数据处理，既新鲜有趣又困难重重。这些都是她从未经历且需要直接面对的繁杂任务。同时，这些任务都需要综合运用所学的各种知识，而且需要查阅大量课堂之外的知识。这让刚刚接触前沿课题的她真正感觉到自己知识储备的不足。于是，她以每周80小时以上的时间投入、凌晨一两点钟才开始的睡眠、不问寒暑晨昏的阅读推演求证，换来对道理的浃洽通透，这也愈加激发了她对前沿问题的兴趣和勇攀新峰的勇气。

有心人，天不负。她经过无数个日夜的探索和积累，对格子玻尔兹曼相场方法和凝固过程晶体生长问题有了自己独到的理解。她有了自己第一个软件著作权，有了自己参与的人生第一篇论文，成为全国此专业学术大会上最年轻的报告者。她的SRTP课题——凝固组织形成过程的数值模拟与实验研究的校级结题答辩获得了优秀，还通过了省创中期答辩。她应邀参加了2019年7月在成都召开的中国材料大会和2019年10月在杭州召开的第七届格子玻尔兹曼方法及其应用学术论坛，并分别在两个大会上做了报告。为此，学院主页也给她做了大篇幅的报道，介绍了她和项目组成员的研究结果和展示达到的效果。这给了她来自学校方面的鼓励和肯定，也让身边的老师和同学认识到了她热心科研的一面。有相熟的老师为她送上祝贺，鼓励她在科研路上继续前行；不少同学也就这一方面向她提出了一些专业的问题，比如怎么写软件著作权，怎么写开题演示文稿，等等，她都认真回答，其中对于是什么样的态度让她在大学本科在科学研究方面有所进展，她以这句话作答："路漫漫其修远兮，吾将上下而求索。"

■ 书生意气，挥斥方遒

她的生活，不仅限于教学楼和实验室。大学生活动中心是她展现青春风采的舞台。作为学生团体联合会的艺术娱乐中心主任，她需要处理的日常社团事务并不少。她所负责的活动策划、场地申请、材料收集、通知传达等工作从来没有出现过失误。各社团负责人都对她和她的干事们给予了极高的认可。说起她负责举办的面向全校师生的大型文体活动，那真是太多了：百团大战、军训慰问演出、第一和第二届社团达人秀、第一届社团游园会……这些活动都得到了不错的效果和校团委老师的赞扬。在社团中，她首先是一位和蔼可亲的学姐，其次才是严格严厉的主任。她对社团工作有很高的要求，要求社团干事们具备熟稔的工作方法和良好的工作态度。在生活和学习上又对社团干事们格外关心照顾，她向来不吝于分享自己的成长心路历程和经验教训。这点点滴滴让她成为社团干事们心中可敬可爱的学姐。她最难忘的是大一暑假的暑期科学营活动。她作为科学营的志愿者，在营员们最后向她道别的时候，那精心制作的欢送视频，那写满祝福的卡片，让大家心潮澎湃。在那个暑假，她还参加了大学生骨干研习营，成为大骨七班的班长。她非常感谢和感激这些曾经的小伙伴们，是他们锻炼和塑造了她，也是他们激发了她成长的动力。

她的身影还时常出现在体育场和艺术团。这正好注解了什么是当代大学生的全面发展。不必说每个学期令人骄傲的体育成绩，也不必说每周两次风雨无阻的女篮训练，更也不必说羽毛球赛和院运会中一次又一次的获奖，就是一天数十千米的爬山徒步就足以让人叹服她充沛的精力和卓越的运动才能。作为学院艺术团的一分子，她展现了自己在艺术方面潜质。街舞表演、彩妆造型、院庆表演、天梯魔术团、江苏大剧院，都留有她的身影。

韶华冉冉、弄彩呈妍，风雨晨昏、雄深雅健，不畏浮云、矫健登攀。这短短24个字，应是对她迄今为止大学生活最为简洁而贴切的描绘。她也正以自己的行动诠释着和丰富着自己的大学生活。她那坚定不移的理想、孜孜不倦的追求和持之以恒的付出，让她在学霸林立、强手云集的东大学子中脱颖而出，成为一名具有扎实理论基础、宏阔现代视野、激越科技情怀的优秀大学生。

推荐老师 柏 硕

师长点评

如果推荐三名最能代表东大精神、最有优秀品格且最有无限前程的当代大学生。我想这第一名是曾宇婷，第二名是曾宇婷，第三名还是曾宇婷。我们无须对她进行所谓的教育和指导，她的坚定坚韧自会让她在求知路上尽情奔跑。

机械工程学院 教授 孙东科

陈显浩 CHEN Xianhao

■ 个人简介

陈显浩，男，汉族，1997 年 9 月生，中共党员，东南大学能源与环境学院能源与动力工程专业 2016 级本科生。曾获东南大学校长奖学金，动力 91 级校友奖助学金；东南大学三好学生荣誉称号；美国大学生数学建模竞赛二等奖，全国大学生数学建模竞赛江苏赛区二等奖等。获发明专利 1 项，发表 EI 论文 1 篇(第一作者)。

行不由径　功不唐捐

——记能源与环境学院陈显浩

时间真的过得很快，转眼间已经进入大学生活的第四个年头了，时间就像一柄刻刀，四年来一直细细地在打磨陈显浩，不断地磨去他身上的青涩。现在回望这四年的时光，有太多的感动与喜悦，有欢笑也有泪水，有沮丧有失落也有一次次的重新振作，蹒跚着一路走来，足迹旁洒满汗水，且行且思量。

■ 主动尝试，踏上科研之途

刚步入大一的陈显浩，跟很多同学一样，脱离了高中老师的时刻监督和厚厚的习题试卷，仿佛有种放飞自我的感觉，每天写完作业就是做一些娱乐活动，对科研和专业并没有深入了解的想法，还是跟高中一样天真地认为把学习成绩搞好，其他事情都不用考虑。就这样平平淡淡地度过了大一。进入大二之后他发现身边的很多同学开始陆陆续续地进入实验室做一些 SRTP 项目，于是他觉得自己不能再这样浑浑噩噩下去了。他主动地去找老师加入团队一起做 SRTP 项目。他记得参与的第一个项目是关于“太阳能、地热能和空气能多能在建筑中的联合利用”，因为大家都是第一次参加这种科研训练，对刚开始的研究内容和之后的研究方向把握不清。面对困难，大家一起想办法解决，每个人都查看了大量的文献，经过多次讨论之后，最终决定建造一个以地热能为主导，太阳能和空气能为辅助的互补能源系统。项目成功申报为校级重点项目，后又升级为省级项目，经过小组成员一年多的努力，项目已成功完成，并且申请了发明专利。

第一次的科研经历给了他不小的鼓励，并且教会了他很多科研的方法。从查阅文献，到分析问题，到设计方案，到仿真模拟和专利撰写，这一套流程走下来之后，他对整个科研的思路有了更加清晰的认识。因为第一次所做的项目主要跟建筑与环境的方向有关，而作为能源与动力工程专业的学生，他还是想再做一个与自己专业相关性更强的课题，正巧当时任课老师向同学们展示了自己的研究方向——关于燃煤电厂二氧化碳捕集系统的控制，而自动控制和热能工程相结合的研究方向正是学院动力工程系的强势所在，于是他主动申请加入老师指导的 SRTP 项目团队，并且成为项目的负责人。整个大三，可以说是他最忙的一段时期，一边忙着上课要认真听讲，下课要及时复习巩固，期末要取得好的成绩，才能在大四的保研中占得优势；另一边还要时常盯着项目的研究进度，整天整夜地做仿真、写代码、设计控制方案。功夫不负有心人，在长时间的努力下，陈显浩在学习和科研两个方面都取得了不错的成绩，顺利获得免试研究生资格，将留校到东南大学能源热转换及其过程测控教育部重点实验室攻读硕士学位，师从他的 SRTP 项目指导老师，继续从事二氧化碳捕集系统控制的研究。他在大三下半学期完成了所研究项目控制方案的设计，并于大三暑假就项目研究内容和过程以第一作者撰写了一篇英文 EI 论文，向 2019 CAC 国际会议投稿并被成功录用，受邀去杭州国际博览中心参加 2019 年中国自动化大会。在这次会议上，他不仅聆听了许多专家院士的报告，了解到国内外自动控制领域最新的研究进展和方向，同时在海报展示环节向来自各地的学者们阐述他的研究。这对刚步入科研领域的他无疑是一次极大的鼓舞，也让他领略到科研世界的精彩。

■ 回忆过去，难忘竞赛之旅

如果要说在大学里过了这么久，哪件事情让陈显浩留下的印象最深刻，那毫无疑问是参加数模竞赛的经历。他一直觉得自己很幸运，在参加数模竞赛的过程中，不仅提高了解决问题的能力，锻炼了数学建模的思维，还收获了与队友之间真挚的友谊。

在大二的下半学期，陈显浩和他的两位队友第一次组队参加了东南大学第十二届数学建模竞赛，那是他们三个人第一次接触数学建模比赛，甚至对于一些基本的数学模型都还是一知半解。在整个比赛的过程中，有烦恼，有悲伤，有喜悦，他们为自己不知道如何选择合适的模型而烦恼，为每一次代码运行出问题不知道如何解决而焦虑，也为每一次代码运行后得到正确的运算结果而喜悦。在共同的努力下，他们最后完成了论文，还记得将论文提交后他们脸上遮不住的笑容，那是在精神高度紧张了5天之后所自然释放的轻松，那是在付出努力完成目标之后由内而外散发的满足。最终的结果十分幸运，他们取得了一等奖的好成绩。

如果说数学建模校赛只是小试牛刀的话，那么整个国赛的过程可谓是竭尽全力。2018年的暑假，他们组队一起参加了全国大学生数学建模竞赛，那年的题目很复杂，他们选择的是RGV小车调度的问题。这是一种全新的题型，网上查阅到的大多数专家都是选用了遗传算法来解决这一调度问题。但是从他们小组的分析来看，网络上专家的论文相比题目所给的条件，环境更加复杂，变量的数量更多，所以在这道题里面使用遗传算法其实是大材小用，是不适用的。在经过长时间的讨论之后，他们三人最终决定放弃网络上可以套用的遗传算法，而选择自己从头开始建模和编程实现。这对于他们而言，难度无疑是很大的。在一次次的假设下，他们从头开始简化所给的问题，最后得到了一个符合题设并且可以求解的目标规划模型，算得的调度结果也符合最初的预期，最终他们获得江苏赛区二等奖。其实结果对于他们来说并不是最重要的，从建模到编程到撰写论文的过程，这其实就像是平时做科研的简化版：遇到问题，先从理论上去分析，建立模型，然后再通过数学计算或者编程实现的方式去求解建立的模型，解决遇到的问题，最后再将整个研究的过程通过论文的形式记录下来，得到最终的研究成果。竞赛或科研解决问题的重点并不在于用了哪些创新的方法、哪些别人没有用过的方法，而在于能真真正正、彻彻底底地解决好实际问题，这才是数学建模经历带给他最宝贵的东西。

■ 志诚奉心，展望未来之路

初入大学之时，在第一次参加志愿者活动后，陈显浩便喜欢上了志愿者活动。

他记得，他参加的第一次志愿活动是南京南站地铁志愿者活动。他穿着志愿者的红马甲，默默地站在地铁站里，脑子里还在回忆着每条地铁线路的各个站点，这时背后传来拍肩膀的触感，他回头一看，发现三个人站在身后，处在中间的那个人拿起手中的手机在微信界面上输入了几个文字："火车站怎么走？"他愣了一下，意识到他们是聋哑人，他举起手，向他们指明了火车站的方向，再指了指自己示意他们跟自己走。将他们带到了火车站站台后，他们向他竖起了大拇指，挥手告别的那一刻他心中充满了自豪感和满足感，在那一刻他爱上了这种感觉。

在这之后，学院组织的每一次志愿者活动，只要时间没有冲突，他都会积极参加。从南京南站地铁志愿者活动，到清水亭小学普及环保知识志愿者活动以及江宁图书馆志愿者活动，当他站在地铁里为焦虑的乘客指示方向时，当他站在教室讲台上为下面的孩子们普及环保知识时，当他站在图书馆书架前把每一本书放回到原处时，在每一次奉献和付出的背后，他收获的不仅仅是身为志愿者的那分自豪，更有那助人为乐后发自内心的喜悦。他也因此被评为学院的优秀志愿者。

怀着对中国共产党的敬仰之情，大一时，陈显浩便递交了入党申请书，大二时成为中国共产党预备党员，大三顺利转正。入党以后，他时刻牢记着自己是一名共产党员。大四之初，为了让自己的大学生活更加丰满，锻炼自己的综合能力，更好地发挥作为一位党员的模范作用，他积极竞选并成功当选 030163 班的班长，他知道当班长首先要有奉献精神，才能更好地为班级同学服务。在成为班长后，他积极承担班级事务，努力做好上传下达，协助辅导员和班主任做好班级同学的就业毕业等方面的工作，帮助解决同学们遇到的一些问题，做好完善的后备工作，让同学们能够在大四这个人生的分岔路上更好地把握自己。

《资治通鉴》里面有这样一句话："尽小者大，慎微者著。"在许多小的事情上努力，才能干出大事业，能够在小事上谨慎，德行才能够显耀。在之前走过的三年多里，陈显浩所做的每一件事可以说都不大，但正是这一件件完成的小事，从中取得的经验和成果，慢慢地铸就和塑造了现如今的他。对每一件小事尽心尽力，在每一件小事里吸取经验，不断成长，这是他大学以来一直的信念。行不由径，功不唐捐。希望在今后研究的道路上，他能够继续秉持这样的信念不断地向前走。

推荐老师　茅　佩

师长点评

陈显浩同学品行端正、乐于助人、责任感强、踏实肯干，具有较强的学习能力和扎实的专业知识，并能积极参加科研竞赛，个人发展全面，相信他未来能够不负众望，成为一名优秀的能源人才！

能源热转换及其过程测控教育部重点实验室　硕士生导师、副教授　吴　啸

赵润玉 ZHAO Runyu

■ 个人简介

赵润玉，女，汉族，1999年5月出生，中共预备党员，东南大学能源与环境学院环境工程专业2017级本科生。曾获东南大学校长奖学金；东南大学优秀学生干部、优秀团员、三好学生等荣誉称号；江苏省大学生给水排水创新创业实践竞赛二等奖，东南大学节能减排竞赛二等奖。获国家发明专利1项。

琢玉成器　止于至善

——记能源与环境学院赵润玉

赵润玉同学自进入东南大学以来，对待学生工作踏实勤恳，认真履行着希望全心全意为同学们服务的初心，谨记东南大学“培养具有家国情怀和国际视野，担当引领未来和造福人类的领军人才”的人才培养目标，并一直为之不懈努力。经过三年的打磨、积累、锻炼与提高，她仍在砥砺前行，力求止于至善。

■ 累足成步，琢玉成器

2017 年 9 月，赵润玉怀揣梦想踏入东南大学，进入能源与环境学院环境工程专业学习。古色古香的城市、英才辈出的学校、热情友善的同学和老师令她对崭新的生活充满期待，她认为大学不应当仅仅是学习理论专业知识的地方，更应该是一个不断获得新体验、新感悟，并不断收获成长的地方。她渴望接触更多的人、体验更多的事、学习更多的知识、获得更多的能力，并运用这些能力和经验为身边的人带来意义。而这也成为她大学生活的基调。

在保证学习质量的前提下，赵润玉积极参与到能源与环境学院科技协会、学院排球队、032177 团支部及学院学办助管工作、学院本科生九龙湖党支部等部门或组织的工作中。一次次学习，是她思想境界得以进步的阶梯；一件件看似不起眼的小事，都是她成长与进步的经验来源。

她在入学伊始便递交了入党申请书，在一步步向党组织靠近，一篇篇总结与反思的思想汇报，一堂堂开阔视野与格局的讲座中，她懂得了，“全心全意为人民服务”不仅仅是一句口号，它是可以且应当被付诸学习生活中的。

工作理念的确立是思想方面的进步，而工作经验的积累离不开思考与实践。加入学院科协，是她认为自己在大一期间所做的最为正确的事情。在那里，她第一次接触策划活动、会议主持、推送书写、经费预算、联系嘉宾等工作。这些对她来说是挑战，更是机遇。工作中，她认真负责，常常为了思考如何能够达到工作效果而寝不安席；犯错时，她敢于承担，主动反思检讨自己，主动寻找补救措施。部门内，她团结有爱，与部员们建立了长久而真挚的友谊关系；部门外，她主动了解其他部门的工作内容与情况，积极发挥项目中心部员的“科协大管家”职能。最重要的是，她在学习往届学生的经验的同时，敢于提出自己的创新想法并付诸实践。或成功或失败的体验让她积累了足够的工作经验，也为日后领导、服务集体事务奠定了良好的基础。

这种不断雕琢、不断体验的大学生活使她过得忙碌、辛苦而又充实。累足成步，琢玉成器，她将用这一点一滴的积累作为日后上下求索的底气来源。

■ 全心全意，尽职尽责

大二时，她因所展现出的出色的工作能力与“希望为同学们做些事情”的初心获得了同学们与老师的认可与支持，成为 032177 团支部书记，担任学院学生办公室助管、学院科协项目中心部长及学院排球队领队。面对如此多的职责，她决心尽职尽责，履行当初“全心全意为同学们服务”的承诺。

为了能够有充足的时间做好学生工作，她推去了一切非必要的课余活动，以学习、竞赛、科研训练和学生工作为主，踏踏实实地完成工作，勤勤恳恳地奉献自我。这个过程是痛苦的，却是值得的，回头看来，她认为这一段最辛苦、最忙碌的时期，也恰恰是她自我成长最为充足，自我认识最为充分的、最为宝贵的大学阶段。

作为科协项目中心部长，她将“让自己的工作为部员带来意义”作为自身的工作理念，努力激发部员的潜能，提高部门工作质量与成效，维护部门氛围，提升部门凝聚力。为了能够更好地指导部员的工作，她结合已有的经验，变通学习其他组织的管理方式融于自己所在部门的实际中，创新性地提出工作轮换制、轮流部长制等新的部门制度，取得了良好成效。在她担任部长的一年中，所在部门的工作获得了一致认可与好评。工作生活中，她是部员们最好的朋友，也是最贴心的学姐。无论是分享学习资料、利用晚上的时间为部员补习 C++课程，还是指导部员参与学科竞赛、分享科研经验干货，赵润玉都是在用热情与真诚带领低年级的同学共同进步。

由于科协工作的积累，当成为 032177 团支书时，对于如何办好支部活动，发挥组织的作用，让支部成员们在支部活动中相互了解、互相熟悉等方面，她都做得很好。她有热情、有激情、有能力，成功带领支部成员举办“美在和谐　善在你我”及“峥嵘七十载　礼赞新中国”系列磐石计划主题团日活动，032177 团支部也成功在 2018—2019 年度的五四表彰中获得“甲级团支部”荣誉称号，并在 2019 年能源与环境学院星级团支部评选中获“五星级团支部”荣誉。她首创了“青年大学习”打卡记录制，使得本支部“青年大学习”完成度遥遥领先于其他支部，这一制度在完善后被推广至学院全体支部实行。她还作为优秀团支书代表给 19 级新任团支书做经验分享与交流，指导低年级同学更好地完成团支书工作。

赵润玉总能以饱满的热情对待自己的工作，以全心全意的态度对待科协部员、支部成员、球队队员，在服务同学的过程中收获价值感。因为热爱所以付出，因为付出所以收获，因为收获所以感动。全心全意尽职尽责，是她工作时的真实写照。

■ 砥砺前行，止于至善

两年多的积累，使赵润玉获得了许多的荣誉和成绩，包括：东南大学校长奖学金、江苏省大学生给水排水创新创业实践竞赛二等奖、东南大学节能减排竞赛二等奖、本科生创新体验竞赛三等奖、东南大学优秀学生干部、优秀团员、三好学生等等。

荣誉的积累并没有让她迷失方向，对她来说，每一个学期都是一个新的开始、新的挑战。她明白，年龄的增长和职责的提升，意味着责任与担当的增加。成为学院学生科协会长之初遇到挫折，她体会了“肩头的责任越大，所犯的错误影响也就越大”，重新审视会长与部长角色之间的不同，并在眼界、格局和工作能力等方面提高对自己的要求，力求将科协这一学生服务型组织的职责与职能充分发挥出来，力求止于至善。

由于在科协承担了更重要的工作，因此她推荐本支部有能力的同学接手团支书的工作，并全力辅助新任团支书尽快熟悉工作；在团课开展时，她积极提出自己的想法与建议；在星级团支部评选时，她是备赛组的主力。032177团支部成功获得五星级团支部的荣誉，令她有一种心愿达成的满足感与幸福感，她一直认为，7班，未来可期。

在成为预备党员后，她的工作能力也获得了党支部的认可，成为学院九龙湖党支部的骨干成员。在进一步深入学习党员应当熟知的思想理论的同时，主动承担党支部的各项工作。

学生工作让她更加清楚自己的价值追求，因此在大学生活中，她努力在各方面取得出色成绩。她学习刻苦，绩点高达3.908；热心公益，积极参加志愿活动并考取救护员资格证；挑战自我，参与“至善能环”班级辩论赛，两次荣获最佳辩手称号并帮助班级拿下冠军；积极参与结构竞赛、节能减排竞赛等学科竞赛，锻炼能力；热情科研，以项目负责人的身份主持国家级SRTP项目1项，并申请发明专利1项。但是，她不会止步于此，她一直都在路上。

懵懂的 2018，赵润玉在不断地体验、感悟、积累与雕琢中度过；奋进的 2019，她全心全意，踏踏实实地履行着肩上的职责；崭新的 2020，崭新的机遇和挑战，她将把止于至善内化于心，外化于行，怀着赤子之情，不忘初心，砥砺前行。

推荐老师 钱怡君

师长点评

赵润玉同学学习刻苦且善思，工作勤奋且灵动，在获得 3.9+ 绩点的同时，承担了多个研究方向的国家与校级重大 SRTP 项目，并作为核心成员积极参与了团建、党建、科协工作，取得突出成绩，获得同学们的广泛支持与老师的高度认可。

能源与环境学院　副院长、博士生导师、研究员　**朱光灿**

杨承华 YANG Chenghua

■ 个人简介

杨承华，男，汉族，1999 年 9 月出生，共青团员，东南大学土木工程学院土木工程专业 2018 级本科生。曾获东南大学三好学生、五四表彰优秀团员、暑期社会实践优秀个人、新任团支书培训班优秀学员等荣誉称号；2018 年江苏省“爱我国防”大学生主题演讲大赛优胜奖，2018 年“我眼中的新生文化季”主题征文大赛校级三等奖，东南大学第 18 届结构竞赛趣味加载组校级三等奖，2019 年东南大学大学生英语竞赛校级三等奖，2019 年东南大学暑期社会实践一等奖等。

永不停歇的奔跑者

——记土木工程学院杨承华

■ 武·拼搏青春

不只是保护自己，更是要保护你想保护的人。

他在刚进入大学时便加入了学校的空手道社，当时的想法很简单，学习一门格斗技术用来保护自己。由于较小的体型和四肢不协调，在社团的日常训练中，他是个典型的“笨鸟”。每一次汗流浃背地训练，对手如雨点般挥落的重拳，双臂和胸膛上的道道淤青和血迹，他至今都记忆犹新。“真的很疼！”他不止一次想到退缩，但他从不将抱怨的话说给别人听，因为那会显得懦弱。“在空手道的规矩里，赛场上的选手是不能后退的，要么忍，要么输——这是另一个江湖。”

三个月的训练之后，他感觉自己有了直面对手的勇气。于是他报名参加了玄武道场的大学生内部赛，为了冲击最好的名次，他提前一个月在场馆每晚独自训练。十二月，南京最冷的一个月，空荡荡的场馆只有自己喊着口令和脚趾与地面摩擦的声音，并没有什么乐趣，冷并且枯燥，但他只是一遍又一遍地重复着比赛的动作，错了就再来一遍。直到后来，当肌肉由酸楚变为条件式反射时，他终于满意了。在赛场上，面对来自全省各地的选手，他内心并无波澜，只是用心呈现这段时间来的每一个时刻，每一拳他都记得出处。最后，他拿到了属于他的名次，成为社团当年唯一拿到名次的学员。在随之而来的年末考核中，他凭借一套熟练的动作，成为社团三年来唯一越级考带的学员。学年结束时，他又以同届学员中最高级别的腰带成为新一届的社长，继承了前任社长的腰带。

成为社长以后，正值学校团委进行社团重组，在新成立的武道社中，他被推举为联合社长。武道社——空手道、截拳道、中国武术，三门同源于中国的独立武术综合而成的社团。他知道，成为社长自己将肩负更多。没有片刻停留，联合社团成立伊始，他便组织原各社团负责人进行社团组织重组，确定新的管理和训练模式。他深知社长的责任是将多元的武术文化宣传开来，为学校打造精品体育项目。为了达到这个要求，迎新、跨年、新生文化季等多场演出的编排和客串、各种比赛的组织，他一刻也没有闲下来。到如今，无论是在身体还是精神上，他都已经达到了自己当初的目标，然而现在，他想要的远不仅如此。联合社团才刚成立一年，他是社团的第一个家长，他立志会用自己全部的力量来守护这个新生团体的成长，为之拼搏和奋斗。

■ 行·砼心筑梦

杨承华认为，当代大学生学习的积极意义在于回报社会。

他很喜欢做志愿者，因为他认为这是除了学习之外让课余时间最有意义的办法。“5·11”学雷锋志愿活动，他带领支部成员主动前往宿舍围合进行志愿劳动；土木工程海外华人青年学者论坛，统计、接驳、发送邀请邮件，每一件小事他都做得足够用心；全国大学生智能汽车竞赛，虽然并不是自己熟悉的领域，但作为志愿主持，他感觉依然能学到很多新的东西……大一下学期的暑假，是他上大学以来最忙碌的一个假期，在南京的孤寡老人社区，在成都的大型工程施工现场，在绵阳的军工重镇，都能看到他服务、学习、实践的身影。

他用行动为祖国 70 周年献礼。他走进南京周边的孤寡老人社区，为那里的老人带去防电信诈骗的普及讲座，为那里的儿童带去“小小结构工程师”等科普体验活动，他设计活动，拍摄视频，教儿童唱国歌，采访社区的老战士。

秉承东大人“止于至善”的校训精神，他踏上远赴四川调研学习的征程。在四川，他前往国家级重点项目在建工程、国家级实验室、重点军工在建项目，接触土木领域的最前沿。他走访东大毕业的优秀学长学姐，聆听他们在土建行业一线工作的感受和体悟，体会土木人才在国家西部大开发重大战略中的重要作用和历史机遇；他走访在蓉基层选调生校友，向他们详细了解西部脱贫攻坚的工作情况，并立志将来学成报国；他参观抗日川军战士纪念碑，认真学习川渝红色文化，感受革命前辈不畏牺牲的大无畏精神。在四川凤凰山体育中心的施工现场，认真学习智慧建造技术在工程实践中的运用，体会当代土木工程师之责任重大；在成都天府国际机场的工程现场，观看世界一流的设计和建造技术，感叹当今中国之强盛；在绵阳军工重镇，在在建项目施工现场学习最新的工程材料使用和设计技术理念，为当今中国的军工事业的发展感到自豪和骄傲。

结束实践活动，他立即着手将实践中的所得所感整理出来，精心组织报告的整理和答辩。作为负责人，他带领实践团队获得优秀团队的称号，团队中有六人获得优秀个人称号，同时实践团队参评全国百强社会实践团队。

■ 学·薪火相传

作为一名学生干部，他总是想着为自己的“后继者”留下些什么。

凭借在社团工作的良好表现，他在大一暑假结束被推荐加入了东南大学新一期的大学生骨干研习营(简称：大骨班)，与全校不同学生组织中的优秀学生骨干一起交流学习，他很珍惜这样宝贵的学习机会。起初，他有一点矛盾，因为大骨班的培训时间与新一期大学生结构竞赛观摩队成员选拔的时间正好重叠。他不想失去大骨班学习的难得的机会，但也想通过结构竞赛来提升自己的专业水平，他再三考虑决定两者同时进行。白天大骨班满满的理论学习，他一点也不敢怠慢，培训结束后，他又赶回工作场地彻夜制作模型。他已经不记得有多少次，在天亮前的两个小时累得蜷在土木楼二楼的三角椅上睡着。新学期之前的最后一周，本应是轻松与休闲的，但他却过得比考试周还要忙碌。“我就是一个停不下来的人”，他这样形容自己。后来，他逐渐习惯了这样的生活，平均每天只有 3 个小时的休息时间，但他收获了培训中整整一本的学习笔记，里面记录着他在学习过程中的每一点感悟。同时，在两位队友的支持下，他带领队伍成功挺过两轮淘汰选拔，成为 2019 年大学生结构设计大赛国赛观摩队成员，协助参赛队全力备赛。他说，在这段时间最让他记忆深刻的是在培训期间作为土木专业大学生代表，参与江苏电视台《开学第一课》开场 VCR 的录制。因为拍摄时间与第二轮提交模型时间仅隔一天，为了赶上模型的提交，他决定在拍摄前一晚彻夜制作模型。因为已经提前将讲稿烂熟于心，等到天亮之后简单的整理了一下自己便前往拍摄地点。为了不影响拍摄效果，他在拍摄前嚼了好几片口香糖来给自己提神。面对镜头，他代表土木学子骄傲地喊出：“愿世界各地遍布中国建造，我们土木学子随时做好准备，为祖国的基建实业贡献自己的力量！”念完这段话，他感觉鼻头有点酸，也许是在那一刻，他真正明白了土木人的使命。

在大学生骨干研习营的学习经历，让他对学生工作者有了新的认识。培训期间，正值校团委组织筹备 2019 年新任团支部培训班，凭借优良的表现，加之大一期间的团支书任职经历，他被推荐为新任团支书培训班班主任。担任班主任，意味着过硬的理论素养和丰富的管理经验，他不敢怠慢，在充实自己的同时，也在培训班中将自己学生工作特别是团支部书记期间的工作经验，讲给新任的团支书们听。与他们交朋友，聆听他们对学生工作的理解和收获，这既是在帮助他们学习，亦是对自己的提高。

“见自己、见天地、见初心——这是每一个学生工作者的心路历程”，他说这是他在大骨班记忆最为深刻的一句话。而他也将继续向前奔跑，朝着自己的初心，在充满无限可能的大学生活中，去认识全新的自己，去拥抱更广阔的天地!

推荐老师　陈　韵

师长点评

杨承华，一个积极乐观的大男孩，在属于自己的青春舞台上，勤奋努力，脚踏实地，不忘初心，追逐梦想，在一个个训练场、服务队、竞赛场上书写着属于自己的青春故事，成就不一样的精彩大学生活。

土木工程学院　中级助研　梁止水

许璞凡 XU Pufan

■ 个人简介

许璞凡，女，汉族，1999年12月出生，共青团员。东南大学电子科学与工程学院电子科学与技术专业2018级本科生。曾获国家奖学金；东南大学三好学生标兵、学习优秀生等荣誉称号；全国大学生英语竞赛国家级三等奖等。

少年辛苦终身事　莫向光阴惰寸功

——记电子科学与工程学院许璞凡

她叫许璞凡，来自河北石家庄。2018年8月，她满心憧憬与欢喜地踏入了这座集结名士、荟萃群贤的学府——东南大学，成为电子科学与工程学院的一名学生。天行健，君子以自强不息！从那时起，她便下定决心，要多姿多彩、无怨无悔地度过自己大学四年的时光。虽然她深知，路漫漫其修远兮，但她已做好准备，将勇敢面对未知的困难与磨砺，也要尽情享受成功的欣慰与喜悦。千淘万漉虽辛苦，吹尽狂沙始到金，一年来，她不负初心，取得了骄人的成绩：绩点院系排名第一，获得全国大学生英语竞赛国家级三等奖，荣获国家奖学金……在之后的日子里，她仍会勤勤恳恳的努力，不断地挑战自己、超越自己，脚踏实地，行稳致远。

■ 勤勉不懈，孜孜以学

在别人的眼中，许璞凡是个不折不扣的学霸——大一学年综合绩点高居榜首、十门课业满绩；包揽全部课程奖，获得国家奖学金，荣获学习优秀生、三好学生标兵多项荣誉称号；多门课屡次作为代表上台发言，作为组长合理分工、善于领导……她看似是个全能而完美的人，在各个方面都名列前茅。然而，不经一番寒彻骨，哪有梅花扑鼻香？抛开那些光彩夺目的瞬间，在生活中，她自律到每一分每一秒，苛求于每一事每一例。

经过高中三年的高压磨砺，许璞凡养成了良好的学习习惯，既有韧性，又有耐性。她习惯于早起，每天早晨六点二十分准时起床，无论平日还是周末，假期之中也多是如此；她能够忍受高强度、高压力、长时间的学习，她深知唯有砥砺，方成宝剑，唯有苦寒，方有芬芳；她对事认真而负责，在各个方面都付出百分之百的心血、投入百分之百的精力，因为，任何形式的付出都会有回报，看似无用的耕耘终有一日也会有意外收获；她自觉自主的学习，在不磨洋工的前提下，有针对性地做课外练习、查漏补缺。

虽然学习并不是大学生的全部，但是它是大学生活举足轻重的一部分。为了少走弯路、事半功倍，刚入学时，许璞凡就向同专业的学长学姐请教，了解到大学学习，课堂与作业固然重要，而课后下的功夫也是不可或缺的一部分。好像从那时起，她便是自习室或者图书馆的常客。平时，只要没有课，她便会去自习教室或者图书馆学习。有时虽然课业并不繁重，或者任务已完成，但她还是会在自习室待上半日，或是读书以丰盈精神，或是学技能以武装自己。学习也会让她感到枯燥而乏味，但正如尼采之言，“谁终将声震人间,必长久深自缄默;谁终将点燃闪电,必长久如云漂泊”，求学之途为苦旅，拔节的痛，潜龙的难，都是成长的体味，都是进步的必须。

虽然勤勉是优秀的重要前提，但它并不是充分条件，还需要更多的脑力去思忖境界和方法。许璞凡就是这样的人。除学习外，她还有着更高的追求，所以她讲究做事方法，力求办事效率。虽然刻苦，但她并不是一味地死读书，她会合理地安排学习时间、学习内容，从不磨洋工，也不做无用功。高效让她总是走在计划之前，她习惯于“未雨绸缪”，常常提早超额完成工作要求。这样一来，她能在繁重的课业中应对自如、往来从容；能够学习其他知识，能够追寻爱好与梦想，能够综合而全面的成长。

■ 优于自学，成于攻研

与高中不同，大学最大的魅力在于“研”。授教而受教的学习方式不再是知识获取的唯一途径，自教自学、研之究之是更为重要的学习方法。许璞凡的优秀很大程度上得益于她的自学能力。

还记得大一学年的电子学院研讨课，从上半学期的文献索引与综述，到下半学期的项目设计与制作，都需要学生强大的自主学习能力。许璞凡在数周内自学单片机的编程语言以及设计方法，通过视频教学、论坛求教、成果推演、举一反三多种方式，在最短的时间内实现了单片机的入门。自学的过程困难重重，她从零开始，一点一点地构建概念，一点一点地掌握语法，在乱麻一般的信息中理清头绪、找到思路。她在专业网站上寻找大牛前辈的帮助，也在茫茫书海中搜寻信息、建立构架。功夫不负有心人，她所领导的小组的研究成果“手机监狱”作为班优，被推选至年级答辩，其中包含的计时模块、传感器模块、显示模块、蜂鸣器模块、LED模块全部是从零开始，自主搭建。单片机设计的获奖使她对以后的学习充满信心，也是对她付出的汗水的认可与肯定。

在大二学年的第一学期，她自学 MFC，作为计算机程序设计课程小组的组长，超额设计出了全套的“菜鸟驿站”管理系统，不只在程序中实现了基础的入库、出库、信息登记等功能，并创新优化了分拣规则，使快递单号设置更为合理。

在假期之中，她也并不松懈。大一的暑假，她自学了 Matlab，了解基本的语法，掌握画图方法，并且用 GUI 制作了一个简易的计算器。

大一学年，由于技术不足，她没有参加大学生建模大赛，这让她十分遗憾。所以她积极的准备，希望能够在大二参赛，感受数学在实际生活中的应用，提升能力，开阔视野，得到锻炼。

■ 吾日三省，精益求精

许璞凡是一个时常自省的人，也是一个“苛责”自己的人，在各个方面，她都对自己高标准严要求。小到大物小测、高数月考，大到期中期末、结题答辩，她都力图完美，以做到不愧于心、不留遗憾。“泰山不让土壤，故能成其大；河海不择细流，故能就其深”，小事成就大事，细节成就完美，她明白，要想比别人更优秀，只有在每一件小事上比功夫。任何一门课程，几代、数电也好，思修、马原也罢，任何一项作业，大到做一项工程，小到看一个视频，她都同等的重视，做到最好，从来不会敷衍了事。她曾为了演讲一词的发音练习上百遍，也曾为电路的一个错误答案演算到深夜；她曾为 C 语言的算法优化奋战 7 个小时，也曾为调整 PPT 的动画顺序而不休不眠。别人眼中的她或许过分的计较细枝末节，但是只有她自己明白，这些细节对于全局的意义。千里之堤，能溃于蚁穴，而如果稍加修改，同样的一点或许能够成为整个成果的画龙点睛之笔。

在她的心中，自己有太多的毛病和缺点，那些所谓的已达成的成就也存在太多的漏洞与瑕疵。她时常反省自身：“这一阶段哪里做得不够好？”“我还可以在哪些方面取得进步？”进步的前提在于找到进步的空间，通过不断地审视自我、寻找不足，许璞凡不断地挑战自己、实现飞跃。

■ 德才芬芳，行于四方

对于许璞凡而言，虽然学习是她生活中比重很大的一部分，但这并不意味着她是一个呆板而枯燥的人，恰恰相反，她的生活丰富而精彩。大一学年，她是电子学院学生会外联部的一员，也是电子科协秘书处的干事。她多次组织并参加学院的活动，迎新晚会、游园会、酒舞会、“我的青春故事”报告会……都有她的身影。她曾在南京南站当志愿者，为来往的旅客指路；也曾远赴云南，调研基础医疗的现状。

许璞凡的爱好也颇为广泛，乐、艺、书、画，虽不说精通，但都涉猎一二。休闲之时，她喜欢阅读名人笔墨、摘抄妙语佳段，她也喜欢拿出纸笔，信手涂鸦。有时她会吹吹长笛，感受音乐的洗礼，或是写写小记及影评、做做手工、拍拍照片。她还喜欢走出校园，感受城市的繁华、自然的恬淡、历史的厚重、文化的韵味。无论是钟山、玄武湖、鸡鸣寺、明城墙，还是总统府、中山陵、佛顶宫、博物院，都留下了她的足迹。她曾驻足于秦淮河畔，感慨一带江水古流今，也曾落泪于南京大屠杀遇难同胞纪念馆，哀伤昔日黄土埋枯骨；她曾小憩于六朝松下，惊叹历史文脉永不断，也曾摩挲于蔽日梧桐，怀念民国大师真气节。褪去平日里严谨学术的外衣，她也是一个有趣的灵魂，追寻生活的美好、灵魂的充盈。

推荐老师 王一卉

师长点评

许璞凡同学做事认真，学习刻苦，积极上进。在课堂上，她认真听讲、积极思考，课下及时复习、查漏补缺。对待知识，她能够准确掌握课堂所讲，也能举一反三，进行拓展。许璞凡同学不仅能善于思考问题，仔细研读课本，而且能积极学习课外知识，丰富自己。是一个全面发展的学生。

电子科学与工程学院　副教授　仲雪飞

陈国浠 CHEN Guoxi

个人简介

陈国浠，男，汉族，1998 年 6 月出生，共青团员，东南大学自动化学院自动化专业 2017 级本科生。曾获国家奖学金；东南人学三好学生标兵、优秀学生干部、优秀团干部、魅力团支书等荣誉称号；美国大学生数学建模竞赛国际级一等奖，全国大学生数学建模竞赛省一等奖等。主持大学生创新创业训练计划项目两项。

炫彩大学路，他的东大梦

——记自动化学院陈国浠

■ 学在东南，兼济天下

学生的本职工作就是学习。大学第一课，在学院举办的新老生交流会上，学长的一句“大学，唯一没体验过的就是挂科”给他留下了深刻的印象，本以为上大学就轻松的他又一次绷紧了神经，就这样，两年的苦学之路拉开了序幕。

尽管在上大学之前，他并没有参加过竞赛，基础学科的底子比起大城市的学生也较薄弱，但他奋起直追；尽管在学习的过程中遇到了许多困难，但他不畏险阻，积极向老师、同学们请教。经过两年的努力，绩点达到了年级前 5%，2018 学年绩点更是排到了 2/120。尽管编程对他来说是一门全新的学科，但这并不妨碍他所有编程课全部满绩，并拿到了当年全部编程类课程的课程奖。

“穷则独善其身，达则兼济天下。”有一天，他在教务处听老师讨论到预警和退学率逐年升高的问题，这深深地触动了他，他觉得，他有必要为这些同学做些什么。于是，他加入了校答疑室，成为一名课程答疑的志愿者。两年来，他共计答疑超过 1000 人次，累积志愿服务时间超过 100 小时，获得了受助同学和指导工作的老师的认可。他的工作，为高数、编程等基础学科提高及格率做出了贡献。

■ 竞赛实践，成果落地

“纸上得来终觉浅，绝知此事要躬行。”他并不满足于课内获取的知识，书本上的一个个符号是如何在实际中运作的呢？ 这么精确的模型，在实际中真的能被使用吗？ 为了得到更深层次的理解，他积极参加了科研类竞赛。 尽管在智能车等硬件设计类竞赛中，他斩获了一定的成绩，但是他还是对宏观控制更感兴趣。 如何对系统进行建模，如何在庞大的数据中挖掘有用的信息，成为他最感兴趣的课题，因此，他爱上了数学建模竞赛。 在 2018 年全国大学生数学建模竞赛中，他获得了江苏省一等奖的好成绩，在随后的美国大学生数学竞赛，他更是斩获了国际级一等奖的佳绩。 可能对于许多人来说，到此就终止了，但他不满足于模型停留在纸上或者是仿真上，他希望他的模型能运用到实际系统中。

为了让数学建模的成果落地，他积极探索，终于，他的成绩不仅得到了竞赛组委会的认可，更是得到了相关部门的认同。 南京市公安局玄武分局邀请他们参与民意 110 不满意警情预警提示模型的建立，由于部分数据属于绝密，他们需要在公安局提供的安全电脑上进行建模，在数个月的奋战后，他们成功把报警人的信息抽象成数学模型，对警局提供的历史信息进行筛选分析、挖掘学习，最终，优化出合理的计算公式，对报警人的不满意预测准确率达到 98% 以上。 他们的成果，得到了南京市公安局民意 110 中心领导的肯定，随后他们受邀与浙江大学的博士研究生一起用全市的数据进行建模，目前，他们所建的模型，仍在公安系统中运作。

■ 科研创新，止于至善

“挑战，永远在路上。”东南大学在第十五届“挑战杯”全国大学生课外学术科技作品竞赛中获得两项特等奖、两项一等奖、两项二等奖、一项一带一路专项奖的好成绩，学长学姐们把科研抽象成了实验成功的惊喜、展示成果的自信以及简历上耀眼的一笔。那么真正的“科研”是什么样的体验呢？后来，机缘巧合，他看到了能源与环境学院高远学长的对科研理解的视频，对“科研”二字又有了更深刻的认识。那段视频，他反反复复看过数十次，学长对其导师提出的“为什么想做科研”的回应言犹在耳，“我喜欢做科研”六个字让他至今难忘，当时的他想对学长说，“我也喜欢做科研”。

在大一暑假，他主动联系张亚老师，希望进入她的实验室学习，当时的他，也不知道后面的路要怎么走。与其他人不同，不但他没有科研经验，他的指导老师也没有指导本科生的经验，没有学长学姐的指导，仅凭自己的摸索前进，即便是最基础的“看论文”，对一个专业知识没有学完的本科生来说压力也是非常大的。张老师希望他向研究生那样学习，但是，短时间内补完本科的基础知识绝非易事。尽管面对重重困境，他依旧咬紧牙关，砥砺前行。在“复杂系统控制与测量教育部重点实验室”学习的一年多以来，他从一个懵懂的新生变成了一个初窥门径的科研工作者，在老师的指导下，他目前已经获得两项国家级创新创业训练项目，已经完成了一篇 EI 会议论文的撰写并准备投稿，当他的同学还在为课内学习奔波时，他已经和博士研究生一起开组会、讨论项目以及控制领域的前沿研究方案。科研，不但带给他累累硕果，更重要的是培养了他独立思考及解决问题的能力，塑造了他坚忍不拔的品质。

■ 学生工作，志愿服务

除了学习，他还在各种各样的活动中锻炼自己。在参与科研的一年多中，他深感科研之不易，因此，他立志为提升学校的科研氛围贡献自己的一份力量，立志为愿献身科学研究的同学建设更好的平台。从校科协竞赛学术部部长到校科协主席，在营造本科生更良好的科研氛围上，他奉献着自己的绵薄之力。他致力于服务“1-10-100”的“东大梦”愿景，助力领军人才培养，持续推动科技创新发展，为谱写东大时代华章贡献自己的一份力量。

2018年11月，时任竞赛学术部部长的他主动向主席团提出要在全校范围内开展SRTP宣讲会，扩大SRTP项目参与人数，为同学们参加项目扫清困难。当时，这个项目并没有被身边的人认同，有的同学甚至认为他是在没事找事，“甩锅都来不及，就没见过给自己加锅的”，不少同学劝他“明哲保身”。尽管如此，他依旧清楚地知道自己在做什么，他依旧希望自己能为学校的科研氛围的构建做些什么，他深信自己的付出是有意义的。在教务处等相关部门的支持下，他的计划如愿展开，他以部长的身份作为主要学生负责人完成了这次盛会，第一届参与人数就超过500人，远超预计。后面开设的答疑群，深受同学们的认可，其影响力之广超乎了他的想象。他的付出得到了回报，这些工作为扩大SRTP项目参与率尽了一份力。目前答疑群总人数已经超过了3000人，答疑服务人次破万，他成功实现了自己最初的目标。他和他所在的部门还承担了数次国、省创结题答辩的辅助工作以及第十六届“挑战杯”全国大学生课外学术科技作品竞赛校赛暨省赛选拔赛的辅助组织工作，使得同学们对相关竞赛的了解之路更加畅通，在一定程度上提高了参与率。他还积极收集相关科研竞赛资料，交给学院的负责老师，希望能够让学院同学的科研之路更加通畅。

除此之外，他还积极参与各种志愿服务活动，2019年7月，他以校科协主席和高校科学营志愿者的双重身份，参与高校科学营东南大学分营的工作，除了一张“优秀志愿者”的证明，给他带来最多喜悦的还是将科学知识带给高中生后他们满意的笑容。尽管筹备工作给一个仅仅度过了两年大学生活的本科生带来了巨大的压力，但高中生们一句句“谢谢老师”，确实给了他巨大的动力。另外还有许多志愿活动也活跃着他的身影，从迎新志愿者到智能车志愿者，他正在积极地为学校建设、为社会发展贡献出自己的一份力。

推荐老师 成曦

师长点评

非常庆幸也非常欣慰能担任陈国浠同学的国创指导老师。他不仅对科研有着极大的热情，而且把这份热情付诸行动。自大二进入实验室学习开始，为了能尽快进入课题，他自学了概率论、自动控制原理等课程；为了寻找课题的突破点，他主动查阅了大量中英文资料；为了保证课题的稳步推进，他克服两个校区之间的不便，几乎每周与我讨论或参加组会与研究生一起讨论学习。通过一年多的学习研究，他已经完成了一个不错的工作，第二个工作也有了思路。他已经逐渐成为一名善于思考、勤奋钻研的科研小能手。

自动化学院 副院长、副教授、博士生导师 张亚

凌泰炜 LING Taiwei

■ 个人简介

凌泰炜，男，汉族，1998年12月出生，中共预备党员，东南大学计算机科学与工程学院、软件学院、人工智能学院软件工程专业2017级本科生。曾获国家奖学金，东南大学校长奖学金；东南大学优秀学生干部(两次)、优秀团员等荣誉称号；数学建模竞赛江苏省级三等奖、东南大学校级三等奖，高等数学竞赛校级二等奖，创新竞赛校级优秀奖等。

成才，非韧不可

——记计算机科学与工程学院、软件学院、人工智能学院凌泰炜

凌泰炜同学于2017年进入东南大学计算机科学与工程学院、软件工程学院、人工智能学院软件工程专业学习。自入学以来，始终热诚努力，无论是学习上、生活上还是学生工作上都积极主动，给老师和同学们留下了认真勤奋、负责可靠的印象。在两年的学习生活中，面对各种困难和压力，始终坚持前进，最终获得令人满意的成绩，正如鲁迅先生所说，“要在文化上有成绩,则非韧不可”。

■ 成才，以奋斗

优秀学生，首要标准是学习成绩优秀。大学里绝不只是学习，但大学里首先一定是重视学习，扎实的学科基础是一种长远的投资，只有学好基础，才能在未来走得更远，才能在祖国最需要的领域做得更好。

古人云“博观约取，厚积薄发”。秉承这个道理，两年如一日，凌泰炜同学始终坚持学习、坚持奋斗、坚持不断拓展自己的知识与能力。“坚持课外学习3小时”可以说是凌泰炜同学每天必修的功课，即便在大一结束集体自习后，他依然坚持着这样的学习习惯。每天抓紧一切可能的时间勤奋学习、刻苦钻研，周末也自主学习各类新知识。有富裕的时间则参与了各类比赛活动。平稳充实的学习生活给他带来了扎实的学科基础，扎实的基础则助力他在各项比赛中取得了不错的成绩。

成才，首先是所学专业课程的才能展现。在课内学习上，凌泰炜同学的累积绩点达到 3.957 分，名列年级第四，五门重点课程达到满绩，大部分专业课程达到 90 分以上。优秀的学习能力和扎实的课内知识成就了他课外研学之路。在课外研学中，他主动出击 SRTP 项目，先后参与了校级重大“共享停车位”项目和“医学文献摘要系统”项目，成果斐然，两个项目最终都以优秀的好成绩结项，后者更因为成绩突出被评选为国家级创新项目。在项目期间，凌泰炜同学积极和老师、学长进行沟通交流。在科研竞赛上，凌泰炜同学也积极备战，在大一获得了数学建模竞赛校三等奖，高等数学竞赛校二等奖、省三等奖，创新竞赛校优秀奖的成绩；在大二主攻数模竞赛，通过校级培训并参与了国家级的竞赛。

坚持奋斗是因为有更远的目标，读研是他入学以来便订立的目标，因此他在大二时加入了东南大学智慧物联网实验室，成为实验室的一员，在研究上投入自己的时间、精力。两年的奋斗之旅，回首望去，凌泰炜的课外研学学分已经达到了 8.5 分，位于同年级的领先水平，同时也已经达到了本科毕业的优秀水平。

■ 成才，以担当

凌泰炜同学连续两年都获得“校优秀学生干部”的荣誉称号，这可以说是对他两年来所有学生工作的一种肯定。

凌泰炜同学积极参加各类社会活动，重视自己各方面能力的培养，时刻用领军人才的标准要求自己，在各个活动组织中都勇于争先。从主动请缨担任军训联络员，并且表现良好，获得军训优秀学员称号，到后来主动担任班长，努力以最快最好的标准完成各项班级工作，主动联系班级的各个同学，营造良好的班级氛围，同时积极组织各类班级，如集体春游、集体烧烤、集体演出等，代表班级多次参加院系的团员代表大会和东南大学学生代表大会。两年多的班长经历给予了他很多的经验与磨炼，在面对问题时能够真正地迎面而上，去直面压力与挑战。

除了积极完成各项班级工作，凌泰炜同学在学院的学生工作上也十分认真负责，得到了广大同学的认可与肯定。他在大一加入了院学生会组织部，担任了一年的干事，积极参加了10余项各类院系重要活动的组织和后勤工作，包括国家奖学金校长奖学金答辩会、班长团支书交流会、九龙湖自行车赛、魅力团支部等等，也曾多次担任活动的主持人和联络员。凭借积极主动、认真负责的工作态度和工作热情，他在大二时升任组织部部长团成员。他全心全力去组织每一场活动，大学两年累积参与组织各类重要活动40余场，完成各类工作文件300余份，服务学生群体3000多人次。学院2018年的各类答辩、学生大会、校史决赛、班长团支书交流论坛等活动他都有组织策划并圆满完成。为了不影响学业，他坚持在假期工作，在开学前就完成所有活动的准备工作。2019年6月，通过学生选举，以第一名的成绩担任了计软智学生会主席一职。在担任主席后的几个月里，他不仅重点进行了学生会内部的改革，同时也积极与外界加强联系，代表学院参与了南京市九校联盟。为了承办校级科技嘉年华活动，在暑假留校长达一个月。

■ 成才，以进取

“青春心向党，建功新时代”，自踏入校门时起，凌泰炜就在用行动践行着自己的理想与方向。从提交入党申请书到积极向党组织靠拢，不断充实自己，提高自己的思想政治素养，再到后来经过选拔成为入党积极分子，凌泰炜同学始终保持着积极进取的态度，在后来的学习小组中也是非常积极，并积极鼓励帮助其他同学。他定期向党组织汇报思想，处处以党员的标准严格要求自己，同时也认识到自己身上所肩负的时代使命与担当，认识到当前国家正处于怎样的一个时期和这个时期的当代青年应当有怎样的作为与努力。

青春之花，自向阳而生。为了进一步成长，他在大一暑假报名参加了东南大学大学生骨干研习营，积极参与学校的各类活动安排，在多个小组和小队都主动担任组长、队长的职务，认真倾听了许多重要专家教授的讲座，参与了课外调研和组织讨论，努力丰富思想境界，树立“领军人才”的远大意识。在寒假后，更进一步通过面试选拔成为东南大学“至善领袖”计划培训营的60名学员之一，其间认真研学、积极参与，聆听专家学者讲座达30余场，完成各类学习资料10余份，内容涉及国家治理、思想建设等多个层次，最终合格毕业。后又参加南京市级机关大学生暑期实习“启航计划”，在南京市科技成果转化服务中心实习了一个月的时间，磨炼了自我的能力与意识。

凌泰炜同学在2019年上半年成为一名光荣的预备党员，之后一直是学院各类党建活动的积极参与者，2019—2020学年初为学院新生讲授了一节党课，并成为东南大学党史国情竞赛决赛的主要策划人之一。

■ 成才，以热诚

大二是大学生活最辛苦、压力最大也最容易迷茫的一年，在面临学业的压力、前程的抉择、生活的挑战时，凌泰炜同学始终没有放弃，一直在认真地生活、学习和成长着。

“鸟欲高飞先振翅，人求上进先读书”，大学是思想碰撞的地方，在过去的两年里，凌泰炜抓紧每一个细微的读书机会，让思想的光辉填充满大学的零散时光。两年的零碎时间，他共计读完60余本990余万字优秀书籍，内容涉及广泛，包括推理、科幻、温情以及社会、人性、思想等多个方面，不仅有各类小说、散文，还有许多世界名著和思想著作。读书给予他的不仅仅是各类的知识、故事和新奇的想法，更是对他的世界观、价值观的一种打磨与塑造，使他改变固有的思想方法，去更深刻地看清问题，培养起独立的思考习惯，建立起自己的世界观、价值观、人生观，为未来打好思想基础。

在过去的两年里，凌泰炜坚持平均每周4公里以上慢跑至少3次，坚持平均每天健身运动时间超过40分钟，内容包括跑步、徒手健身和器械健身，有记录的宿舍健身总时长达到4 088分钟，坚持去健身房超过40次,很好地锻炼了自己的身体素养和意志品质。

在未来，他将更加努力，不忘初心，砥砺前行，度过充实的大学生活，确立和践行自己的理想与使命，提高自己各方面的能力，成为一个优秀的建设者、接班人。

推荐老师　王　帅

师长点评

凌泰炜同学在校期间始终积极向上，尊敬师长，各项表现一直很优秀，是老师的好助手，是同学的好榜样。学习上刻苦认真，努力钻研专业知识，有目标有方向；思想上追求上进；工作上积极主动，认真负责。希望在以后的工作和学习中，继续保持，做到更好。

计算机科学与工程学院、软件学院、人工智能学院　智慧物联网实验室教授　**王　帅**

李卓熠 LI Zhuoyi

个人简介

李卓熠，女，汉族，1998 年 4 月出生，中共党员，东南大学物理学院应用物理专业 2016 级本科生。曾获教育基金会电子十二所奖学金，东南大学校长奖学金；东南大学优秀团干部、优秀团员、三好学生等荣誉称号；东南大学第九届创新体验竞赛一等奖等。发表论文一篇(第二作者)。

永远轻盈　永远滚烫

——记物理学院李卓熠

18岁的夏天，李卓熠拖着大大的行李箱，心中藏着即将破茧而出的梦想，来到了心心念念的古都南京，来到了东南大学。和爸爸妈妈告别的时候，他们说："要过好在这里的每一天，这会是你最珍贵的四年。"她一直牢记在心。

"我要成为自己想成为的人"，在开学第一天的日记本上，李卓熠写下了这句话。

■ 服务同学，锻炼自我

进入大学，李卓熠和许多新生一样，都是忐忑又兴奋的。他们不再只能为了考个好成绩而埋头苦学，而是可以在这座美丽的象牙塔里自由地选择自己想要做的事。李卓熠出生、成长于红色圣土——嘉兴南湖之畔，她的父亲是一名警察，日夜坚守在辛苦的工位岗位上。从小家人们的言传身教让她明白要有一颗乐于奉献，做实事、做好事的心。大学正是一个让她将所感所学好好运用于生活，施展自己的才华的大好平台，于是她不假思索地参加了学期初的竞选，成为一名团支书。

很幸运地，李卓熠遇到了一个温暖有爱的集体，遇到了一群来自五湖四海的善良可爱、进取向上的小伙伴们。开朗热情的她很快就和同学们打成一片，他们分享着新生活的快乐，共同进步，共同拼搏。三年多来，李卓熠带领着团支部成员们，组织了一个又一个特别又难忘的活动。他们精心挑选苹果，放入亲手折的一个个精美的盒子里，在寒冷的平安夜给每个同学递上一份满含心意的“平安果”，让新的一年就在祝福和感动中到来；她组织开展“学家史、寻家训、传家风——我从何处来”主题活动，让同学们在大学第一个寒假里通过采访、走访旧址、查阅文献等方法找寻自己的家史家训，传承家族家风，最后在李文正图书馆展出一张张笑容灿烂的全家福、一份份厚厚的家史材料、一张张风格各异的书法作品供大家欣赏；在中秋佳节，她组织策划了中秋晚会，在前期联系了家长们，提前拍摄他们想对孩子说的话，并在晚会上的大屏幕上播放。平时不善言辞的父母们借这个机会，向孩子们吐露了想念和期盼，很多同学们听到爸爸妈妈熟悉的声音，看到他们日渐增多的皱纹和白发，都忍不住留下了泪水；她积极联系校红十字会，组织同学们去殷巷社区举办了一场中华骨髓库与造血干细胞的知识传播活动，为中华骨髓库的建立贡献自己的一份力量；她带领物理学院的小伙伴们发挥专业特长，自己写实验策划，准备实验器材，拍摄并剪辑物理实验小视频，由支教同学们在暑期带到遥远的山区小学，为云南南华县的孩子们播下科学的种子……

李卓熠说：“与其说是参与组织了这些活动，不如说是这些宝贵的经历充实了我，完整了我。”是那一个个绞尽脑汁想创意点的午后，那一个个彻夜不眠修改答辩 PPT 的夜晚，那一声声“真的辛苦了”的鼓励，是带领团支部两次入围“国旗团支部”的自豪……是这些力量，让她不再是心里只想着怎样获得一份光鲜亮丽的成绩单，而是学会了更高效地与他人沟通，更冷静地处理事情，更平和地和周围的伙伴们相处；是这些经历带给她蜕变、成长，使李卓熠变成了现在这个她更满意的自己。

■ 潜心学术，初有成效

当李卓熠沉浸在进入大学的新奇、兴奋之中，参加各种各样有趣的活动时，她没有意识到自己不再把学业放在第一位，甚至忘记了作为一名学生的首要任务就是好好学习。一年结束，李卓熠发现自己都没有从图书馆里面借阅过一本书，甚至都不知道图书馆里的布局具体是怎样的。大一下结束时，她拿着不忍直视的成绩单欲哭无泪，无法言说的愧疚感和恐惧感涌上心头。

“如果就一直这样下去，我以后会怎么样？我还能做什么？”她在心里问自己。

在反思了一个暑假，和妈妈走了很多地方散心聊天后，李卓熠逐渐找回了自己的初衷。她希望自己是全面发展的，既能以严谨踏实的态度对待学业，又能学有所用。当未来她离开这座校园时，她希望自己是不留遗憾的、收获满满的。

在找准了自己的定位和努力的方向后，她将大部分时间放在了图书馆和实验室。在大二，她加入了侯吉旋老师课题组，参与了 SRTP 项目“柱阵列中的高分子易位现象研究”，开始了她的科研初体验。这一年，战线拉得长又安排得有条理，步伐节奏也是紧慢结合。一个从无到有的过程注定不是那么容易的，理论储备匮乏、课题难度较大、计算机语言运用不熟练等现实问题都如一块块巨石阻挡着她前进的脚步。一开始她只能硬着头皮去学，后来慢慢找到了门道，渐入佳境，到最后有越来越高的兴趣，也能做出自己独创性的一些成果了。她觉得整个过程真的十分有价值、有意义的，远比她一开始想的拿到一个好结果重要得多。在这个自我摸索和与老师沟通交流的过程中，李卓熠逐渐由衷地感受到科研的辛苦和乐趣，让她领悟到大学之学，不仅要学的精，还要学的广。课本上的知识固然重要，但课本以外还有更精彩的物理世界。在 2019 年 9 月，她顺利以第二作者的身份在 *Modern Physics Letters B* 上发表了题为 *Polymer translocation of linear polymer and ring polymer influenced by crowding* 的学术论文。

进入大三，李卓熠明确了保研的目标，内心更加坚定，一步一步也走得更加踏实。除了专注于在实验室学习摸索外，她也更加努力地学习课堂的内容，大三一学年，她的绩点达到了 4.27，多门专业课满绩，并拿到课程奖，这与她之前刚刚过 3 的成绩可谓是有了跨越式的进步。课前预习好主要内容，每节课都坐在第一排紧跟着老师的讲题思路，下课向老师讲出自己的见解，没有课的时候就早起去图书馆看书直到闭馆……这样规律又充实的日子让她心安又满足，也让她找回了原来那个有追求、有想法、有个性并且能够坚定勇敢地走下去的自己。

除了专注于课内专业课的学习，李卓熠也花了大量时间泡在实验室摸索研究，逐渐找到了自己真正感兴趣的方向——实验。她喜欢在实验室制备样品的过程，喜欢在各种检测仪器下观察样品性质的体验。于是她加入范吉阳老师课题组，作为组长申请了关于硅量子点制备及发光相关的课题。她以前一直以为跟着要求，使用准备好的材料按部就班地进行各种操作，就能得到想要的结果。可是当真正做研究型的实验后，她发现远远没有自己想得那么简单。各种条件的控制十分不易，一点不细致的做法就可能导致很大误差，经常是最后测量出的数据与预期的完全不符。这些挫折都给了她不小的打击，但她没有放弃，而是一次次整理实验思路，不断尝试，从繁乱的数据中寻找规律，最后得到了一些满意的结果。这次宝贵的经历使她感受到了科研的辛苦和不易，但是在一次次失败后测得比较满意的光谱图并提出自己的分析时，她又觉得一切努力都是值得的，科研的幸福感可能便来自这种辛苦播种、培育、开花、结果的过程。李卓熠说："我对未来的科研生活是充满着信心和热情的，科研并不是阳春白雪，曲高而和寡，平凡人也能在科研方面做出自己的一点贡献，做不了爱因斯坦，但是我们可以做我们自己。"

■ 逐梦之旅，永不停歇

时间如白驹过隙，三年眨眼便过去了。在7月初李卓熠辗转于多个高校，参加推免夏令营，在一次次紧张难忘的面试中磨炼自己，最终成功拿到了南京大学的"优秀营员"证书。9月份，她顺利拿到了推免资格，实现了自己的愿望。她将在不久的未来进入一片新的天地，开创更美好的明天。在剩下的本科生活和未来的研究生生涯中，她将不忘初心，带着对科研的憧憬和知识的渴求，不断丰富自己的知识框架，不断提升自己，多动手、多思考、多提出自己的 idea，披荆斩棘，收获丰盛的果实，成为一名真正的科研工作者。

她有很喜欢的一首歌：“亲爱的旅人，没有一条路无风无浪，会有孤独，会有悲伤，也会有无尽的希望。你灵魂深处，总要有这样一个地方，永远在海面飘荡，在半空中飞扬，永远轻盈，永远滚烫，不愿下沉，不肯下降……”李卓熠说，她希望自己像一只勇敢的鹰，能够自由自在地游历自己想去的地方，去看各色的风景，追求自己想要的人生。但不论飞多远，她都不会忘记初衷，永远怀揣一颗滚烫炽热的心，永远轻盈地飞翔。

推荐老师　吉　鑫、王朝晖

师长点评

李卓熠同学勤奋好学，乐观向上，热心公益，关爱同学。她积极参加院里和学校的各项活动，同时学习成绩优秀，对科研有着浓厚的兴趣，是一个在各方面表现优异的学生。希望李卓熠在今后的学习、生活中积极进取，不断提升自己，取得越来越好的成绩。

物理学院　教授　翟　亚

王　硕 WANG Shuo

个人简介

王硕，男，汉族，1999 年 5 月出生，中共党员，东南大学人文学院政治学与行政学专业 2017 级本科生。曾获国家奖学金，唐仲英德育奖学金，郭秉文奖助学金；东南大学优秀学生干部、优秀团干部、学习优秀生等荣誉称号等。曾任东南大学第三届校长学生事务特别助理，东南大学新时代中国特色社会主义理论研习社社长。主持国家级、江苏省大学生创新创业训练计划项目各一项。发表国家级、省级学术会议论文四篇。

不忘初心，做新时代的新青年

——记人文学院王硕

■ 初识东大

“怕什么真理无穷，进一寸有一寸的欢喜！”几个月前郭秉文班的开学典礼上，王硕引用胡适先生这句话作为他“老生代表”发言的结尾，送给在场的新生，台下响起了学弟学妹们的阵阵掌声，这让他回想起在东南大学两年来的学习生活，不禁感慨万千。

两年前，王硕满怀憧憬与希望、渴望与激情，走进东南大学，成为首届郭秉文班的一名学生。

东南大学是一所百年名校，也是一所工科强校，工科很多方面都处于世界领先地位。按道理来说，在这样一个工科强势的学校中学习文科会面临很多困难，但是事实恰恰相反，郭秉文班给予文科生十分强大的资源，以至于让刚入学的他如刘姥姥进大观园，无所适从。他一步一步地弥补知识的匮乏，在各门通识课上狠下功夫。周末，他常会在李文正图书馆中泡上一天。马列著作类、哲学类、社会学类、法学类书籍，都是他感兴趣的。阳光透过玻璃窗，投射在木质书桌上，阅览室里只有翻书的声音。那是他一周最为享受的时光，是与自己对话的慢时光。

“一个人就像一支队伍，对着自己的头脑和心灵招兵买马，不气馁，有召唤，爱自由。”这是独处带来的提升能力的益处。他很荣幸，在一年级时，遇到了那群志同道合的伙伴。在“社会问题与社会管理”新生研讨论坛，郭秉文班全体学生被分成若干小组，自选主题，和导师展开研讨。他和另外四位志同道合的伙伴组队，选题为“通识教育对学生培养的作用”。作为刚入学的新生，他们对于社会调查方法一无所知，一切从零基础学起：第一次尝试搜集文献，第一次尝试写文献综述，第一次设计、发放问卷，第一次分析数据、撰写报告，打磨他们的“科研初体验”项目，不断地请教老师、修改与完善。第一次的尝试总是懵懵懂懂、四处碰壁，但是他们坚持了下来，成功通过初选，挺进八强，走进决赛，最后捧起了“首届新生研讨论坛”的冠军杯。那是他大一获得的第一个奖项，也是他们全队共同努力、踏踏实实走好每一步的科研初体验。

■ 秉文达理

2017年11月，党的十九大召开，习近平总书记代表党和国家，提出了中国特色社会主义的宏伟蓝图。作为一名新时代的青年，听到如此宏伟的目标，他的内心很激动，因为几个关键节点，他们都将经历并参与其中。听到习总书记在讲话最后对于青年的殷切期望，他更坚定了他的理想信念。

在校期间，他一直担任或兼任基层团支部书记，目前正在接受党组织的考核，积极向党组织靠拢。阅读十九大报告后，他一直在思考：面对新形势、新使命与新要求，作为东南大学首批郭秉文班的学生，如何帮助青年沉下心来认真思考新时代下文科人的初心与时代担当，从而获得真正意义上的传承、发展与超越？立足校团委“磐石计划”团日工程，他和支部其他委员策划组织并排练拍摄了“中国很赞”手指舞微视频、“开讲了”演说会、“他视十九大”视频分享会，组织了“他读你听”读书会、“对党说说心里话”线上征文、参观侵华日军南京大屠杀遇难同胞纪念馆等系列活动，帮助支部青年学习十九大精神。在全校教育思想大讨论之际，邀请张广军校长、游雨蒙教授参加他们的主题团会，使支部青年受到思想上的鼓舞。

系列团日活动的开展不仅给支部青年带来了切实有效的思想引领，也给他热爱的班集体带来了一些荣誉：2017 年“磐石计划”结项，支部成绩第一；2018 年“五四”评优中，支部获评校“特级团支部”；2017—2018 学年度评优中获评“东南大学优良学风标兵班”。因为热情，他们的集体充满活力；因为团结，他们的集体一路前进。

除了支部活动，他迫切地希望加强同学们学习马克思主义理论和新时代中国特色社会主义思想的动力。在老师支持下，他成立了东南大学新时代中国特色社会主义理论研习社。研习社定期开展理论研讨，学习《资本论》《共产党宣言》等经典著作，同时研读习近平新时代中国特色社会主义思想，发挥不同学科专业视角的优势分析问题，帮助大家更好地成长为坚定的青年马克思主义者。

实践出真知。他希望能够走进农村，走进社会，感知国情社情。“望乡行”团队就是这样一群志同道合的人。他们的项目“乡村振兴中新乡贤参与基层治理的路径研究——以江苏省三地为例”入选了“乡村稼穑情振兴中国梦——2018 年全国大学生暑期社会实践专项行动”。他们走进了连云港市赣榆区、宿迁市泗洪县、常州市金坛区等江苏省 16 个乡镇。8 个人、2 个月准备、12 天调研、报告初稿 8 万字、37 张车票、25 小时的车程、平均气温 34 ℃的路途、数千张相片、上万的微博浏览量……不断与热情的滴滴司机再续网络之缘，辗转于每一个陌生却又好似拥有相同轮廓的车站，徘徊在青山绿水与城中街道，在唇枪舌剑的会议桌上一遍遍修改报告。他们对新乡贤发展现状进行了实地考察，深入研究新乡贤在助力乡村振兴中的作用，分析了当前基层治理的最新现象和突出问题，以决策咨询报告的形式提出建议，促使乡村振兴战略更好地落实。在最后的结项答辩中，他们团获评“江苏省三下乡优秀团队”“校十佳团队”，这是对团队整个暑假付出的肯定。

■ 成己成物

进入大二，他以郭秉文班综合绩点第一的成绩填报了政治学与行政学专业，如愿进入公共管理系，开始了他的专业学习。在选择专业时，公共管理学之父夏书章先生的事迹给了他很大的启发，尤其是夏老为何选择政治学专业、为何历尽艰辛出国留学、为何选择市政学研究领域、为何在20世纪80年代振臂高呼《把行政学的研究提上日程是时候了》，又为何在今天还不断劝勉他们研究中国治国理政的大问题。他被夏老饱满的精神力量所感染。他希望透过这个学科的视角深刻地理解国家命运、个人命运与学科命运的相互关照。为此，他积极参加王珏教授领衔的国家社会科学基金重大项目“改革开放40年中国伦理道德数据库建设研究”，主持国家级大学生创新训练项目“改革开放四十年民众信仰变迁的口述史研究”，在国家级和省级会议发表论文并受邀做报告。

在大二刚开学时，他报名竞选东南大学第三届校长学生事务特别助理。通过层层筛选，最后他成为“小助理团”的一员，目前已经参与《关于东南大学反馈平台建设的构想》《关于东南大学学生思想引领工作的思考》《关于东南大学“国际胜任力”人才培养的建议》等若干提案的起草工作，为校园建设建言献策、搭建桥梁、协助落实。在他和伙伴的努力下，他惊喜地发现九龙湖终于亮了起来，春学期开学以来“国际化培养”气息扑面而来，心理咨询中心服务质量得到一定提升，第一个全校整合型“建议反馈综合平台”在他们的任期诞生，这是他们12个人作为一个整体实现的成就。但是他也有一定的遗憾，部分提案阻力比较大，需要下一任团队继续推进。近一年的任期中，张广军校长教会他做人做事最重要的两句话，一个是“做一件成一件”，一个是“功不在我”。“做一件成一件”，让他觉得他和伙伴们做的一切都值得。

胸怀天下

大二上学期，他有幸被选派赴日本爱知工业大学交流一周，并担任学生队长。在日本交流期间，他一方面感受到祖国的发展无比强大，另一方面也感受到他们青年学生要具有全球化视野、有放眼世界的勇气。在回国的飞机上，他想到晚清时，刘步蟾等留学生去英国读书时站在船头说的那段话："此去西洋，深知中国自强之计，舍此无所他求。背负国家之未来，取尽洋人之科学。赴七万里长途，别祖国父母之邦，奋然无悔。"那是一段屈辱的时光，当时的青年学生却有着这样的凌云之志。历史走到今天，他们即将实现中华民族伟大复兴的中国梦，祖国即将屹立在世界先进民族之林，他们更要追求世界一流，勇做时代的弄潮儿，放眼未来，走向世界。

凡他所在，即为东大；他的脚下，就是祖国。在圆东大"双一流"梦的征途上，在实现中华民族伟大复兴的历史进程中，青春正当时，舍我其谁。

什么是不忘初心？

答应自己一定要做的事情，他不会忘记：

为中华民族伟大复兴而读书！

拥有放眼未来的眼光，带领着伙伴们走向世界！

推荐老师　刘文成

师长点评

王硕同学志存高远，追求卓越，学习刻苦勤奋，积极参加科研项目并表现突出。他能积极参加学生工作，担任校长学生事务特别助理等职务，人际关系融洽，具有较强的活动策划能力、组织能力和丰富的社会实践经历。

人文学院　院长　王　珏

张泽群 ZHANG Zequn

■ 个人简介

张泽群，男，汉族，1998年11月出生，中共预备党员，东南大学人文学院政治学与行政学专业2018级本科生。曾获国家奖学金，郭秉文基金奖助学金；江苏省社会实践先进个人，东南大学社会实践优秀个人、优秀学生干部、优秀团员等荣誉称号。

守初心留印随行　践未来芳草如茵

——记人文学院张泽群

寻寻觅觅，来来回回，每个人的前进脚步都会留下印记，回望张泽群留下的印记，连续且密集。他认为自己在心态等方面存在很大不足，他是一个经历过高考失利打击的男孩，他曾经觉得被人们孤立和冷落。但他一直在提升，一直在蜕变，一直在成长，他在不断寻找着属于自己的舞台，经过努力终于圆梦东大后，他依旧在延续着心中的那份温暖、纯真与热情，他希望自己留下的印记永恒而美丽。

■ 轻触未来，用心求索

他看起来弱不禁风，父母也千叮咛万嘱咐他要多注意身体，但他觉得自己不比别人差，反而更懂得坚持。军训负责人是他步入东大后的第一个学生干部身份，他想要用自己的实际行动去证明自己的实力。军训负责人在军训期间，除了要和集体参加日常训练外，还需要处理新生报到后的一系列事务、关心班级同学的身体状况以及大学的适应情况，本就紧凑的军训日程再加上与高中完全不同的学生事务，让他在军训负责人的工作中收获了很多，他没有抱怨苦累，反而因获得同学们的认可而倍感快乐。在此期间，最令人印象深刻的是在前往国防基地进行实弹射击时，由于编队的调整和教官数量紧缺，他成为六个连队当中唯一的由学生带队的队伍。实弹射击，不仅关系到国防安全，更涉及个人安危，他非常合理有序地引导和教育同学们，最终高效完成了这项任务，确保了万无一失。 他也因专注投入日常训练和出色完成负责人工作，最终考评获优。

年级长是辅导员和班长、团支书之间的桥梁和纽带，是明确责任分工和提高工作效率的重要渠道。 如何提高年级长在普通学生群体中的存在感和信任感？ 如何明确年级长的责任分工？ 如何在辅导员和班长、团支书之间搭好桥、穿好线？ 一系列的问题都朝他涌来。 他通过走访同学和结合自身体验，设计了关于郭秉文班专业分流意向、宿舍关系相处情况、日常工作建议汇总等的调查问卷，既给予了同学们日常表达的渠道，又可以将问卷分析的结果传达给辅导员。 每逢节假日，他总会想出各种点子，与班长、团支书一起为全年级的老师同学们准备多样的礼物，以便不断增进彼此了解，凝聚团队力量。 他说，年级长不好当，角色定位不好把握；年级长也好当，只不过需要多从不同主体出发想一想。 经过一年多的年级长工作，有不少同学用“最好的年级长”称呼他，他也因为这样一份工作，结识了更多的好友，学习了更多关于学校事务的知识。

■ 肩担责任，彰显价值

他在东南大学拥有很多个特别而又温馨的家，其中最让他印象深刻的非学生会莫属。 学生会是学生群体自我服务、自我管理、自我学习的组织，每一个部门都犹如一个小的家庭，汇聚着大家的温暖。 他从招新宣讲会到参加面试，从一位干事到一名部长，身份和体验在更新变换，但那一份执着与热爱始终未曾改变。 他所在的秘书部是学生会主席团和各部门联络沟通的桥梁，既要求严谨细致，对工作文件规范掌握，也需要创新，助力学生会持续发展。 在部长层换届时，与他一同共事的部长和干事这样评价他：“他稳重干练，认真负责，坦诚靠谱，有安全感，他把生活中所有的事情都当作是一种馈赠，都能够积极主动地去应对和处理。”“他的脑袋里都有一些新奇的点子，总是能够关注到我们一般不太顾及的细节，总是从他人的角度出发，能够顾及的绝大多数人的感受。”他组织学生会考核制度改革、策划部门主导的创新品牌活动，他希望能在学生会的大家庭走得更远、走得更好。

校长学生事务特别助理可以说是东大学生干部锻炼提升的最高平台，不仅可以接触了解到校园各方面发展建设的一线情况，还可以通过建言献策、监督落实贡献自己的力量；不仅可以成为校长的“智库”，还可以与校长做朋友，助力成长。他幸运地通过选拔成为第四届校长学生事务特别助理中的一员，他在因受到认可而感到欣喜的同时，深深地意识到自己肩上多了一份责任与使命。他作为经历过大类通识教育的郭秉文班学子，关注东大精品文科建设和大类招生培养，希望通过自己的调研走访和信息搜集，与团队伙伴一起助力东大人才培养。他始终在团队里保持着谦虚低调的风格，希望通过这短短一年的校长学生事务特别助理的经历，从每一位优秀出色的伙伴身上学到更多。

■ 践而有为，年少追寻

优秀学生干部，何为优秀？在他看来，除了基本的学生工作事务要拿捏在心、游刃有余，还需要做到德才兼备、全面发展。他认为自己在学习思维等方面，特别是数学、英语类课程上和一些同学有较大差距，他便“笨鸟先飞”，着力把握知识的重难点，去寻找其中蕴含的规律方法，第一学期过后，学习成绩稍有落后，但他依旧不懈追赶，最终成功以专业第一分流至自己的心仪专业。

他热心公益，积极投身志愿服务活动，南京总统府、南京儿童医院等地都有他志愿服务的身影。还清晰地记得，有一次他在南京总统府进行讲解服务时，一名外国游客前来咨询景区的相关问题，英语水平有待提升的他并没有慌乱，而是放平心态，结合手中的引导地图，用尽可能准确的语句表达出问题的答案。

他乐于参加社会实践活动，大一学年已经参加五次社会实践活动，担任过团长、副团长、副队长等。最令他难忘和怀念的是在 2019 年的夏天，他和 7 位伙伴一同前往彩云之南，寻访东大校友，追寻红色记忆。身为革命老前辈，也是 70 年前的优秀青年代表，老人们对现在的青年表达了自己的期望。他还记得身为孔子第 77 代传人的孔德璜老人曾说：“敢于破旧立新，打破陈旧观念；大胆实践，大胆锻炼；前路漫漫，青年人要有自己的思考，要学会自主选择。没想过什么地方可以锻炼人，我觉得什么地方都可以锻炼，就看你，你觉得干什么好，你就可以干好。”他觉得不虚此行，日后将以更高的要求去完善自己，去学习这些革命先辈的精神，不忘初心，奋力前行，做一个合格的学生干部，做一个合格的青年人。

时光在走，岁月在流，不同的时间和场合、不同的身份定制的印记在他的身上越来越深。但他还在追寻、仍在求索，将这些印记汇聚成无限的前进动力，期待着今日播撒下的奋进种子，来日能够芳草如茵。

推荐老师　张睿驰

师长点评

张津群同学热情奔放、聪明睿智，常在多种平台锻炼和提升自己。思想上，积极上进、明礼博爱；学习上，勤奋刻苦、成绩优良；社会实践中，热心公益、全身投入。作为学生骨干发挥了应有的模范带头作用：心系集体，乐于奉献，尊敬师长，友爱同学，行事果断，工作能力强。希望他不忘初心，再接再厉，继续为自己的青春增辉添彩。

人文学院　院长　王珏

胡聪琳

HU Conglin

■ 个人简介

胡聪琳，女，汉族，1998年8月出生，中共党员，东南大学经济管理学院金融工程专业2016级本科生。曾获仲英德育奖学金；东南大学优秀学生干部、三好学生(两次)、优秀团员等荣誉称号；美国大学生数学建模竞赛二等奖，全国大学生数学建模竞赛江苏赛区二等奖，东南大学第十二届数学建模竞赛一等奖，啦啦操大赛团体第一名等。现任经济管理学院本科生149党支部书记、149161团支部书记。

心归梦栖处　不负少年华

——记经济管理学院胡聪琳

胡聪琳，一个阳光开朗而又严谨细心的女孩，她的心底一直珍藏着一颗梦想的种子。四年前的那个夏日，她告别亲人故土，来到东南大学经济管理学院，从这座梦想的殿堂扬帆起航。四年间，她在追逐梦想的路上坚定前行，不负韶华。

■ 脚踏实地，梦始初心

初入大学校园，胡聪琳就了解了未来可能要走的道路，结合个人兴趣，她选择了金融工程作为自己的专业。从事金融领域的工作，不仅需要具备扎实全面的经济、财务专业知识储备，培养良好的金融素养，数据处理分析能力、相关软件运用能力、人际交往组织能力、良好的身体素质以及上下求索、不懈奋斗的精神状态等等都必不可少。于是她给自己定下分三步实现的目标：掌握扎实的专业基础知识，本科毕业后选择更好的院校继续深造，最终在职业生涯中成为一名优秀的金融人才。对于升学，不外乎考研、保研和出国读研三种可能，在专业学习的几年内，她经过不断地考虑，最终将保研这个目标定为生涯规划的第一步，力求在大学期间全面提升自我。

认准一件事，就努力把它做到最好，决定了保研之路，就风雨无阻地走下去。在接下来的三年里，胡聪琳以脚踏实地的努力向梦想靠近，实践她的初心。

她始终保持勤奋踏实的学习态度，努力钻研金融专业基础知识。作为一名“慢热型选手”，她不擅长突击式学习和临时抱佛脚，相反，她抓住每一堂课和每一份作业，在日常学习中从未松懈。“骐骥一跃，不能十步，驽马十驾，功在不舍。”以高等数学为例，她通过反复研读课本和笔记，辅以大量刷题，逐渐内化知识点，构建自己的知识体系，在这门挂科率最高的课上获得了满分。量变引发质变，令人艳羡的成绩背后离不开正确的学习方法和久久为功的坚持。

正是这样，她凭借一步一个脚印的努力，将每门课学懂学透，在学习这场马拉松式的赛场上脱颖而出。她以 4.1 的平均绩点，专业综合排名第二，并且在投资学、计量经济学、国际金融、运筹学等共计 10 门课程中获得满绩，31 门课程获得 90 分以上。

胡聪琳用自己的行动践行着“一分耕耘，一分收获”：坚持学习英语，以 552 通过了英语六级考试，为进一步提高英语听力和口语水平，报考雅思并且首考取得 7.0 的成绩；为了提高身体素质，她直面体育弱项，挤出课余时间反复练习，把体育成绩提高到优秀。

■ 凡心所向，素履以往

即便学习成绩名列前茅，胡聪琳深知只有第一课堂的理论学习远远不够，第二课堂的实践锻炼同样重要。她知道保研大致要的努力方向，但是不喜欢给自己定太过明确具体的目标，要求自己一定要做成什么，因为这样往往会趋于功利、难以如愿。她从未放弃初心和梦想，但面对未知，她选择以一颗平常心相待。

作为一名理科生，胡聪琳有着扎实的数理基础，这从许多数学方面的专业课成绩中可见一斑，由此她对数学建模产生了浓厚的兴趣。2018年4月至2019年2月期间，校赛、国赛、美赛，她完成了数模的三次征战。在国赛中，她和队友经过长时间的讨论，考虑到网络上的模型和算法与题设并不贴切，最后放弃可直接套用的遗传算法，而选择针对问题自行建模和编程实现。这样做的难度无疑是很大的。他们从设立假设、构建变量开始，联系求最短路径的TSP问题，建立了任务复制的多目标规划模型，通过设计动态规则、Matlab仿真，求解出三种不同情况下RGV小车调度安排和预计结果。美赛期间，她提出分别构建能量消耗、综合成本评估和目标规划三个子模型，与队友合作，详尽解答了无人机应急灾难响应系统中的各种问题。她还参与了数模相关项目——南京市玄武区公安局110报警记录满意度分析，运用统计学的方法建模分析，得出报警记录满意度与相关参数之间的相关系数，所提方案最后被应用于110报警记录系统之中。

回忆那段与数模相伴的时光，她建议学弟学妹们可以大胆尝试，“你能学到的不仅仅是比赛本身，还有从实际问题中提炼模型的思维，以及一种寓学于用的能力”。从一开始作为数模小白学模型、装软件的咬牙坚持，比赛时反复查找文献、编程算法的艰辛，到中后期优化模型、修改论文的精益求精、全力以赴，以及一夜奋战后迎着窗外熹微的晨光向队友露出疲惫的笑容……她都觉得无比难忘。

在相继完成三个大学生创新训练项目后，胡聪琳选择跟导师做深入的学术研究。她参与了金融风险网络的学术课题，从自学STATA、MATLAB等软件开始，不断夯实科研基础。在大量阅读相关文献之后，她提出基于多层股票网络构建风险因子并将其引入传统三因素定价模型的想法。她独立承担数据收集、模型创建、实证分析的工作，最后成功撰写论文“Multi-layer Network Risk Factor Pricing Model”。

大三下学期，保研的帷幕正式拉开，胡聪琳在申请夏令营初期频频失利，之后她戒骄戒躁，重新对自己进行全面定位评估，选择更适合自己的目标院校和研究方向。参与夏令营期间，没有学过量化而任务迫在眉睫时，她几近崩溃。压力如洪水来势汹汹，她逆流而上，披荆斩棘，边学边用，在不到一天的时间里自主完成了一篇交易策略分析报告，并且最终顺利通过其他考核，获得上海交通大学安泰金融专硕的录取资格。

■ 身躬笃行，至善风采

一名优秀的学生干部，不仅要让自己闪光，更应该在集体中发光发热，点亮更多的星星，成就璀璨的星空。

担任149161团支部书记两年多来，胡聪琳负责策划、宣传、组织过一系列班级和支部活动，希望能在大学四年里给同学们留下尽可能多的美好回忆和感动瞬间。开展校级磐石计划“襟江枕海甲东南”期间，创立支部微信公众号，展示活动片段和支部风采，探索线上线下结合模式，提升同学积极性和参与度，最终项目以优秀结题；院运会期间组织同学们积极报名参与，训练“阳光伙伴”、10×100接力赛等集体活动，获得名次的同时提高了班级凝聚力；首创学习小组制度，形成浓厚的学习氛围，创建优良班风，获评东南大学优良学风班；设计班徽班旗标识，整理活动资料制作支部宣传册，利用同学们生活照制作班级宣传视频。大大小小的活动开展、各项班级荣誉的获得，离不开同学们的积极参与，更离不开团支书亲力亲为的策划和组织。

在校内外社会实践方面她也不断取得突破。2017年暑期，她参与社会实践“做客归家——探访客家土楼”，承担图文排版、报告撰写工作，通过多种形式研究客家历史、美食、音乐等客家文化，团队获得暑期社会实践二等奖。她秉承东南大学唐仲英爱心社“服务社会，奉献爱心，推己及人，薪火相传”的箴言，坚持每学期参与南京南地铁志愿和清水亭中学家教志愿等公益活动，获得“优秀志愿者”荣誉，展示了社团风采。

她还是一名学生党员。先时在发展对象培训班考核排年级第一。正式加入中国共产党之后，她积极参与党支部各项活动，如领航工程、最佳党日活动的申报和实施等。她于 2018 年 8 月加入学校“不忘初心，继续前行”党员主题实践第二支队，参与本科生党员骨干赴云南省南华县精准扶贫调研实践活动。查阅整理工作档案、实地考察农村危房改造情况、参观学习基层党建工作……脱贫工作一线的经历就是一场生动而深刻的红色教育，使她深刻体会到作为一名党员应有的责任与担当，懂得了如何做一名优秀的共产党员、最大限度地发挥先锋模范作用。目前她作为一名基层党支部书记，带领全体成员积极开展“三会一课”，加强与各年级团支部和教师党支部的联系，创新主题党日活动内容和形式，致力于提高支部组织力、战斗力和影响力，发扬先锋模范作用。

作为团支书和党支书的她始终为集体服务，即使经常忙于各种琐碎事务也乐在其中。

多一份头衔意味着多一份责任与担当：书包总是比别人重一些，因为要随身携带一台电脑方便处理事务；每天总会有很多条“收到请回复”的消息；深夜室友入睡时，仍坚持挑灯奋战，把每一份材料做到尽善尽美……她相信付出得比别人多时，收获也会比别人多。

担任学生干部、参与学生工作的经历使她不断成长：她沉浸于一个又一个活动的策划、筹备、组织以及最后的结项和答辩的过程，接触认识了很多优秀的人，意识到自己的弱项短板，锻炼了人际沟通能力、组织领导能力和集体合作能力。

学生干部往往会面临难以平衡学习和工作的困扰，胡聪琳却认为二者相辅相成，能成就更优秀的自己。所有时间都是挤出来的。对学习，她将努力落实到日常点滴中，工作虽然牺牲了她许多休闲的时间，但这种充实丰富的生活给了她满满的踏实感。

有过万念俱灰的无助，有过漫长等待的迷惘，也有过成功的雀跃……结合自己在数理方面的能力，胡聪琳选择量化金融作为未来硕士阶段的研究方向，通过不断实习积累从业经验。四年的学习和实践让她更加看清了自己，找到了自己心爱心安的目标。

许来日绮愿，望灿烂千阳。

推荐老师　杨　艺

师长点评

胡聪琳同学品学兼优、锐意进取，具备扎实的专业知识、很强的学习能力以及良好的科研素养，并且积极投身社会实践，个人发展全面，相信她未来能够不负众望，成为一名优秀的金融人才。

经济管理学院　金融系教授、博士生导师　李守伟

袁 典 YUAN Dian

■ 个人简介

袁典，女，汉族，1999年6月出生，中共预备党员，东南大学电气工程学院电气工程及其自动化专业2017级本科生。曾获校长奖学金；东南大学“五四”表彰优秀团员、三好学生等荣誉称号；全国大学生英语竞赛国家级三等奖，东南大学第十三届大学生智能车竞赛校级三等奖，文化素质教育实践优秀奖等。

向阳而生　追光前行

——记电气工程学院袁典

当被问到能用怎样的一个词、一句话来形容自己时，袁典思考了许久后回答：一直保持乐观与温暖，用“向阳而生”的姿态不断发掘自己、丰富自己。这也是2019年6月电气工程学院学代会上，竞选学生会主席时她的回答。

向阳而生，多面发展

还记得初进校园时，她也曾迷茫彷徨。理工科基础不太好的她，面对繁杂的数理课程，时常沮丧，甚至怀疑自己的选择。但好像沙漠里的向日葵一样，尽管挑战重重，却依旧选择向着阳光奋力生长。尽管那时前方的光亮还很朦胧，只她知道付出努力，踏实向前。

随着对大学生活的深入了解，她渐渐发现，这里不仅是知识的殿堂，更像万花筒一般，有无数自由选择的生活空间。

还记得新生杯排球比赛，让她印象最深刻的不是比分与结果，而是学长学姐的鼓励、同学的加油呐喊、和队友的共同拼搏。那些正午阳光下的汗水，最终成为难忘的记忆，而她也收获了珍贵而长久的友谊。后来，学院的女排比赛，她从未缺席。一年之后，她也变成排球场上独当一面的学姐，成为电气学院女排联队的领队。组织训练、赛前动员，最终带着大家成功进入八强。从女排新生杯到院系杯，从学妹到学姐，她渐渐感受到，能做自己热爱的事是那样的幸运。

怀着对志愿服务的憧憬与好奇，她加入了电气工程学院“小红心”志愿团队。在那里，她看到了殷巷社区小朋友们脸上对知识的期待与渴望，也看到了自己价值慢慢地显现。周末的志愿小课堂，文化课与科学课上的欢声笑语；圣诞节的心愿卡片，孩子们收到礼物后满足的眼神；还有社区的迎新年活动，默默为勇敢登台的小朋友记录属于他们的成长。每当回忆起那一张张笑脸，便能想到那些笑容里也有她的一份温暖祝愿。

大一寒假，她回访了高中母校扬州中学，进行了“怦然心东”的宣讲。站在讲台上，面对高三的学弟学妹，面对同样紧张纠结的考生家长们，她再一次感受到自己已褪去了层层稚嫩。看到紧张忙碌的高三同学，仿佛看到了当时的自己，而那时的生活早已成为过去，她明白她正前行在崭新的未知的道路上，而那些未知与挑战也都是那样具有吸引力。

2019年6月成为中共预备党员之后，她积极前往云南南华参加2019年东南大学本科生党员实践，深入南华县的五街镇。高山高海拔之上，淳朴的民风、天然的风景和脱贫攻坚基层工作者们辛勤付出的身影一同成了她脑海中再也无法抹去的记忆。

社会实践的体验让她的视野逐步开阔，也鼓励着她进一步走进和了解真实的世界。她用心做着这些她所热爱的事，用心在过程中成长，终于也慢慢发出自己的光和热。她的“向阳而生”也不再只是追逐朦胧的光亮，那些渐渐形成的自信与勇敢，也成为一道光，指引自己前行。

她曾登上焦廷标馆的舞台，参加电气工程学院“迎新晚会”的节目表演与后台准备：水袖舞的表演是她的大胆尝试，舞台追光的工作是她的默默付出；曾登上润良报告厅的舞台，进行党日活动“青春脉搏，致电中国”的展示，精心设计的剧本，数次的排练修改，是她对电气行业与电气人的致敬；还有圆报二楼“魅力班级”的节目表演，提升的不仅是班级凝聚力，还有她与人合作交流的能力；圆报一楼的学生会主席竞选，那是两年学生会工作的厚积薄发，是一次难忘的带着梦想的发声。九龙湖校区的舞台上，或深或浅，都留下了她的些许脚印。每一次的登台，她都带着她一路积累的勇气与力量；而每一次的展示自我，也为她的再次出发积蓄了新的能量。

带着这些从活动与实践锻炼中得来的“光亮”，她的学业也在不断进步。她开始踊跃参加学校组织的各项竞赛活动，获得全国大学生英语竞赛三等奖、东南大学第十三届智能车竞赛校级三等奖、东南大学第八届本科生创新体验竞赛优秀奖等成绩。长达半年的智能车竞赛，让她体会到竞赛过程中团队合作的重要性。而那些电工电子楼的白天、黑夜与凌晨，最终都化作她心底的韧劲，伴随她一起面对新的风浪。

■ 追光前行，尽志无悔

褪去工科学习与竞赛时的冷酷严谨气质，她喜欢有温度的学生工作，喜欢人与人之间的真诚交流和磨合后的默契。从班级宣传委员，到学生会秘书部副部长，再到如今电气工程学院学生会主席团的一员，学生工作在她的大学生活中从未缺席。

曾有朋友问她，三年都待在学生会里，不会腻吗？她回答得坚定果断：当然不会。也许，每年的工作有重复或者相似之处，但更多的是变化：全新的视角、全新的思考问题的方式，每年的她也是一个全新的她。

大一时，她在电气工程学院学生会担任秘书部的干事，她知道自己对学生工作、学生会的工作需要有一个从陌生到熟悉的过程，于是把“认真做事”作为自己的准则。她也的确在秘书部的工作中学到了严谨的处事态度，有计划有条理的工作模式以及对细节的考虑与把握。大二成为秘书部的副部长，在年会上进行部门工作总结汇报，让她能初步从整体的视角去看待秘书部甚至整个学生会的工作。她体会到部门之间的配合、部门内部的交流，都需要花费心思去构建桥梁、精心建设。

而学生工作的意义远不止个人能力的提升这一点，更重要的是，将为同学服务的宗旨铭记在心，将温暖进行传递。她至今仍感激 2019 年春天和辅导员老师的一次谈话。当她犹豫是否要竞选学生会主席时，老师曾提醒道，不要带着太强的目的性与功利心去做决定，也就是要理解“要弄清楚为什么出发”。最终，她带着热爱、带着责任、带着付出的决心登上了学代会的舞台。

她曾说“撒盐于烛，尽志无悔”，烛火代表一颗热忱的心，而盐则代表执行力，她希望二者相互碰撞，迸出火光，给大家带来一个更好的电气学生会。2019级迎新工作筹备时，她尽全力考虑与安排好每一个环节，争取给每一位新生留下难忘的入学第一天的记忆，感受到电气工程学院的温暖。从展板海报到红毯布置；从围合门口皮卡丘迎接到学办内外工作人员指引，她都倾注着自己的一份力量。

在学生会主席团的工作，让她更加懂得了承担、分工安排与情感建设的重要性。从干事到副部长再到主席团，不仅是工作侧重点有所不同，肩上承担的东西也越来越重。因为，成为主席意味着需要对学生会的活动与工作“负责到底”。学生会是一个整体，各部门的工作分工各不相同，如何调动大家积极性，如何合理安排一段时期乃至一整个学年的工作，都是值得仔细考虑的事。她积极加强学生会内部合作，从主席团的工作讨论，到与各部门部长之间的合作交流，再到整个学生会的破冰，她都十分重视。

最重要的是，她一直把学生会当成“家”一样的存在。刚进入大学的她像是海面上飘摇的小舟，遇见学生会就像遇见了岛屿，是方向，也是栖息之所。她感激曾经秘书部的学长学姐在工作与学习上带来的帮助以及生活中的大、小鼓励。而当她成为副部长时，也时刻记得将这种温暖进行传递，力所能及地分享学习经验，还有点点滴滴的生日祝福、圣诞礼物。两年过后，她选择继续留下，继续建设好学生会，进一步了解同学所需，最终更好地服务同学。

三年来，她曾获得东南大学校长奖学金、东南大学五四表彰“优秀团员”、2017—2018学年以及2018—2019学年东南大学“三好学生”、东南大学文化素质教育实践优秀奖、东南大学社会工作优秀奖、东南大学2019年大学生骨干研习营优秀营员等荣誉。就好像向日葵一样，追着光，奋力生长。相比于那些结果，那些荣誉、奖项，她更喜欢开花绽放的过程。

她时常想起大一、大二无数个跑操的早上。清晨的空气微凉却清新，一路上，她或许是放着音乐，或是听着中英文电台。对她来说，那是一段宝贵的内向自省的时间。理清繁杂的内心，就像理清道路上的杂草，也像拨开层层云雾，她愿始终向阳生长、追光前进。

推荐老师 曹 奕

师长点评

袁典同学积极要求进步，关心集体，尊敬师长，团结同学，能够在同学中起到模范带头作用。她学习态度端正，勤奋努力。课上勤于思考，课后能广泛参加学科竞赛活动和社会实践活动，学习成绩在年级中名列前茅，是个全面发展的优秀人才。

电气工程学院 副教授 高 山

黄怡涵 HUANG Yihan

■ 个人简介

黄怡涵，女，汉族，1999 年 8 月出生，共青团员，东南大学电气工程学院电气工程及其自动化专业 2017 级本科生。曾获 2018—2019 学年国家奖学金；第十届全国大学生数学竞赛国家级二等奖，2019 全国大学生数学建模竞赛省级一等奖，江苏省普通高等学校第十五届高等数学竞赛一等奖，等。

天道酬勤　功不唐捐

——记电气工程学院黄怡涵

对于黄怡涵来说，每一天都是全新的，充满着未知的挑战与意想不到的乐趣。她希望能在有限的大学时光里把自己锻炼成为一名全方面发展的高素质学生，两年多的大学经历对她而言，是一步一个脚印的成长，是一分耕耘一分收获的喜悦。优秀的人总是努力地，无论你有多少天赋，无论你对于自己的生活有什么样的迷茫，努力是最好的答案。

■ 不负韶华，笃行致远

背着书包来到图书馆或者教室，迎着朝霞度过周末时光，可以说是黄怡涵两年多的日常生活，除了学生会的日常事务，学习占据了她大部分的时间。这样的大学时光看起来有一些平淡，可是对于她来说，这看似单调的生活实际上却是最大的乐趣，她始终认为“高中的结束并不等同于学习的终止”“要有自己的核心竞争力”。此外，她也相信，大学学习并不等同于高中时期埋头于题海之中“鏖战”，而是需要加入自己的思考，并对自己今后的学习生活有统筹规划，通过学习打下基础、提高能力，从而为未来的深造、就业奠定基础。建造桥梁，必先打好基石；想做栋梁之材，必得有真才实学。

对于学习，她不敢有丝毫懈怠，一直保持认真勤奋的学习态度。虚心、坚持、学会适应，她一直以此为标准严格要求自己。书山有路，学海无涯，无论是初入大学时新接触的基础课、略显艰深的专业课，还是轻松有趣的选修课，她都以最认真、最渴望的心态去学习探索。在学习之余，她还利用课余时间阅读了许多与专业有关的文献资料，并在平时经常与同学就难懂的知识进行讨论，在无涯的知识中提升自我。

学你所爱，爱你所学，浓厚的兴趣和严格的自我要求使得黄怡涵获得了不俗的成绩，她在大一学年平均绩点 4.651，大二学年平均绩点 4.473，两年均排名年级第一，英语四级和六级考试成绩优秀，获得了国家奖学金及东南大学学习优秀生、三好学生等多个荣誉称号，在学习的这条道路上，她一直在前行。

■ 仰之弥高，钻之弥坚

大学，是一个让人更好地发现自己、展示自己的地方。秉承这一理念，黄怡涵在认真学习、提高自己的同时，也积极参加各种各样的竞赛活动。她知道各类竞赛是对个人各方面能力的锻炼与考验，希望能在参加竞赛的过程中得到书本以外的提高与锻炼，培养自己的创新实践能力以及团队协作能力。在大一下半学期，她报名参加了江苏省普通高等学校第十五届高等数学竞赛，这样除了需要进行其他课程所学知识的复习并完成相应作业外，她还要在每周六参加高等数学竞赛的培训，这增加了她的学习压力。她一直认为自己不是一个特别聪明的人，也没有想过自己能在竞赛中获得很好的奖项，但她乐于挑战、勇于尝试、善于钻研。努力总会有回报，在进入大学以后参加的第一个省级竞赛中，她获得了一等奖。

进入大二，虽然高等数学相关课程已经结束，但为了准备第十届全国大学生数学竞赛，她仍然坚持每周进行相关知识的复习，在思考钻研中获得提升，这让她收获了第十届全国大学生数学竞赛二等奖的成绩。除了个人能力的锻炼，她还在参加全国大学生数学建模竞赛的过程中体会到了团队合作交流的重要性。数学建模竞赛时间较短，任务量大，如何使个人在团队中发挥最大效用，是竞赛中至关重要的课题。为此，她和小组成员在暑假期间留校参与相关培训，在一次次的培训锻炼中熟悉竞赛节奏和做题思路，提升解题建模能力，优化工作分配，功不唐捐，她和小组成员在2019全国大学生数学建模竞赛中获得省级一等奖。对于黄怡涵来说，积极参与竞赛的过程，是挥洒汗水付出努力的过程，也是在收获奖项的同时不断挑战尝试、得到突破、获得提升的过程，竞赛之路是一条硕果累累、收获颇丰的成长路。

■ 潜心科研，磨砺才干

知识就像一座大楼，向上攀爬时，会越来越觉得自己的渺小与顶端的遥不可及，逐渐接触科研任务之后的黄怡涵也一样，体会过成功解决难题的喜悦，也遇到过科研瓶颈，这些经历推动她不断前行，也让她感受到自己的渺小。科研是对学术的追求，黄怡涵也将对科研的热爱化为上下求索的行动。“我觉得对知识的敬畏感是每一个人都应该有的，这种敬畏感会提醒你要做的事情还很多，还有很多未知的事情值得被思考、被发现。”

老师的指导与她在课堂的学习是她科研之路的开端，在跟随老师进行科研的过程中，她逐渐明白科研是怎么样的，该如何进行，要注意些什么。得益于每位老师优秀的教学水平和身边良好的学习氛围，她从大二就开始参与SRTP项目的研究并作为项目负责人，项目名称为“基于合作博弈核仁法的分布式交易博弈策略的研究”，指导老师为喻洁副教授。得益于学校的政策，她在被评为学习优秀生后可以在本科阶段选择导师进行进一步的科研探索与学习，阳辉老师作为她的本科生导师，为她讲解了电气工程学院三个专业方向的具体情况与前景，并为她提供了SRTP项目课题“新型磁场谐振式电机的研究”，老师的指导与帮助，提升了她的创新精神与实践能力，拓宽了她的知识面和学术视野，提高了她对课程及学科发展的深层次认识，使她不断地在学习与探索中进步。

■ 润物无声，感受美好

当你开始拥抱世界，世界也会慢慢拥抱你；当你认真承担责任，认真对待每一件事情，生活也会充满温暖与美好。

刚进入大学，她就加入了电气工程学院小红心志愿团队，在每周末给殷巷社区的孩子们进行科学和人文知识的授课；跟随团队到清水亭小学进行志愿服务活动，与孩子们进行交流；在暑期社会实践活动中，对殷巷社区的孩子们进行辅导活动，组织开展了丰富的文体活动。

在暑期社会实践中，从最初的实践工作设想，到准备策划，再到宣传实施，虽然在整个过程中她和组员遇到了很多问题和困难，但所有小组成员一起解决问题的过程，对她来说是一种成长与收获。在与社区人员解决有关场地和人员出入问题的过程中，她懂得了与人诚挚沟通的重要性，磨炼了待人处事的能力，在真正教学过程中，深刻了解到学习知识与传授知识的不同。实践活动遇到问题时的每一次讨论解决，每一次与家长们的沟通交流、和孩子们的交谈，对她来说都是一次难得的锻炼机会。面对年龄较小的大多是大班到三年级的孩子，怎样通俗易懂又有效地教授知识，怎样引导他们在课堂上的注意力，是她在实践活动中遇到的最大难题。根据学生的年龄，她和组员选取了一些适合他们的课程，并相对合理地安排了上课与课间休息时间，以各个教学小组为单位充分备课，寓教于乐，琢磨与孩子的沟通交流方式。在她看来，暑期课堂活动是时代的产物，赋予了大学生实现自我价值、锻炼自我能力的良机，让大学生们在实践中懂得了当代青年学子的责任与担当，使实践观念真正得到升华。

她积极承担学生工作，从大一到大三均在科技部为学院同学进行服务，参与组织 SRTP 项目管理，协助讲座规划、院创新实验室管理，帮助举办各类竞赛的经验分享活动。

在这些认真付出的过程中，她充分认识到志愿活动和学生工作的重要意义。通过参加这些活动，让她第一次对自我有了准确的定位。她不断加强相关业务的学习，并不断总结工作中的经验，用发展的眼光解决实际问题，认真完成老师交付的各项工作，并勇于创新，开拓思维。她与学生会其他同学一起用心组织学院举办的各项活动，每一场活动都力臻完美。她说，不同于优良的成绩很容易获得父母、老师的夸赞，没那么容易赢得同龄人的认可，但在学生会工作的经历让她真实收获了来自同龄人的肯定。

■ 以梦为马，砥砺前行

态度未必决定一切，但端正的态度能带领人走向正确的道路。她始终记得大一第一节思修课上老师提出的关于个人未来的思考，她始终努力用一种理性的态度去考虑自己的前途，去思考自己的价值所在，去思索自我价值实现的过程。

一个优秀的人，是全方面发展的，她一直认为，学习是至关重要的一个方面，但除了学习以外，还要具备极强的自我管理和自我反思能力、良好的行为习惯和优良的文明素质。作为当代大学生的一员，作为国之栋梁的一分子，同时，也作为最普通的社会成员，她怀感恩之心，担社会责任，并不断前行。

推荐老师　曹　奕

师长点评

黄怡涵同学热爱祖国，乐观向上，善良诚恳，勤奋踏实。学习上，她有较强的自学能力，有较好的自主创新能力，能积极参加各类学科竞赛，成绩优异。工作上，她主动承担学生工作，有较强的协调组织能力。

电气工程学院　院长助理、副教授　阳　辉

彭芷馨 PENG Zhixin

■ 个人简介

彭芷馨，女，汉族，1999 年 5 月出生，入党积极分子，东南大学外国语学院日语系 2017 级本科生。曾获东南大学校长奖学金，课程奖学金；东南大学优秀学生干部、优秀团干、优秀团员、大学生骨干研习营优秀营员、十佳主持人等荣誉称号；全国大学生英语竞赛国家级二等奖，文化素质教育实践优秀奖，等。

领军至善　素履以往

——记外国语学院彭芷馨

■ 领军路上，步履不息

彭芷馨同学是一位有上进心、有责任心的班级和社团骨干。在大一刚入学时，怀着对大学生活无限的憧憬与期待，她加入了四个社团组织：文化素质教育中心公关部、校学生会外联部、青年志愿者协会项目部与模拟联合国人资部。作为校学生会的一员，她认真对待每一项工作，以更好地为东大学子服务。在文教中心，她积极担任人文讲座主持，为东大人文精神的传播添砖加瓦。在青协，她活跃于各种志愿活动，期待在小小的奉献中提升自我。此外，她还积极参与班级建设，担任班级心理委员，密切关注同学们的心理健康。虽然社团活动和工作占据了她许多时间，但她始终如一地重视课业学习，大一学年的绩点名列全系前 20%。同时，她在社团活动中结识了许多志同道合的好友与无比优秀的前辈，掌握了各种课本里学不到的技能，积累了丰富的学生工作经验。

在文教公关部的工作带给彭芷馨同学最多的是成长和感动。在部门中，她学习了基本的讲座主持技巧，积累了组织大活动的领导经验，也在一场场讲座中体会到了东大人文精神的熠熠生辉。在大二开学那年，彭同学成为文化素质教育中心公关部新一任部长。同时，又踊跃地承担了班级团支书这一职位，积极参与团支部建设。

2018年暑假，彭同学积极参加了第四期东南大学大学生骨干研习营。这是东南大学“青年马克思主义者培养工程”专项活动，也是东南大学培养青年学生领袖和骨干精英的重要平台。在研习营中，她聆听了数位名家的讲座：从校党委书记左惟书记的讲座中，懂得了以何种姿态站在历史交汇期；在团中央学校部副部长廉思部长的演讲中，认识到当代青年工作的内容方向以及青年价值观的变迁；在解放军南京陆军指挥学院张政文教授的分享中，从全新的角度认识到当今我国的战略安全形势……十三位来自社会各行各业的专家字字珠玑，令她在不断地学习中逐渐明确了作为一名“大骨头”的责任与担当：涵养家国情怀、责任担当、大爱仁心以及精英领军气质，努力成为一名“青年马克思主义者”。

在理论学习之后，彭芷馨同学积极参与大骨班的班级建设。她主动请缨，担任学习小组组长。从班级教室的精心布置，到小组任务的准确分工，再到代表小组学习成果的展示都一一关心。学校中有声公共活动室缺乏、部分路灯设置不合理、自行车摆放缺乏有效管理……她与班级同学一起用敏锐的眼睛发现校园里存在的问题，共同撰写了青年议事厅提案，代表班级展示成果，获得了校长特别事务助理和团委老师的一致好评。

随后，作为组长，在回访领军校友的工作中，她积极联系东大校友摩尔精英创始人张竞扬先生，并重点负责电话采访。在与杰出校友的交谈中，她体会到中国半导体行业发展道阻且长，需要领军人才开辟新道路，为祖国添砖加瓦。班级赴句容调研，拜访茅山新四军纪念馆，重温铁军精神，她感受到了当代青年义不容辞的使命，家国情怀应当在每个青年心中留下烙印。

她在骨干研习营中，不仅负责任地履行了组长的职责，更在与组员共同学习的过程中逐渐培养了理论修养、家国情怀、领军意识和精英气质。结营仪式上，她代表大骨四班上台领奖，并获得了“优秀营员”的荣誉称号。

随后，作为优秀营员的她加入了第一届至善领军计划，深入进行理论学习和实践调研，为成为一名合格的青年马克思主义者与领军人才而努力奋斗。

■ 建设班团，扬帆远航

作为 172172 支部团支书，彭芷馨同学注重支部建设，积极组织开展团日活动与团课。

习近平总书记在十九大报告中指出："青年兴则国家兴，青年强则国家强……中国梦是历史的、现实的，也是未来的；是我们这一代的，更是青年一代的。"故她选定"青年梦·中国梦"为主题，展开了"我们的 2035"团日活动。她巧借丰富多彩、喜闻乐见的形式，带领整个支部在小小的团日活动中将憧憬与梦想碰撞。让大家在纪录片中感受到中国"已实现的梦"，在心愿瓶中寄存自己"小小的梦"，在歌声中展望"中国的梦"。每位同学都走上讲台描绘家乡的变迁，体会国家十年的迅速发展。经过这次团日活动，支部成员对于"中国梦"有了更清晰的认识与更深刻的体会。

在她的带领下，172172 支部积极开展团课学习。随着外国语学院学生出国率日益增长，她结合实际情况，选定展开反间谍主题的团课。支部同学们积极了解国家安全相关的背景知识，深刻体悟了间谍行动的真实性，认识到间谍的危害和反间谍的必要性，为以后的留学生活敲响了警钟。

由于 172172 支部同学成绩优异，支部积极开展团日活动，故而支部成功获得了"先进团支部""甲级团支部"的荣誉称号，还获得了代表外国语学院参与东南大学国旗团支部答辩的宝贵机会。

为了准备这次重要的答辩，彭芷馨与辅导员武老师、班长栾霏同学积极沟通讨论，寻找答辩的中心主题与答辩思路。如何在答辩中讲好支部故事，将支部同学的优秀之处和支部集体的成果生动地展现出来呢？仔细观看了历届国团答辩以及最具影响力毕业生的视频资料后，彭芷馨的脑海里闪耀着一丝丝灵感。最终，“梦想”这个词语在她心中留下了深刻的印象。于是她召集班内同学进一步讨论主题。经过集思广益及反复斟酌推敲，主题终于诞生：星辰大海，梦想启航。“是梦想家，更是实干家”的班级口号、“心怀梦想，砥砺前行”的优良班风是172172支部每位成员心怀梦想的见证。支部人数虽少，却能将微小光芒汇成星光大海，让青年梦想扬帆起航。

确定了主题，她更有了信心和干劲。接下来就是如何组织答辩的思路。经过细心推敲，她决定为答辩列几个副标题，将“星辰”与支部相连：星辰物语、齐展风采，将支部12位明亮之星比喻为和式印象里优美的十二月份，展示每位支部成员的特色与优秀；星辰光芒、闪耀当下，支部成员的成绩、竞赛、体育等方面的综合素质完美展现；星辰轨迹、坚定不移，结合具体活动展示支部建设的累累硕果；星辰辉辉、光芒璀璨，集合支部成员的荣誉奖项，体现出彩的个人能力；星辰皎皎、银河漫漫，体现外国语学院学生的日语学习生活特色；星火点亮、照耀远方，体现同学们作为志愿者踏着爱的脚步走遍大江南北；星光启航、梦想远方，歌唱外院学子的家国情怀和宏伟志向。

初稿完成后，在武老师的帮助下，她进行了多次修改，最终确定讲稿。为了增加答辩的观赏性，她组织支部同学排练了合唱日语歌曲《未来》。同学们应该在哪个时间节点上台，合唱的队形与肢体语言如何安排，怎样控制时间不超过7分钟……在把理想付诸实践中，问题层出不穷。但彭同学并不气馁，她以耐心的态度和缜密的思考一步步地解决这些棘手小问题。

修改幻灯片展示内容的大小，使台上的同学与展示背景相融；观看网络表演视频，打造舞台上11位同学美观大气的队形与姿势；修剪背景音频，使表演时间精准卡在6分50秒以内……解决问题的思路已经浮现，彭芷馨同学担任指挥，合理分工，与支部成员共同完善这一场答辩。经过不断的修改，最终她作为主讲人代表全体支部站到了国团答辩的舞台上，向东大师生展示外国语学院支部的闪耀光芒。在她的带领下，支部获得了东南大学国旗团支部入围奖。

■ 提升自我，止于至善

在兼顾班级、社团事务的同时，彭同学保持昂扬向上、丰富自我的态度，积极加入至善讲解团、青年志愿者协会，热心投入志愿服务活动。“南京江宁春牛首”国际马拉松翻译服务志愿者、新生参观四牌楼校区讲解志愿者、二楼南书房图书馆志愿者、“博爱微光，关爱至上”志愿者、军训服回收志愿服务者、绿植领养宣传服务志愿者……她的志愿足迹走过了南京的许多角落，在奉献他人的过程中收到暖心的微笑与肯定的赞许。

除此之外，她对学习也投入了无限的热情。大一下学期学习雅思，备考日本语能力考试，在暑假获得了雅思总分 7.5 分与日本语能力考试 N2 的证书。同时，她对于专业学习也从不懈怠。2017—2018 学年，获得了“日语会话 2”的课程奖学金；2018—2019 学年，以 4.346 的绩点位列日语专业第三，多门课程获得满绩。

同时，她也积极培养个人兴趣。作为文化素质教育中心公关部部长，她主持过多场东南大学人文讲座，从一开始的怯场到后来的落落大方，不断磨炼自己的主持能力。她还是文艺活动的积极分子，能歌善舞，参加江苏省樱花杯日语才艺大赛并获得总决赛优秀奖；参与话剧表演，获得“华彩绽放”英语话剧大赛校级三等奖；热情朗诵，收获“向经典致敬”诵读竞赛校级三等奖；挑战自己，走上更大的舞台，成为东南大学“谁主沉浮”主持人大赛十佳主持人。作为至善领军计划的一员，她积极参加暑期实习活动，到南京市文化和旅游局体验，积累经验。她耐心、细致的工作态度获得了办公室老师的一致好评。

领军至善，素履而往。彭芷馨同学作为班级社团骨干认真对待每项工作，积极建设有凝聚力、有竞争力的班级、社团集体。与此同时，她秉承着“止于至善”的校训精神，不断要求进步、追求卓越。

推荐老师　刘克华

师长点评

彭芷馨同学学习认真，成绩名列前茅。她品德优良，注重思想引领，在兼顾专业学习的同时，担任班级社团干部，具有强烈的集体荣誉感。她积极参加大学生骨干研习营、至善领军计划，积极参加各项文艺活动，取得了不凡的成绩。

外国语学院　副院长、副教授　刘克华

王开智

WANG Kaizhi

■ 个人简介

王开智，男，汉族，1998年10月出生，中共预备党员，东南大学化学化工学院制药工程专业2017级本科生。曾获东南大学校长奖学金，德威奖学金；东南大学优秀学生干部、三好学生、优秀团员等荣誉称号；东南大学第九届创新体验竞赛三等奖，社会工作优秀奖，等。

以梦为马　不负韶华

——记化学化工学院王开智

王开智，一个积极向上的学生，一个爱尝试的挑战者，一个敢于改变的创新者。以梦为马，不负韶华，他在最好的年华中做着让他无悔的事情，他沿着梦想的指引，坚定不移地前进着，展现着当代大学生应有的风采。

勤奋刻苦，笃学尚行

学习是学生的第一要务，这一点他永远不会忘记。在大学生活里，他刻苦勤奋，努力务实，抓紧分分秒秒学习各门课程，在知识的海洋里遨游驰骋，取得了理想的成绩，在 26 门课程中，21 门课程成绩在 90 分以上，学年绩点 4.126，专业排名第三，累积绩点达到了 3.9，专业排名第一，并且通过了英语四六级考试。“宝剑锋从磨砺出，梅花香自苦寒来”，他因参加的学生工作较多，所以能留给学习的时间非常少，但是他充分利用空余的时间努力学习，他见过深夜 1 点和清晨 6 点的教学楼。他深知学习的重要性，并且对自己的要求也非常高，努力争取把各门课程都学精，而不是混个及格或者应付考试。

■ 工作实践，服务同学

大学是一个非常好的学习平台，不仅仅有知识上的学习，也有各种能力上的学习。2018—2019学年他担任了班长、国防军事实践团自训教官训练营营员、院学生会体育部部长、乒乓球协会组织部副部长、本科生党支部组织委员、190182班班辅导、招协宣传部干事、招生办助管共8个职务。现担任班长、院学生会副主席、国防军事实践团自训营副营长、乒乓球协会副会长、本科生党支部组织委员、招生办助管。这么多岗位，他却在每一个岗位中都表现得非常出色。进入大学前他并没有什么学生工作经历。进入大学之后，抱着锻炼自己、服务他人的态度，他加入了化学化工学院学生会体育部，这对他来说是一件非常值得庆幸的事情。在体育部当干事的一年里，他的各种能力得到了很大的锻炼，也让他感受到将想法变为现实的成就感。此后，他第一次担任了班长，并很快熟悉了班长的工作，尽职尽责地把班级建设成一个团结友爱、学风优异的大家庭。在担任院学生会体育部部长期间，他对自己和部员都要求很高，最终在各项校级比赛中，化学化工学院都取得了非常好的成绩，其中校运会历史性地获得了237.5分，雄踞本科乙组第二名。此外，他主要负责举办了化学化工学院第一届“科百特—传承杯”乒乓球赛、数理化第一届篮球争霸赛、3V3篮球班赛、体育活动表彰大会。每一场活动他都非常注重细节，使所有的活动都成功地举办，并广受好评。因其在学生工作上的优异表现被评为东南大学优秀学生干部。

■ 志愿行动，奉献力量

有一种生活，只有经历过，你才知道其中的艰辛；有一种艰辛，只有体会过，你才知道其中的快乐；有一种快乐，只有拥有过，你才知道其中的纯粹。对他来说，志愿者，已不再是简简单单的一个称号，而是一种荣誉、一种社会责任。 作为一名大学生，他积极投身于学校以及社会志愿者工作中去，认真负责、恪尽职守，具有团队合作精神。 无论在校内还是在校外，都努力做好自己应该做的事。

刚入大学的他，在学生工作之余选择成为长期义务家教志愿者，帮助一名初二的小男生克服学习上的困难。 此后，他前往紫金山打扫卫生，呼吁大家爱护公共环境。 在大一暑假期间，他成为一名贫困新生的家访走访志愿者。 在这个过程中，他努力克服晕车症状，为节省花销睡过火车站，在队友提前返程的情况下一个人坚持走完最后一家，最终，他走访了 6 个新生家庭，为他们送去了来自国家和学校的关怀与温暖，也为他们描述了多彩的大学生活，以一个学长的身份为他们提供了很多建议。 在 2018 年、2019 年暑假，作为一名暑期招生宣传志愿者，他细心地解答每一位考生和家长的问题，为新生打包好精美的录取通知书并寄送。 在 2019 年，他通过面试成为南京江宁春牛首国际马拉松志愿者，经过前期培训以后，当天凌晨 4 点多他从学校出发，冒着小雨出色地完成了此次志愿者工作。

志愿精神的真谛是用爱心去帮助需要帮助的人，它能鼓励更多的人一起去传承这种精神，这是他做志愿工作的一个信条。 个人的力量也许是微小的，但是就是这些微小的力量可以汇聚成一股令人无法想象的巨大力量。今后，他也会积极参加各种志愿者活动，并且带动更多的人参与其中。

■ 迷彩青春，教官担当

从小，他对军队、军人十分的崇敬和向往。 当看到学校招募首届自训教官训练营营员时，他坚定地报了名。 在经过严格的政审、体检和面试之后，他正式地成为一名自训营营员。 那段时间每天早上 5 点半起床，训练一个多小时再去上课，以及周六全天训练的生活虽然让他身体上疲倦不已，但是精神上却是非常的饱满和积极，因为他正在做他所热爱的事情。这样的训练生活持续了一个月之后，他进入了暑假为期 10 天的集训，每天早上6点半到晚上9点的高强度训练没有动摇他的想法，最后他以优异的成绩通过了考核并正式成为了2019级新生军训的一名自训教官。在2019级的军训中，他与另外两名自训教官共同完成了自动化学院81名新生的带训任务。在军训的过程中，他不仅教授新生军事上的动作，更注重对他们意识和态度方面的培养。他不畏艰辛，一遍遍地给学员们示范讲解，带着他们训练各种队列动作；他注重细节、严格要求，又循循善诱、诲人不倦，每一位学员在往后的生活中都能实现自己的人生价值是他最殷切的希望。因带训过程中的优异表现，他被任命为国防军事实践团自训教官训练营副营长，负责培养下一届新生军训自训教官。目前，大三的他依旧需早起带领新自训教官训练营营员们出早操，可是他却非常乐意，因为他有着那一份情怀和担当。

■ 自律自强，多彩生活

他也非常注重体育锻炼及体验多彩的大学生活。他热爱运动，球馆、操场经常能看到他运动的身影。热爱乒乓球的他除了认真在球馆练球之外，也会花时间去读乒乓球相关的书籍，最终他的乒乓球技大有长进，并获得了化学化工学院第一届“传承杯”乒乓球赛的冠军。此外，他也非常积极地带动身边的人走进球馆，培养他们对乒乓球的兴趣。热爱跑步的他，经常围绕学校进行跑步锻炼并积极参加各种跑步比赛或活动。

除培养自己的各种兴趣之外，他还利用课余时间在招生办勤工俭学，目前勤工俭学时长达到了800多个小时。此外，他还积极参加学院和学校的各种文艺活动，如新生文化季闭幕式汇演、化学化工学院军训慰问演出等。在学术活动上，他积极参加各种讲座、创新体验竞赛、结构竞赛、2019年江苏省大学生万人计划“筑梦化工”学术冬令营等。

■ 心怀感恩，砥砺前行

他深知，是父母、老师、学院和学校的培养造就了今天的他，他也一直用自己的努力来证明这一份期许没有白费，用实际行动给予他们回馈。作为一名制药工程的学生，他的梦想是造出更好的治疗疾病的药物，为身处绝境的人带去希望，减轻病痛。他知道造出一种新药是非常难的，可这并不影响他的热情和动力，相信他会在这条路上一直走下去，成为那个他常说的对学校、社会、国家有用之人。

推荐老师 周亦珩

师长点评

王开智同学是一个有想法、有行动力、有追求的男生。他对自己要求十分严格，综合素质很高。他不仅在专业学习、实验技能上是优胜者，在学生工作上表现也非常突出。我认为他是一个很优秀的学生，而且有着很大的发展潜力。

化学化工学院　副教授、192171 班班主任　陈飞虹

薛　婧

XUE Jing

■ 个人简介

薛婧，女，汉族，1999年8月出生，共青团员，东南大学化学化工学院化学专业2017级本科生。曾获国家奖学金，德威奖学金，课程奖学金(9科)；东南大学三好学生标兵、东南大学学习优秀生等荣誉称号；国际基因工程大赛金奖，全国大学生数学建模竞赛二等奖，日日顺全国物流大赛铜奖，卓越联盟实验设计竞赛二等奖，2019年校级社会实践二等奖，2018年院级社会实践二等奖，等。获国家创新发明专利证书。

一路逐梦　一路成长

——记化学化工学院薛婧

■ 国家有梦，她亦有梦

2019 年 10 月 1 日，是中华人民共和国成立 70 周年纪念日，在这一天的阅兵仪式里，薛婧看到了祖国 70 年的蜕变、70 年的成长，为祖国感到骄傲震撼的同时，她也感受到了身上的责任与担当。新时代的中国有着新的追求，新时代的少年应当积极响应祖国的号召，努力成为国家栋梁，为祖国的建设贡献自己的一份力量。

少年强则国强，国有强国梦，她亦有少年梦。

自踏入东南大学的第一步起，她就告诉自己，这里是一个全新的平台，她决心用在这里的大学时光书写属于自己的华丽篇章。汗水、泪水，勤奋、努力，所有的一切都将成为未来道路上她引以为傲的经历体验。那时起，她开始有梦想，也是那时起，她告诉自己收起懒惰、收起挥霍，把心打扫干净，全面发展，为了梦想执着努力，以后的她会感谢曾经的自己。逐梦的两年里，她看过凌晨 3 点的夜空，她见过空无一人的化工老楼，她是教学楼被锁门阿姨催促的常客，她是课堂上永远坐在第一排和老师互动的学生，正是这样的她，把自己一步一步塑造成同学们和老师们眼中的学霸。

她曾有一个梦，那个梦是：永远青春，永远热泪盈眶。

她曾有一个梦，那个梦是：即便平凡如尘，也要散发光芒。

她曾有过大大小小的梦想，一路追梦，有成功有挫折，有欣慰有气饶，但回首两年的大学生活，这两个梦想是她一直在努力，也是一直在完善提高的。两年前她没有足够的自信，甚至不敢大声说出梦想，现在的她多了一丝勇气，可以说，她做到了一点点，她实现了一点点。

■ 永远青春，永远热泪盈眶

作为学生，沉迷于学习、竞赛、科研是天职与义务，也是梦想腾飞与向上的根基。唯有基础打牢，才可一步一个脚印走向未来的科学大厦。

作为化学系的科学人，在学业上，薛婧兢兢业业，不对学术问题有一丝纰漏或是懈怠；在科研上，要求自己不拘泥于课本，勇于创新，大胆实验；在竞赛上，要求自己不受限于专业，跨学科学习各个领域知识，尽可能多地掌握各个基础学科基本知识要领，为今后的科研道路做好铺垫。

自高中起，薛婧便开始走入大学实验室参观学习，高中的她曾参与并组织过有关超疏水结构的研究课题，在家乡大学老师的指导下，她的课题成果成功申请到国家级创新发明专利证书，2017 年冬天，她作为第一发明人获得证书。自那时起，她明白所有的付出都是值得的。

大一的她走入东南大学化学化工学院张袁健老师课题组实验室，着手进行含铁催化剂的制备研究工作，年纪小小的她在课题组初次亮相便引来了师兄师姐们的关注，一个年纪轻轻的本科生却对自己有着极高的要求与清晰的规划，那一天起她给在座的研究生们留下了深刻的印象。后来，一个又一个日夜，她见过晚上 11 点月光笼罩的化工楼，也见过早上 6 点空寂的实验室，这些努力与付出，奠定了她追梦的基础，也奠定了日后腾飞的根基。

在大一一年的积累下，通过摸索、前进、思考、总结，她的能力由本科生水平上升到研究生水平，新来的实验室的师兄师姐们总会误以为她是研二或研三的学生。功夫不负有心人，大二上学期，她凭借自己的积累与成果，成功获得独自一人承担国家级创新创业项目的资格。

科研之外，她热爱竞赛。大二的一年里，学业不再像大一那么繁忙，课余时间的薛婧积极参加各类竞赛，一个又一个通宵的努力，最终换来了一张又一张的获奖证书。不拘泥于课本，不受限于专业，她跨学科学习各领域知识。从数学的建模、土木的结构、经管的物流，到机械的创新创意、生医的基因工程，她习惯了凌晨的静谧，为的是将化学与科学紧密融合，有朝一日，用专业知识推动科技的进步。

参加竞赛的时光里，她结识了许多志同道合的朋友，也收获了难能可贵的国际交流机会。2019 年 11 月，作为东南大学 iGEM 基因工程大赛代表队成员之一，她与生物医学与工程学院带队老师一同前往波士顿的麻省理工学院参赛并获得金奖。作为中国队参赛队员，她在为祖国争得荣誉的同时，也为学校夺得了一份荣誉。

学习、竞赛、科研，她取得了属于自己的荣耀，在青春的道路上，她一路拼搏，追逐着属于自己的梦想。她为之自豪，却并不骄傲，因为这是学生的天职。

■ 即便平凡如尘，也要散发光芒

作为新时代的脊梁，不仅要学习，还要有责任、奉献、担当，这是梦之温暖与爱的种子。

两年来，从初来乍到的“小白”到老练的副班，从不谙世事的孩子到资深的班导，从一无所知的茫然到身着西装的干练，在社团、学生会、校团委、班委等大大小小的组织里，她肩负的是基于班级与学校的责任。从策划团日活动、举办班级聚会，到拉赞助、主持团委比赛、接二连三的演讲与会议，一切的挑战都使她羽翼丰满，也让她收获了两个愿意为之拼搏的家，一个叫 2017 级化学班，另一个叫创实。

即便是微尘，也要散发光芒，辩论、志愿、服务、社会实践，每一个看似渺小的角色都是一个全新的体验，她所梦想的是做一个能在社会中发光发热的中华少年，能飞向远方，播下温暖与爱的种子。南京地铁志愿者、青岛马拉松志愿者、学院辩论队主力、防止校园霸凌社会实践队员、出走世界义工组织志愿者，大大小小的角色拼起了她的大学时光，也终究将她塑造成一个她梦想成为的人。

逐梦路上，她曾遇见一群可爱的孩子，一群拥有阳光般笑脸的孩子。2019年寒假，薛婧作为国际义工组织的一员前往巴厘岛支教，她将一颗最真挚、最炽热的心展现给这个迷人的小岛，让中国印象烙进每一个孩子的心底。作为国际志愿者，她不仅仅代表自己走进印尼，更代表了她的祖国——中国，她告诉自己，要用自己的努力，让异国的朋友听到中国友人的声音。于是，课堂上组织学生积极互动，课堂下在全球社交软件上倾听鼓励，往返学校的大巴车上一刻不停地讨论课堂计划，课余时间在商场里购买课堂道具，在宾馆凌晨挑灯备课，午夜伏案制作分别时的手工艺品礼物……所有的这些，都是因为她努力想要在孩子们心中留下这样的印象：最关爱学生的老师，最善解人意的朋友，最尊重习俗的游客，最不忍心送别的中国朋友。临走时，孩子们送给她一张心形卡片，上面写着她的名字Magic，他们说，她像有魔法一样总能带来快乐，他们想成为像她一样的志愿者，来到中国，传播爱的声音。

推荐老师　周亦珩

师长点评

薛婧同学是一个性格开朗、有目标、有追求的女生，身上洋溢着青春的气息。她综合素质很高，对自己要求也十分严格。不仅在专业学习、实验技能上是佼佼者，平时也经常参加竞赛活动并取得了可喜的成果。我认为她是一名很有培养前景的学生，相信她在本科阶段所得到的各方面锻炼一定会有利于她未来的深造。

化学化工学院　副教授　程　林

谢　凝 XIE Ning

■ 个人简介

谢凝，女，汉族，1999年10月出生，共青团员，东南大学交通学院交通工程专业2017级本科生。曾获国家奖学金，茅以升铁道教育希望之星奖，中南助学圆梦一等奖学金；东南大学三好学生标兵等荣誉称号；第十二届全国周培源大学生力学竞赛三等奖。

点点星光　灼灼其华

——记交通学院谢凝

唯有我们觉醒之际，天才会破晓。破晓的，不止是黎明，太阳也只不过是一颗晨星。她愿做那个觉醒之人，愿做那颗燃烧着划破黎明的星子。

两年的时间里，有迷茫彷徨、孤独挫败，也有成功喜悦，谢凝从初入大学时懵懂青涩的高中生，到如今冷静沉着的大三学生，没有改变的是那份一往无前的勇气，那份舍我其谁的锐气，没有忘记的是“为天地立心，为生民立命，为往圣继绝学，为万世开太平”的使命。从日常学习到科研创新，从志愿服务到学生工作，她小小的身体里总蕴藏着巨大的能量，像一把干柴能随时迸出熊熊火焰驱散所有黑暗寒冷；她明朗的笑容总绽放出无尽的从容，像一池清水能荡涤所有阴霾焦虑。

■ 初生红日，耀然天际

经过大一一年的认真学习与对专业的了解，谢凝选择了交通工程专业，并进入茅以升班进行学习。在这个温暖的大家庭中，她感受到了周围同学们的刻苦努力与善良友好。大一一年在交通学院学生会交通科技俱乐部和研学部的经历，让她深深融入了这个集体、爱上了这个集体，想要让这个集体变得更好、更有爱，想要把给予她的那份感动传承下去。在班级和部门之间，谢凝选择了留在交通学院学生会交通科技俱乐部和研学部担任副部长，带领大一的小部员们为学院做出更多贡献；同时，她也选择了担任班级学习委员一职，协助班长完成班级各项事务，为班级同学服务。也许前路漫漫，布满荆棘，但她明白，这是挑战，也是老师们和同学们对她的信任。“路漫漫其修远兮，吾将上下而求索”，责任越重大，挑战越多，越要勇往直前。

每一位同学对谢凝的评价都是“努力成为更好的人”，每一位部员都知道谢凝对部门的要求是“努力成为更好的自己”。“努力成为更好的自己”成为谢凝一直不懈的追求，是谢凝从未停止追寻的目标。海明威曾说过，“真正的高贵不是优于别人，而是优于过去的自己”，优于过去的自己，是一个不断成长的过程，是一个不断挑战自己、战胜自己、继续挑战的循环。这是对每一件需要完成的事情负责，也是对自己负责。

刚开学的日子并不像她想象的一样轻松——初为副部长的不适应、陌生科研项目的尝试，各方面的压力如排山倒海般压向她。除了接受挑战，她别无选择。每天六点半出现在跑操终点，第一个到教室开始一天的晨读，认真上好每一节课，完成每一道作业题，这是雷打不动的规律。一年后，当谢凝来到交通大楼，开始对新入部门的大一部员们进行培训时，看着现在这些对大学充满疑问、完成任务时经常会出纰漏的学弟学妹们，她一次次急得跳脚，却又想到一年前的自己，像他们一样对面前的任务一无所知，当年的副部长总是耐心地一遍遍指导帮助自己，没有丝毫怨言；想起了自己留在研学部的初衷——把研学部变成一个更好、更温暖的地方，让每一位研学部的部员都可以变成更好的自己。在研学部的一年里，除完成部门基本工作外，谢凝还创建了交通科技俱乐部和研学部的公众号“椒盐小王子”，每周搜集交通领域新闻及前沿科技进行科普，发布部门本周重要活动，提高部门影响力；建立了部门部员负责制度，每周由一位部员做临时副部长，负责本周所有活动的相关事宜，提高部员的主人翁意识。

■ 疾风烈火，冲天闪烁

随着学习和学生工作各方面事宜步入正轨，生活开始变得平静，但谢凝并没有停留在这样安逸的生活中，而是选择迎接新的挑战。大二刚开学，谢凝便加入过秀成老师的BLUESKY工作室，跟随师兄师姐们完成高平市、赣州市等城市的交通调研与规划，并在学期中担任“基于多源数据的城市微循环公交线路布设方法研究”SRTP项目组长。从开始对多源数据、城市可达性、微循环公交知之甚少，到最后完成整个项目，中间付出的心血和精力掩藏在星辰点缀的深夜中，埋藏在滴落于学校角落泥土的泪水中。完成对文献的检索后，谢凝率领组员开始了模型的建立。为得到更加精确的客流需求分布，她建立了完整复杂的客流特性分析及预测模型。首先基于公交IC卡数据的时空对称性筛选出通勤客流数据，结合用地数据、POI数据推断乘客通勤上下车地点，并分析其时空特性；根据已有的IC卡数据建立神经网络对近期客流的分布进行预测，以得到微循环公交线路的客流需求。在线路生成部分，建立以公交公司成本和乘客出行成本总成本最小为上层优化目标，线路直达率为下层优化目标的双层规划模型，以发车频率、站点数量、线路长度等作为约束条件。在完成理论模型的构建后，谢凝发现实际条件并不足以支撑她的模型建立——苏州仅仅一周的微循环公交IC卡数据量完全达不到神经网络的建立标准，而现实中公交公司长期亏损、公交公司利益难以测算等等。这些问题，几乎把她的模型全部推翻，两个月的努力付之一炬。满满的期望被突然浇灭，失去了前进的方向，谢凝心中那只叫作斗志的小兽奄奄一息。宛如坠入墨水一般浓稠的黑暗深渊，她不知所措，想要放弃。但是谢凝也明白，这些错误都是由于自己缺乏经验造成的，而成功是由一次次的失败堆砌而成的。摔倒一次可以推翻重来，摔倒两次可以推翻重来……摔倒千万次都可以推翻重来。生命中最伟大的光辉不在于永不坠落，而是坠落后总能再度升起。面对挑战固然需要勇气，但更勇敢的是直面失败却不被失败打倒。重新开始任务后，谢凝不断激励组员，调整研究方向，结合师兄师姐的建议和实际情况建立了四阶段法的客流预测模型和以乘客利益为主的线路布设模型，并运用遗传算法进行求解。经过一学期的努力，最终该项目被评为校级重大项目优秀级别。

接踵而至的各种挑战总会让人倦怠，但机会对每个人都是公平的，状态不好从来不能成为放弃拼搏的借口。尽管学生工作烦琐、科研任务艰巨，但谢凝丝毫没有放松学习。12 门课程满绩、均分 92.92 分、绩点 4.35 的成绩连续两年在专业排名第一。并不满足于简单地学习老师所教授的课程内容，谢凝更多地在预习的过程中思考知识中更深层次的内涵：如何将洛必达法则与泰勒公式展开联系在一起；理论力学、结构力学和材料力学之间的差异与共同点，如对梁受弯的计算思考，三种力学侧重的角度不同、计算方法不同，却又存在着实质上的相同点。从这样的角度出发进行思考，加深了她对知识的理解，也增加了她对所学课程的热爱。

■ 繁星璨璨，月光倾城

大学两年的时间里，谢凝不忘回报社会，积极参加各类志愿活动。每周的南京南地铁站志愿活动是一场与社会相遇的过程，站在入口闸机处，离开了学校给予的美好荫蔽，她在形形色色的人群中，看到载欣载奔归家的游子、迫于生计打拼的民工、外出游玩的家庭等。他们可能因为不懂得怎么使用那枚小小的地铁票、可能因为找不到迫切想见到的亲朋而焦急、不安，这时谢凝都会耐心为他们解决问题。这个世界上许许多多的幸福与苦难在车站切割、拼凑，让她加深了对“为生民立命”的理解。谢凝同样热心成为各种大型活动的志愿者——COTA 会议志愿者、交通学院院庆三十周年志愿者等，聆听交通领域的前沿技术、与 COTA 前任主席探讨青年人的学习使命、与知名校友交流学习的困惑，每一次遇见都是一次宝贵的经历，忙碌中，她体会着奉献的快乐，收获着充实的畅意。

时光荏苒，白驹过隙，进入大三后，谢凝没有放松对自己的要求。她感受到的温暖，来自生病时同学的问候、生日时同学的祝福，所以她选择担任茅以升班班长，尽自己最大的努力为同学服务，将自己最大限度地融入这个奋进且团结的集体。她明白，随着技术的发展，交通行业面临着巨大的机遇，也面临着巨大的挑战，只有不断充盈自己，提高自己的科研能力，才能跟上时代的潮流而不被淘汰。新的学期，她参加了“基于车路协同的驾驶人个性化辅助驾驶系统研究”项目和“低碳导向的县域城镇公共服务设施规划选址方法研究”项目，她想继续挑战。

前路必满布荆棘，可临碣石方能观沧海，谢凝时刻保持着那份一往无前的勇气，要去创造点点星光，灼灼其华。

推荐老师　罗　磊

师长点评

谢凝同学全面发展，不断提升自我；学习认真刻苦，科研方面不懈钻研，创新能力强；热心公益事业，积极参加学校、学院组织的各类活动，乐于助人，尊敬师长。

交通学院教授、中国城市规划学会城市交通规划学术委员会委员　过秀成

王心怡 WANG Xinyi

■ 个人简介

王心怡，女，汉族，2000 年 8 月出生，中共预备党员，东南大学艺术学院产品设计专业 2018 级本科生。曾获 2018—2019 学年校长奖学金；2018—2019 学年三好学生，2018—2019 学年优秀团员等荣誉称号；第七届全国高校“携手打击反腐败”作品征集校级奖，东南大学爱心周“爱的定格”摄影比赛　等奖，2019 渲染东南招生宣传作品征集二等奖，诚信教育月活动之文创作品征集令二等奖，东南大学第六届校园艺术创新竞赛优秀奖，HUA 说社会主义核心价值观作品征集优秀奖，2018—2019 学年社会工作优秀奖，等。

步履不停的前行者

——记艺术学院王心怡

■ 胸怀家国，立志领军

一本党章，代代相承。受抗美援朝志愿军老兵爷爷的影响，王心怡一直以来都怀揣着一份红色精神薪火相传的使命感和责任意识。她积极入党，成为2018级第一批预备党员。

丰富的培训经历让她更加坚定了自己的理想信念，始终保持对党忠诚。大一以来，王心怡参加了东南大学首届团支书培训营、2019创业冬令营、东南大学第五期大学生骨干研习营、东南大学第二期志愿服务学堂。特别是在团支书培训营和大学生骨干培训班，体系庞大的理论学习、实践训练以及社会调研经历让她受益匪浅，以左惟书记“立大志、入主流、干大事、勇担当”的嘱托为警钟，以周总理“一身许家国，全心为人民”为座右铭，理论和实践相结合，让她更能领会到作为大学生骨干的责任，作为青年干部的使命与担当。她现已加入学工部HUA说社会主义核心价值观学工部重点项目，成为本科生负责人；加入2020“丹心灼华，围炉艺话——那些年的爱国情愫”领航工程，担任分主题小组组长。2019年12月，她成为东南大学第二期至善领军计划中的一员。2020年寒假，她前往安徽合肥参加领航研习营专项调研，也是参加调研的全体成员中唯一的大二学生。成为“勇担使命，引领未来，报效国家，造福人类的一流领军人才”是她的方向，“青春之我，创青春之国家”是她步履不停为之奋斗的目标。

■ 组织能人，艺体先锋

作为团支书、班指导，她积极组织班级团建，从搭建支部的内部组织架构做起，制定班级公约和支部评优准则，注重团队建设，加强支部管理，将团日活动的开展和思想建设同步进行；建立支部公众号，展现班级风采，加强集体凝聚力、荣誉感。一年来，支部在各方面都有了显著的提升。她所带领组织的“艺路芳华，彩绘初心”和“艺路向阳，艺路花开”系列磐石计划被评选为学校 32 个品牌经典优秀团日活动案例之一，获批经费近 2000 元。而支部同学们面对这样形式新颖的团日活动也有不小的收获，在后期的宣传推送中大家感慨万千，“希望这些来自星星的孩子们可以更快乐”“每次参加志愿活动，总会有一种奉献的喜悦”“他们是折翼的天使，看到他们画画时的笑容，我也感到了满足”。王心怡决心把这个系列的磐石计划坚持做下去，并且不断以新的形式、创新的理念去丰富系列磐石计划的深度和广度，扩大活动影响力，做能真正服务社会、创造价值、有意义的活动，做有爱、有梦、有温暖的引路人。

她并不喜欢局限自己，她是文艺、学生工作等的全能型选手。作为汉服社外联部部长，王心怡参与组织策划了 2018 年、2019 年两年的“汉服之夜”大型晚会，并在东南大学“摇摆依旧”跨年晚会上身着汉服、步履翩跹，和东南大学华风汉韵文化社和艺术团的伙伴们一起完美呈现了《红颜劫》的演出。她还积极投身于南京各高校之间的交流合作，南京青年国风协会的成立少不了她的努力，该协会是包括南京大学、南京农业大学、南京航空航天大学、河海大学、南京师范大学、南京理工大学等总计近百所高校汉服社的联谊集合。作为东南大学就业指导中心就业服务团的学生助理，她担任深圳三星通信研究院等多所企业的校园大使，组织筹办多家企业的招聘宣讲会。另外，她还积极参与各类活动的组织策划，例如参与2018“中国脊梁 东南担当”本科生颁奖典礼筹备工作，2018东南大学学生团体联合会爱心周活动等。

■ 努力钻研，学习楷模

虽然在多重身份、多项任务中切换，但她深知作为学生，学习是第一要务。她刻苦钻研，专业精进，为了能够更好地平衡自己的学习、工作和休息时间，她上课紧跟老师节奏，主动和专业课老师进行研究讨论；提高课后的学习研讨效率，并利用课余时间积极参加各项设计征集比赛。她曾获第七届全国高校“携手打击反腐败”作品征集校级奖，东南大学“爱的定格”摄影比赛一等奖，2019渲染东南招生宣传作品征集二等奖，诚信教育月活动之文创作品征集令二等奖，第六届校园艺术创新竞赛优秀奖，HUA说社会主义核心价值观作品征集优秀奖，等。她的优异表现得到一致认可，获2018—2019学年三好学生和优秀团员荣誉称号，也是2018—2019学年校长奖学金、社会工作个人单项奖获得者。她是东南大学心理健康协会的书面特色装帧设计负责人，现加入2020年ASCE美国混凝土轻舟赛预备队艺术组，受故宫访问学者许丹的举荐参与故宫文创的设计制作，现任江苏省物流与供应链研究院的企业外包装设计负责人，中国农业部“大辛庄镇打造‘森林小镇’”重点课题项目的学生组负责人。

在项目的方案设计过程中，她有和甲方数次商讨后，对设计进行几十次调整、修改、优化的经历。当方案被一次次打回，热情渐渐褪去色彩，她也曾怀疑自己的能力，但后来她学会了将压力转为动力，把每一次的方案修改当成又一次提升自我的机会，她学会与甲方将心比心，这使她的设计作品更加真诚，这是心与心交流后灵魂的颂歌。

她把每一天都活在自己的热爱和执着里，始终秉承对专业学习精益求精的态度，坚持所信，不断突破，永远充满热情。“在行进时，也时时有人退伍，有人落荒，有人颓唐，有人叛变，然而只要无碍于行进，则越到后来，这队伍也就越成为纯粹、精锐的队伍了”，她也明白只有经历不断的锤炼、不断地学习钻研，才能在专业探索的道路上走得更长更远。

■ 饮水思源，积极奉献

王心怡热心社会工作，积极参加志愿活动。她参加了 2018 东南大学“怦然心东”回访母校志愿宣传活动并担任江苏省负责人；参加东南大学 2019 高考招生宣传志愿活动，是无锡市 A 类线下招生宣传志愿者。2019 年秋季学期，她参与江宁特殊教育学校志愿教学活动和南京市敬老院“移动的博物馆”等长期志愿项目，参加东南大学第二期志愿服务学堂。她认为，每次参加志愿活动总能收获一种奉献的喜悦，而每次的志愿活动都是一次对自我的唤醒和反思。王心怡认为如果能在做每一件事的时候都带着认真负责的态度，以一种“利他”的思维模式，带着一份发自内心的关爱，则在平凡琐碎的工作中也能找到快乐。有能力且有情怀，才是温暖的新时代青年。

■ 勤于实践，挑战自我

她继 2018 年暑假在无形画室无锡分部高考部任教，2019 年寒假在无锡壹七画室任教，2019 年春季学期在南京丹青画室担任助教后，2019 年暑假她选择留校到南京青蓝画室实习。从少儿兴趣绘画到高考专业集训再到成人绘画，王心怡不断挑战自我，在不同年龄段的专业绘画教学上真正实现了“至道无难，唯嫌拣择，但莫憎爱，洞然明白”。丰富的实践实习经历让她在专业上更加游刃有余，也让她能在对传统绘画教学进行反思与归纳后，与新时代的设计理念相融合，达成与设计专业相辅相成的效果。未知性具有挑战性，未知性带动积极性，在不断尝试、学习、思考、寻觅的道路上，她总是怀揣一颗感恩的心。她感恩无论身处何地都能得到思想火花碰撞后的收获，她感恩一路上老师们在专业方面的耐心指导、家人们在思想情绪上的正向引领、同学们在日常生活中的热情帮助，她也感谢自己在勇于尝试、探索真理这条路上的坚持。

心怀感恩，立足东大，放眼社会，扎根基层，她一直在路上。

■ 创新创业，艺理相融

敢于撕掉“标签”，敢于贴上“标签”。创新创业的工科项目，艺术学院的学子一样能做得出色、做出特色。她自 2019 年 1 月参加创业冬令营后，就在心中默默思考着怎样实现有特色、有生命的创业计划。2019 年秋季学期拿到项目后，王心怡和她的“趋光生长型软体机器人”创业小组秉承“求解科技与艺术融合之路，让科学、艺术碰撞融合并生成其第二价值”的创新创业理念，在追求科技、艺术达成一个完美统一的道路上，齐心协力争取做到最好。她认为大学四年应当问心无愧不留遗憾地度过，应该利用平台、抓住机会，做想尝试的事情，投身有意义的事业，勇敢触碰未知的领域。她绝不会轻易定义自己，因为王心怡认为未来一定是充满无限可能的。未来一年，她将作为项目负责人带领小组开展“趋光生长型软体机器人”的工科类 SRTP 创业项目，冲击互联网+ 、创青春大赛。未来的她希望在保持对专业课精益求精态度的同时，去尝试不同领域的东西，利用机遇成长自我、成就自我。

“从小爷爷对我说，吃水不忘挖井人。”就像歌词写的一样，传承着爷爷的精神，王心怡就是这样永远保持对理想信念的坚信，对学习工作的专注和热情，不断挑战自己，不断尝试，勇敢触碰未知的领域。 她从不轻易定义自己，她用奋斗不息书写家国情怀，用顽强拼搏绘制青春篇章。

推荐老师 刘 畅

师长点评

王心怡同学思想进步、乐观向上，性格开朗，友爱同学；学习勤奋努力、积极进取，适应能力强，具有较好的团队合作精神；积极参加社会活动和社会实践，不断提升自身的综合素质，具备较强的组织、协调能力；自主学习能力强，敢于探索创新，具有较广阔的专业视野和人生理想。

艺术学院 院长助理、副教授 **许继峰**

王心怡同学入校以来，努力学习、团结同学、思维活跃，担任班级领导干部期间，工作认真负责，主动为学习、生活有困难的同学排忧解难，积极组建学习小组进行课程以外的专业学习，在设计概论、立体造型等主干重点课程的研学方面均有出色表现。主持了班级磐石计划、各类团日活动等内容，并在校内取得了较好的反响。作为主要发起人之一，完成了班级公众号的建立。作为一名优秀的东南大学艺术学院本科生，王心怡同学具备校长奖学金和三好学生的荣誉称号担当。

艺术学院 讲师 **郑德东**

夏陈宇

XIA Chenyu

■ 个人简介

夏陈宇，女，汉族，1999 年 11 月出生，中共预备党员，东南大学艺术学院产品设计专业 2017 级本科生。曾获国家奖学金，日照钢铁奖学金，课程单项奖；东南大学三好学生标兵、优秀团员等荣誉称号；第三届黄公望两岸文创大赛优秀奖，第八届大学生广告艺术竞赛国家级类校级三等奖，东南大学第九届本科生创新体验竞赛校级三等奖，社会实践优秀奖，社会工作优秀奖，等。

非学无以广才　非志无以成学

——记艺术学院夏陈宇

1999 年 11 月出生的夏陈宇，从小被身为党员的父亲教诲着要端正踏实地做人，无论何时都要保持积极向上的心态；身为一名教师的母亲则教会她善良与温柔。她自小就善于关心他人，乐于帮助别人。在父母的严格教育下，她德智体美劳全面发展，成为一个积极乐观、热情有礼、严谨认真的人。

■ 使命与责任

自年幼时父亲就时常给予夏陈宇教诲，告诫她必须一心向党，忠诚拥护党的领导，永远爱自己的国家，所以她自小对党就有着一种朦朦胧胧的感情，随着年龄的增长，开始慢慢了解爱党与爱国的重要性。初一加入共青团后，她越来越理解父亲的话的含义与重量。上大学后她积极参与团支部组织的各项活动，成为入党积极分子，每一场有关党员、团员信仰的讲座，她都认真参与学习并记录，获得了优秀团员的荣誉称号，成为团建活动——秦淮河墙绘的负责人。

原来的她只是懂得要爱党爱国，直到有了那次经历才真正让她在内心深处有了不可撼动的信仰。

那是 2019 年的暑假，夏陈宇被学院推荐参加了全国大学生“青春心向党·建功新时代”主题教育实践活动井冈山专题培训班。她来到了江西这片红色土地，来到了井冈山烈士陵园、八角楼、革命历史博物馆等地方，听着基地老师以及对国家发展有着极大贡献的英雄的后人们讲述她不曾听说过的英雄事迹，为了革命，无数英雄儿女离开自己的父母妻儿，面对敌人的残忍折磨他们咬紧牙关绝不背叛，这一切都源于大爱与信仰，他们深爱着自己的国家，有着极其坚定的信念，他们坚信共产党的领导，即使以生命为代价都坚守着这份信念。夏陈宇的内心被深深触动了，信仰的力量是极为强大的，她明白了老人们常说的“没有共产党就没有新中国”的深刻含义，是伟大的共产党带领人民走出苦难从而过上美好的生活，穿着红军服重走红色革命路的她更加感受到如今生活的来之不易，暗下决心要更加坚定地拥护党和党的领导，刻苦学习，成为一名优秀的共产党员，利用专业所长为共产主义事业而奋斗终生。

■ 初心与理想

曾经的夏陈宇也曾迷茫过。刚上大一，突然离开了父母的管理与约束，有些放松，并没有全身心的学习，虚度了大把的时光。大二时候的一次家庭聚会彻底改变了她。已经保研上海交通大学的姐姐跟她交流，姐姐的一句话令她印象深刻，“大学是可以玩，但那只是一时的快乐，是没有意义的，玩是任何时间都有机会的，而学习的机会不是，一旦错过就不再有，世界上没有后悔药”。

经过一番细想，夏陈宇觉得游戏与电影也只是玩的时候给她带来了短暂的快乐，她似乎忽视了每一次做完作业时那份真实的成就感与满足感，一年的虚度时光所产生的愧疚感在她心里逐渐放大，她猛然醒悟，懂得了学习的重要性，于是她开始借书学习，分类整理读书笔记，查阅各种文献资料，她在图书馆的借书阅读量超过了85%的人。“非学无以广才，非志无以成学”这句话成为夏陈宇的座右铭，课后她不再只满足于完成老师布置的课业，开始认真钻研拓展老师课上传授的知识，并组建学习小组，与同学共同探讨、共同进步。功夫不负有心人，一年的努力让她从原先的中游成绩上升到绩点专业第一，国家奖学金、日照钢铁奖学金、课程单项奖、社会实践优秀奖、三好学生标兵、预选优秀生……这些她原先觉得难以得到的奖项荣誉都向她走来，她感受到了发自内心深处的快乐与成就感。但她明白，她不能满足于眼前，未来还很长，她需要持之以恒地、一步一个脚印踏踏实实地前进。她有自己的理想与目标，成为一名优秀的设计师是她最大的理想，用设计给人们的生活带来更多的便捷与美好，是她的初心与童年的梦想。

一年级时很多小朋友的理想是科学家与宇航员，而她的理想很不同，想当一名清洁工，她的母亲好奇地问了原因，彼时担任班长和卫生委员的她说是因为在路上遇到了打扫卫生的叔叔阿姨，看他们将街道打扫得很整洁，她也想像他们一样能给大家一个整洁的环境。她想有能力帮助更多的人，所以后来选择了设计这条道路，她始终记得“Design, makes life better”(设计让生活更美好)这句话，她将通过不断学习来实现自己的理想。

■ 工作与兴趣

大一刚入学，夏陈宇就加入了艺术学院学生会，两年多的时间，她由学科部部员到学科部部长再到学生会副主席，她的语言表达能力、组织实践能力都得到了显著提高，由原来的胆小容易害羞成长为了稳重镇定的人。任职期间，她成功参与组织了第六届校园艺术创新竞赛、SRTP竞赛交流会、艺术之夜等大小活动，在院会这里她感觉到了另一种家的温暖，认识了很多志同道合的朋友，大家共同努力完成每一项任务。学生会让她体验到了步步成长的乐趣，也很好地培养了她的责任心，使她变得成熟与自信。

在生活中，夏陈宇性格活泼开朗、阳光积极，二胡、书法、绘画、跳舞都是她的爱好，她自小学二年级开始学习二胡和书法，这两样爱好已经成为她生活中不可分割的一部分。大一刚入学，她又加入了学校的滑板社与钢笔画社，不断发展着新的兴趣爱好。有了这些兴趣爱好，她的大学生活丰富多彩。闲暇时候，她会拿出她心爱的滑板与她的朋友们一起出门，在学校的空地里玩滑板，她很喜欢踩在滑板上滑行时微风拂面的感觉，这让她觉得放松与轻快。放假回家时候，拉拉二胡、练练书法是她不可少的活动，这能让她的心变得宁静，她喜欢这种慢节奏的生活感觉。步入大三的她开始学习吉他，希望有一天可以在活动舞台上自弹自唱。

不只是兴趣爱好，还有志愿者活动也充实了她的大学生活。自从参与了校内的一个大学生心理健康教育主题志愿者活动之后，她感受到了那份成就感，更加热心于志愿者活动。2019 年暑期，她参与了招生宣传志愿者工作，看着家长们期待而又焦虑的面庞，以及听着电话后面家长们急切的声音，她想起了自己的父母对她的期望，她耐心地解答着家长们的问题，一声声“谢谢”与一个个笑容将她的疲惫一扫而空，她体会到了那份被需要感。最触动夏陈宇的活动是江宁特殊教育学校的一次爱心活动，她与其他的志愿者们一起来教这些特殊的孩子们编小花。爱心志愿者们以孩子的视角跟这些可爱的孩子们温柔对话，夏陈宇陪伴的小女孩看上去不理会他人，但在跟她聊到她的好朋友的时候，小女孩会展露出可爱的笑容而兴奋地说话，当夏陈宇说“送一朵漂亮的小花给你的好朋友，他会很开心”的时候，背身而坐的小女孩竟乖巧地点点头转过身子坐好开始编小花，夏陈宇的心里有了很大的触动，小小的孩子真的很珍视她的朋友，想把自己喜欢的都送给他，纯真的情感打动了夏陈宇和旁边的志愿者。还有的孩子从头到尾转头看着窗外不说话，每个孩子都有着自己的小小世界，虽然志愿者们无法走入，但孩子们彼此可以进入对方的内心世界。放学的时候，孩子们的老师很耐心地叮嘱他们拿好水杯、背好小书包，这些老师眼神中的关怀让她难以忘记。校门外等待的家长们也感动了夏陈宇，无论发生什么，父母都会爱着他们的孩子，这次的经历让她难忘，收获的每一个笑容对她来说都是最大的鼓励。她感觉世界上有很多很多需要帮助的人，每一个善心的小举动终会汇集成强大的力量，她下定决心在实现理想不断前行的路上带着这份感动继续尽力帮助需要的人。

■ 目标与未来

有了这些美好的经历，在未来的生活中，夏陈宇将以百倍的信心和万分的努力去迎接更大的挑战，用辛勤的汗水和默默地耕耘谱写更美好的明天，用心去做好每一件事情，尽自己的力量帮助有需要的人。她心中有着对学院、老师以及辅导员满满的感激，老师们教会了她很多很多知识，并耐心地指导她；辅导员们关心着她的生活，在她迷茫时给了她指导与建议。她将带着这份感恩不断前行，将理想化为一个一个的小目标，一点点实现。下一个目标是读研深造，接下来的日子里，相信她会以实际行动将标兵旋律谱写得更加精彩！

推荐老师 刘 畅

师长点评

夏陈宇同学在学习中努力钻研，并认真研读了相关书籍文献。在生活中乐于助人，积极参与各项活动。她有高度的爱党爱国之心，不断提高自身思想觉悟。希望她在以后的工作和学习中，继续保持严谨治学的作风，争取获得更好的成绩。

艺术学院 副教授 许继峰

胡炜瑛

HU Weiying

个人简介

胡炜瑛，女，汉族，1999 年 3 月出生，中共预备党员，东南大学法学院法学专业 2017 级本科生。曾获国家励志奖学金，校长奖学金，251001 班校友奖学金，何光耀奖助学金；东南大学三好学生、优秀团员，2018 年江苏省大学生“三下乡”暑期社会实践优秀团队、校十佳团队，2019 年暑期社会实践校十佳个人提名、校十佳团队等荣誉称号；第十六届“挑战杯”竞赛全国特等奖、江苏省特等奖、校级特等奖，第四届“南仲紫金杯”模拟仲裁庭大赛亚军，等。

日拱一卒　功不唐捐

——记法学院胡炜瑛

易卜生说，你要想有益于社会，最好的法子莫如把你自己这块材料铸造成器。她——胡炜瑛，便是这样把自己丢进了生活的火炉，选择过一场滚烫却淋漓的大学生活。

■ 两年磨一挑，筑梦创青春

一切尘埃落定，回到学校继续上课后，时不时会有老师问起：“小胡，你回来了？恭喜你们啊拿了大奖。”“嗯，回来了。谢谢老师！”“你们这个挑战杯做了多久啊？”她回答说：“两年。”老师们总是停顿一下，感慨这个比赛确实不容易。

两年，不轻不淡的一个词。面上无波澜，心底却暗自泛起涟漪，两年了啊。说起当初为什么选择加入“挑战杯”竞赛，她细细回想了一番说：“大概是因为觉得它好难，哈哈。”两年前，她还是刚进学校的“小学妹”，每天在学校里跑来跑去，这个活动看一看，那个比赛参加一下。有一阵子，学校里突然铺天盖地地表彰因“挑战杯”竞赛获奖的同学们。她还记得一天中午她下了高数课，不知从哪个同学那里传过来一本《青年东大说》，封面是一位名为潘强的学长拿下了“挑战杯”竞赛全国特等奖的特写。开篇是对那些获奖学长学姐们的专访，他们在国际期刊上发表论文、申请专利，锐意创新、追求真知，在各自尝试研究的领域勇于接受挑战、领跑大学路。那天中午阳光特别好，她一边眯着眼睛晒着太阳走向食堂，一边想要是有机会成为这样优秀的人就好了。

后来她参加的一次又一次校级、院级“挑战杯”竞赛经验介绍会，更坚定了她想加入这个比赛的决心。东南大学共青团委制作的视频《挑战，永远在路上》，回顾了东南大学在以往十余届“挑战杯”比赛中取得的累累硕果，也传承和传递了一代代东大人挑战自我、科创报国的至善精神。作为国内规模最大、规格最高、影响范围最广、竞争最为强烈的综合性学生科技创新赛事，“挑战杯”竞赛被誉为当代中国大学生科技创新的“奥林匹克”盛会。能够参加这样的比赛，她觉得很荣幸。

现在回首去看，挑战杯到底挑战的是什么？她会说，挑战体力与耐力，挑战合作与奉献，挑战情怀与理想。

校团委组织部宣传部王婧菲老师在向大家介绍什么是挑战杯时，首先抛出了一个长长的时间轴，从选题确定到团队搭建，从文献梳理到实地调研，从申报书修改到模拟答辩，直到最终国赛答辩，这个过程是两年。两年是什么概念？24个月，96周，730个日夜，短暂的4年大学时光的一半啊。校内赛，也许最长不会超过两个月。她和其他队员们，却为了“挑战杯”竞赛，牺牲了两年里的大部分周末和节假日。

两年磨一挑，磨的是项目，也是做项目的人。项目选题要宏观要新颖，要有问题意识，要让人一看就觉得有可研究性，但又要具体，具有可落实性，足以让本科生在这一领域“小试身手”。一个好的选题是成功的一半，从青少年犯罪预防到流动留守青少年监管研究，再到网络犯罪对未成年人的影响，最后到未成年人网络权益软性保护路径研究，光是项目选题，就磨了整个团队整整小半年。

在这期间，她们团队在老师的指导和队长的带领下，在江苏省13个市试点调研，对未成年人网络权益领域的所有国内外相关资料进行文献梳理，对国内所有省份的未成年人保护相关法律法规、政府规章进行整理摘录，利用人民法院司法大数据基地对相关判例进行分析归纳并建立案例库。而这些所有的前期工作都只为了确定选题和项目大纲。

参加“挑战杯”竞赛的两年，她成了“院楼常住民”。在整个项目推进过程中，遇到了不计其数的困难与阻力，要完成的任务也远没有列举的那么简单。她和团队最终带去国赛现场的17万字的项目报告，近10篇发表的论文和文章，10余封专家推荐信和其余各类用于展示的视频、展板、折页、支撑材料，都是10遍、20遍、30遍甚至上百遍修改后的成品。

参加“挑战杯”竞赛最大的收获是什么？只有努力，才会有收获。

挑战筑梦，科创报国，青春无悔。

■ 在云端上跳舞，在大地上行走

她是挑战杯人，但她不止是挑战杯人。

进入大学两年，她一共完成四次暑期社会实践，两次获省级大学生“三下乡”优秀团队，以及东南大学暑期社会实践校十佳团队、校十佳个人提名，两次获院级优秀。她以足迹丈量祖国山河，彰显新时代东南学子的人文情怀和社会责任感、使命感。

“在夏天最热的时候四处奔波、四处调研，是因为我想探寻更多真相。我们当然希望这些孩子能在网络空间下阳光成长，但也希望不遗漏阴暗处挣扎的眼睛。”她牺牲自己假期的休息时间，不顾高温，前往河南濮阳、云南曲靖，以耐心和恒心与孩子们进行交流，向孩子们普及网络权益保护相关法律知识。看着孩子们在普法课堂上求知的眼眸，她知道，所有努力都没有白费。网络安全教育是有必要的，网络权益保护知识的传播是有必要的，关注未成年人的网络权益更是意义重大。

她参与将军山小学帮扶支教，在南京南地铁站、紫金山中山陵等地参与志愿活动，获唐仲英爱心社“南京南”优秀志愿者；加入法学院的“青语倾言”普法宣讲团，参与百校法治宣讲、元山社区普法等活动，以专业力量传递志愿爱心，更有针对性地助力基层法治建设，获“青语倾言”普法宣讲团年度优秀志愿者；加入“阳光少年”未成年人保护项目，与四名困境儿童结对，开展了长达一年的帮扶项目。走出象牙塔，触摸社情民生，让她对这个世界保持着悲悯和敬畏。

周末，江宁普法志愿中心的老师会来接她们去谷里街道看这些结对的小朋友。有时她们挨个去家访，有时把他们都接到社区中心一起做沙盘游戏、开生日会；元宵节的时候，老师还把他们接到东南大学学校里，让孩子们来看一看大学是怎样的，她们第一次一起在桃园食堂里包饺子、吃饺子。这些孩子，有的刚出生母亲就遭遇车祸去世，孩子现在已经六岁，当年的案子却还没了结；有的父母离异又各自组成新家庭，孩子就只能跟着爷爷奶奶。“我们去教他们读书写字，他们很感激，但其实，我更加感激他们。”她说，她做得很有限，但他们却一次次给她感动与惊喜。

她把大学生活过得风风火火，学生会、社团、党日活动以及各类文科生可以参加的比赛，如南京大学生英语联盟口语秀、“华彩绽放”校英语话剧大赛、“砥·韵”中华赞校园朗诵大赛、“向经典致敬”诵读竞赛……她都积极尝试，并在“年轻的力量”新媒体校园营销大赛中获优秀个人奖，在首届秉文新生论坛获优胜奖，在第四届“南仲紫金杯”模拟仲裁庭大赛获亚军，在“风流儒雅亦吾师”教师节征文大赛、第八届创新体验竞赛等各类竞赛中获奖。

所有应该体验的事都必不可少。

她说，成为以后高光回忆的永远是这些“无用”之事。

■ 学所以益才也，砺所以致刃也

“首届秉文班的荣誉可不是谁都有的！”她还记得大一时郭秉文班辅导员付林老师时常这样骄傲地鼓励他们。

郭秉文班的设立源自国立东南大学校长、著名教育学家郭秉文先生提出并倡导的博雅通识教育理念。郭秉文班以“秉文”为教育理念，以“达理”为核心战略，以“成己成物”为终极目标，通过名师课堂、大师讲堂、特色研讨等诸环节，以完整之知识、健全之智慧，化育超逸脱俗之人格与无限可能之才情。

在郭秉文班一年的通识教育里，通过五理课堂和社会问题与社会管理、经济基础热点探析、公共治理与法治发展等特色研讨课，她极大地拓展了自己原先知识架构的广度和深度。这一年里，她有幸见到并聆听了法理学届大咖朱苏力教授、刘星教授，伦理学界大咖樊和平教授，心理学界大咖黄光国教授，艺理界大咖黄勇教授等的大师讲堂。这一年，“熬墨化文，笃行且仁”，根植在她心底。

分流进入东南大学法学院后，她又开始“在法的门前徘徊”。由于秉文班的课程设置，和国内其他法学专业的同学相比，在专业课的学习上她们少了近一年的时间。如何才能早日进入法律的大门呢？唯有苦读。这一年，她将王泽鉴的《民法总则》《民法思维》、张明楷的《刑法学》、周佑勇的《行政法原论》《行政法基本原则》等书反复咀嚼，还在图书馆看了弗里德里希·卡尔·冯·萨维尼所著的《论立法与法学的当代使命》、切萨雷·贝卡里亚的《论犯罪与刑罚》、林来梵的《宪法学讲义》、罗斯科·庞德的《法律与道德》、鲁道夫·冯·耶林的《为权力而斗争》、恩里科·菲利的《犯罪社会学》等。

这一年，她慢慢明白，大学教育的目的，除了让学生学到专业知识以外，更重要的是，让其明白知识的掌握程度，知道自己用过多少心、下过多少工夫。尽管参加了诸多比赛、社会实践和志愿活动，在大二一年14门专业课的高强度学习下，她依然拿下了4.217的单学期GPA和4.144的高学年均绩。

利用学校平台，她还在暑期赴伦敦大学学院(UCL)交流学习。在那里，她和来自法国、希腊、沙特、日本等各地的同学一起攻坚克难，完成团队项目。在精力最充沛、触感最敏锐、可塑性最强的20岁，进行这样的一次伦敦之旅后，她变得更加包容，她知道她的未来有了无限可能，她期待更多。

这场体验，如法学院14届陈卓然学姐所言：“在世界顶尖名校的学习并不会彻底改变一个人的一生，但它足够让一个坚定的灵魂拥有更广阔的视野。这更是一种塑造，而不是颠覆。”

有志者当效此生，也许道阻且长，但行则将至。

愿她日拱一卒，功不唐捐。

推荐老师 高 歌

师长点评

担当是新时代青年最珍贵的品质，需要坚定的理想信念和久久为功的坚持。作为学生党员，胡炜瑛同学把敢于担当、善于担当作为一种追求、一种信念，代表学院参与多项竞赛与活动，斩获多项荣誉，在挑战中把握机遇，在发展中有所作为，值得推介和肯定。

法学院 党委副书记 高 歌

王若男 WANG Ruonan

■ 个人简介

王若男，女，汉族，1999 年 3 月出生，中共预备党员，东南大学法学院 2017 级本科生。曾获国家励志奖学金等三项奖学金；东南大学三好学生、优秀团干部等荣誉称号；第十六届大学生课外学术科技作品竞赛“挑战杯”全国竞赛特等奖等。

怀石兰之心　践骐骥之行

——记东南大学法学院王若男

一年时间，一个大学生，除了修完课程学分，还能做多少事情?

一年时间，她，完成三项社会实践项目，主动申请通过并参与了两项专业实习，获得“挑战杯”全国竞赛特等奖等一众奖项，足迹遍布云南、广东、江苏、安徽、四川、河南、山东7省20多个城市。

她说:“我很幸运，在大学不仅可以实现‘读万卷书’，还有机会‘行万里路’，用脚步丈量祖国河山。我见过连网络都很难接触到的孩子，也见过最精尖的互联网公司；寻访过革命先辈瞿秋白先生的后人，也见过各地瞻仰英烈的人民群众；我见过福利院里三个有着不同程度残疾的孩子，陪他们消磨一个又一个下午的志愿者阿姨，也当过敬老院里为老人们清理毛发、指甲，陪他们谈天说地的护工。这一切，都充盈着我的大学生活，也丰满了我的人生经历。”

她，就是王若男，一个热衷于实践与创新的“非典型”文科生。

■ 饮余马于咸池兮，总余辔乎扶桑

2019年7月1日，她的暑假正式开始。

7月2日，她和她的小队整装待发奔赴安徽金寨，展开“依托法治正义，守护英烈荣光”社会实践调研的第一步。

7月7日，从金寨返回南京后，她开始为期一个月的实习，实习单位是江苏省高级人民法院。

7月19日，她利用周末奔赴云南，为“未成年人网络权益保护路径研究”暑假社会实践项目进行志愿型调研。

7月27日，她再度利用周末前往江苏如皋、句容等革命老区展开实践活动。

8月16日，实习结束。

8月17日，东南大学报到开学。

这是一份被各种类型的社会实践塞得满满当当的时间表，也是王若男这一年生活的缩影，更是为了热爱而永远在路上的心。

从2018年暑假主动寻找基层法院的实习和参与“挑战杯”的初步调研开始，她仿佛被什么巨大的磁性吸引，开始利用一切机会和时间去接触和感受社会，力图用自己的专业知识为让社会变得更好一点而尽一份力。

所以，她参与了法学院“挑战杯”项目“护航‘网生代’——Web3.0时代未成年人网络权益保护路径研究”，利用周末时间甚至必要的工作日进行大量的调研与成果推广实践，最终斩获东南大学第十六届“挑战杯”大学生课外研学竞赛“特等奖”，“挑战杯”全国竞赛江苏省选拔赛“特等奖”,第十六届大学生课外学术科技作品竞赛“挑战杯”全国竞赛特等奖。

所以，她利用短暂的寒假申请了“探访一流领军人才路径：英烈后人访谈系列活动”社会实践项目，并最终获得东南大学寒假社会实践一等奖、“优秀个人”奖。

所以，她在暑假再次着手准备两个社会实践项目，主持了“依托法治正义，守护英烈荣光”实践活动，最终获得东南大学暑假社会实践活动优秀团队二等奖、“优秀个人”奖。 她参与的“未成年人网络权益保护路径研究”社会实践获得东南大学暑假社会实践活动“十佳团队”“优秀个人”奖，这个项目还获得2019年江苏省大中专学生志愿者暑期文化科技卫生“三下乡”社会实践活动优秀团队奖。

所以，她连续两年主动申请了法院的实习，分别在基层法院和江苏省高级人民法院工作，均获得不错的反馈。 更重要的是，这使她更加了解自己所学的专业，了解自己未来能为这个社会做些什么，了解自己应当以怎样的眼界展开接下来的学习与提升。

她说："在一年的实践经历中，有两段特殊的经历我记忆颇深，一段使我醍醐灌顶，一段使我刻骨铭心……"

■ 登高山方知天高，临深溪乃知地厚

她说的"醍醐灌顶"，是与瞿秋白后人李晓云女士的那一次访谈。

"接近伟人的时候，我们才能真正知道自己的不足与渺小，但同时也能获得更广阔的眼界。"王若男这样描述她们团队的这一次访谈活动。

2019 年 1 月 28 号早晨，王若男和她的社会实践团队拜访了瞿秋白的外孙女李晓云女士。 她是瞿秋白、杨之华之女瞿独伊唯一的女儿。 尽管是外孙女，但李晓云小时候却一直称呼瞿杨二人"爷爷""奶奶"。 早年她在美国长期从事 IT 行业，后来为了方便照顾母亲便与丈夫一同回到北京定居。

在还未见到李晓云女士之前，王若男和她的团队通过网上资料了解到李晓云女士自退休以来全心投入到对瞿秋白同志相关资料的整理中，《新文学史料》所发表的瞿秋白家信就是由李晓云女士亲自核对、整理而成。

虽然住在北京，但李晓云女士曾多次回到常州——这方见证瞿秋白同志成长的土地，她还重走了外祖父所走过的路，站在街道上一种沧桑之感不时涌上心头，而这更加深了她对外公的怀念，仿佛看到他和他的战友当年慷慨激昂的身影。"今天的每一个胜利，都有他们的一份功劳。 我相信，我们的后人，以及后人的后人，也不会忘记他们的。"这是李晓云女士常说的。 我们不会忘记他们，也不能忘记他们。

李晓云女士精神矍铄、和蔼可亲、目光炯炯、眼神坚毅。 她所道出的鲜为世人所知的故事和她独特的视角，使王若男倍感震撼，给了她关于如何度过自己一生的启示，也给了她如何从一名预备党员转变为一名优秀共产党员的熏陶，同时给了她建设团支部的新方向。

瞿秋白同志为中国革命献身的精神，将永远激励、鼓舞一代又一代人。尽管此刻我们生活在和平年代，不需要“抛头颅、洒热血”，但是我们要时刻谨记，在自己的岗位上用心工作，积极为大家奉献。作为未来的法律人，更应该为祖国法治建设事业的发展和人类公平正义的实现奋斗终生。

“登高山方知天高”，接近伟人才知道人生的意义不能局限于眼前和脚下。

■ 知之愈明，则行之愈笃

说到这一年中最让她刻骨铭心的经历，便是“挑战杯”的实践与备赛。

“一个个灯火通明的夜和无数张车票”是王若男给出的最直观的感受，但是她还说道“这也是自己一步步破茧成蝶的过程”。

最初加入“挑战杯”团队时，只是一个法学院“小萌新”，抱着学习的心态加入这个高手如云的团队。被问及原因时，王若男这样回答：“我喜欢在生活的每个阶段给自己一件在能力之上的任务，逼着自己进步。”这个形象的描述准确传递了她加入“挑战杯”团队的初心，也确实在之后的备赛过程中得到了印证。

“挑战杯”带给她一种“主动解决问题”的思维方式，这是她最为珍视的收获之一。刚入队时，她收到了一个从未接触过的任务，并且任务分配到个人，没有同伴可以商量。本着加入团队的初心，她开始一点一点研究，也许别人有经验一天可以做完，她整整做了一周，不断地查资料、看文献，最后团队分享的时候她心里仍忐忑，生怕仍然达不到要求。但结果是，她受到了肯定，肯定了她自己探索的成效。这对于她而言，无疑是一个巨大的突破，她开始明白：无论一个任务看起来有多难，只要积极寻找与钻研，总能解决。对于“挑战杯”人来说，没有不可能完成的任务。

她在备赛的时候，听过质疑：“这个比赛全国范围内竞争，法学组名额又少，获奖的概率小之又小，为什么每天还花那么多时间？还得全国各地跑，有时候又缺课，不耽误学习吗？”确实，“挑战杯”的任务会占用课程学习的时间，但是当一个人心存热爱去做一件事的时候，就会像一块干燥的海绵一样，随时准备好吮吸知识与经验的雨露，努力让自己充盈，而这些积蓄的水，会在有需要的时候成为点睛的墨。她从不认为“挑战杯”、实践抑或是任何看似无用的事情与学习相冲突，学习不是关上门闷头学，它们本就是相辅相成的。确实如此，做实践和备赛花费时间最多的一学期，她的绩点仍保持在 4.002。她说：“我实在是太幸运了，能通过一个项目获得各位老师的耐心指导，使我在本科阶段获得更多的学习机会。”她的这种积极的心态和“敢拼搏，愿奉献”的初心，最终使她收获得“盆满钵满”。

推荐老师　费倩倩

师长点评

王若男同学是一个充满热情、乐于奉献的人；政治立场坚定，专业基础扎实；热衷于参加校内外社会实践及科研创新活动，成果丰富；任职学生工作期间，踏实肯干，尽职尽责，能够主动解决问题；生活学习中乐于助人、严于律己、敢为人先。

法学院　团委书记、助教　**费倩倩**

向欣雅 XIANG Xinya

个人简介

向欣雅，女，土家族，1997年8月出生，中共党员，东南大学公共卫生学院劳动与社会保障专业2016级本科生。曾获校长奖学金，大连东岗奖学金；东南大学三好学生、优秀团干，校学生会优秀干事等荣誉称号；健康素养大赛校级优秀奖，参与的社会实践获评江苏省优秀社会实践、社会实践校十佳团队等。

破茧成蝶

——记公共卫生学院向欣雅

■ 回眸往昔，几多青涩彷徨

过去的向欣雅，有些狼狈。胖到五官模糊，减肥也不太有成效；学习成绩不好，期中考试常常只有六七十分，因为不会背诵内外科的书而偷偷掉眼泪；学生工作进展不顺，甚至在大家聚餐玩狼人杀游戏时直接睡着。她爱哭，容易自我怀疑，好像努力也常常没有回报。她时不时对身边的朋友和老师说：别放弃我；又觉得，好像得过且过才更适合她一点。

但在看过一些社会现状后，她这种彷徨的状态逐渐结束。她的眼中不再只有自己，开始意识到这一代青年学子对这个社会所肩负的职责与使命。

■ 拨云见日，初识责任担当

2016年与2017年的假期，她来到新疆和田地区策勒县恰合玛村，跟从她的父亲与驻村队员一起参与扶贫工作。

夏天，她了解到骑马的大叔原本只能依靠每月266元的低保生活，因为驻村队员们的到来，他可以通过饲养尼雅黑鸡与鸽子，每月至少多100元的收入。队员们还为这里搭建了微商平台，方便当地村民售卖大枣、核桃等干果。她随驻村队员一同探访农民，询问其生活近况，送上生活基础用品；观察村内各水渠的流通情况，及时处理淤堵；学会了买菜，第一次尝试做各种简单的菜肴为大家节省宝贵时间。她开始明白了“低保是生活的兜底线”这句话的含义，也明白了社会力量的重要性。

冬天，在全体工作人员的努力下，恰合玛村迎来了属于他们的第一个春节晚会，包饺子、跳民族舞、文艺汇演、有奖竞猜……好热闹。她在小村庄中和维吾尔族姐姐学舞蹈，为大家带来英文歌曲，迎来了人生中最有纪念意义的新年。环球网、新疆都市报等媒体以“老乡在哪儿，家就在哪儿”为题，对他们一家人进行了报道。飘雪的二月里，她意识到她所学的专业对社会弱势群体具有雪中送炭的重大意义。

这，是让她开始改变的起点。

她在实践中了解到，在中国的有些偏远地区，孩子们的牛奶和鸡蛋的摄入量仍然很低。他们不知道“营养均衡”代表什么，不知道“乳制品”是什么意思。有些社区医院还不知道用雾化药品治疗哮喘，仍在沿用传统的方式，治疗效果不佳，而且医疗设备及人才资源极为匮乏。在近 40 ℃的酷暑中，她与队员们穿过大街小巷进行访谈式问卷调查，了解当地人的饮食习惯与教育观念；协助支医队员进行社区义诊；亲自送高血压的老奶奶回家。

她那时才知道，在中国还有一些阳光照不到的地方。伴随着种种思考，她继续前行。

在医院的门诊大厅里，有些人的医保卡个人账户上结余是四位数，而有些人的结余是零。看不起病、没钱看病的故事每天都在真实上演。她在南京与无锡两地开展医保门诊慢性病服务及报销比例满意度调查的社会实践时，时常遇到拉着她的手哭泣的被访者抱怨自己身患多种慢性病而账户结余远远不足以支付高昂医药费用的情况。急切地安慰他们，告诉他们“一定会变好的”是她当时唯一能做的事，但也让她暗下决心，决定去践行这个承诺。之后，他们小组将调查结果进行数据的录入与分析，为南京市医保局提供了相应的政策建议。

用社保的实践化解民生疾苦，她所学与她所行，即将成为改变社会的力量。

看过这些不美好后，她开始有了强烈的学习动力。若人生就是一场旅行，她要拨云见日，寻找光芒。

■ 厚积薄发，遇见更好的自己

每天清晨六点半清凉的空气，深夜十一点路灯柔软的灯光，见证了她的成长。越来越详细的笔记与更加专注的听讲状态，一遍遍虚心向老师与同学请教题目与学习方法，是她在接近自己理想的证明。她的绩点排名从第 13 名到第 6 名再到第 2 名，有了明显的提高。

“商业健康保险改善江苏民生的路径分析”“禽流感 H7N9 干预策略卫生经济学评价”“南京市失能失智老人长期照护现状与费用调查及长护险制度研究”“流动人口养老保险转移接续的研究”等课题，是她在走进科研殿堂，培养研究能力、思维能力与热点问题洞察力，将知识理论体系与实证分析结合的过程。在此前参与“医学生酒精使用障碍现况和影响因素”的课题中，她阅读大量文献书籍，自学 SPSS 统计操作进行数据分析，并向研究生学姐及时请教疑难点，最终，该项目以“优秀”结题。

她在大三的暑假前往 PICC 中国人保财险社会医疗保险部门进行实习，跟随办公室的同事们收集大病保险相关数据，并在实习结束后得到部门总管马健的高度肯定：小向，希望你继续认真努力学习，期待你学成归来加入我们。

同时，她在校学生会工作期间与腾讯视频谈赞助，以及参与第一届在东南大学召开的江苏省高校主席会议的主题策划与接待。在院学生会新媒体工作时，她做出推送文章近 20 篇、累计阅读量 10000+ 的成绩。在文化部工作时，她举办跳蚤市场，交易金额近 2000 元；邀请南京大学十佳歌手冠军为院迎新晚会献唱，点燃全程氛围；带领部门两度获“优秀部门”的称号。在支部担任团支书时，她举办两项磐石活动：带领支部为桑园蒲小学举办“六一”联欢会，并送去书籍和文具；号召大家一起学习十九大精神，争做新时代“四有”青年。

除此之外，乒羽球类的训练场上她一次次挥洒汗水，校运会和院运会的领奖台上总有她的身影。主持各类讲座、晚会、比赛等经历让她更加淡定从容，舞蹈让她从烦冗的生活中找到热情，滑雪让她尽情释放自己……这一切，使她更加热爱生活。

■ 破茧成蝶，不负青春韶华

今天的她，瘦身成功，减掉了十几斤；综合绩点专业排名第二；获校长奖学金、教育基金会奖学金，以及外科学、保险学等多项课程奖；并保研至中国人民大学继续攻读社会保障专业。

她与学弟学妹们交流分享经验，赴日本福岛游学时向福岛医科大学介绍东南大学的公共卫生学院，2019 年代表工商管理大类在校生发言，她在学院的开学典礼上鼓励学弟学妹们大胆体验大学多彩的生活，并牢记公卫人的使命与责任。她说，要勇敢正视过去，正是过去的许多绝望痛苦赋予了她点点光芒。

因为不肯放弃，她在跌跌撞撞的摸索中收获了独属于自己的骄傲。她最想与大家分享的一句话是：愿你我能耐住破茧前的沉寂与痛苦，飞舞出独属于自己的青春韶华。

推荐老师　马　超

师长点评

向欣雅同学在我所教授的课程中勤奋好问，并时常积极与我讨论前沿学术问题，表现出较好的学习能力与较高的科研热情。在日本游学过程中，她作为小队长，组织与协调能力很强，认真负责地处理好团队中的事务。

公共卫生学院　医疗保险系副主任、副教授　马　超

陈媛婧
CHEN Yuanjing

■ 个人简介

陈媛婧，女，汉族，1999 年 5 月出生，中共预备党员，东南大学公共卫生学院劳动与社会保障专业 2017 级本科生。曾获煜平公卫奖学金；东南大学三好学生、优秀团干部等荣誉称号；全国大学生英语竞赛国家级一等奖等。

爱读《平凡的世界》的女孩

——记公共卫生学院陈媛婧

她最爱读的书是《平凡的世界》。

她时常回味那个平凡的世界里属于青年的滚烫激情，“青年啊，你就该去闯！就该执着地活！”是《平凡的世界》让她一次次选择“坚持”“明朗”“坚韧”和所有她坚信的美好。

她是陈媛婧，一个爱读《平凡的世界》的女孩。

■ 如少平：不囿于现状，奋斗不竭

在打麦场的麦秸垛后面，少平贪婪阅读《钢铁是怎样炼成的》的画面深深触动了她。青年人理应积极乐观，脚踏实地但志在更远处，不断追寻、坚守蓬勃的青春本色。

她也是一个停不下来的女孩。她的世界里总是充满新奇的体验，如果某个东西突然触动了她，那她一定会毫不犹豫立即行动。她永远在等待下一个按捺不住的冲动出现。

大一学年，她稳扎稳打，专业成绩两学期分别位列第一、第二。首次参加英语四、六级考试即拿下高分，达到课程奖要求。四级更是考出了669分的好成绩，位列同年东南大学考生第三名，因此被同学们当作四、六级考试的“祈福锦鲤”。

她并不满足于学业上的突出表现，大二伊始，她做出了一个富有挑战性的决定：跨校区辅修。就这样，她开始了周末无休，单程十七站地铁，往返三小时的辅修生活。她利用地铁上的碎片时间阅读，完整读完了《平凡的世界》。她收获的不只是法学的知识，更大的意义或许在于选择与坚持本身。

辅修的压力并没有让她降低对自己本专业范围内学习的各项要求。她与学院的伙伴们一起原创健康科普短片，最终荣获了大学生健康教育科普作品大赛国家三等奖。在一次忙碌到凌晨五点半的通宵后，她只睡了一个小时，便起床去九龙湖校区参加全国大学生英语竞赛。那一次，她获得了全国大学生英语竞赛的国家级一等奖。

除了学业上的探索追求，她总在努力让自己的大学生活丰富多彩。她喜欢走向舞台，锻炼自己在舞台上的应变表达能力。她创作诗歌参加中华赞演讲比赛；参加校主持人大赛，即兴环节获得在场评委的好评；在焦廷标馆的舞台上，主持过模拟面试大赛的决赛。她参加东南大学第四届“云融杯”学宪法讲宪法演讲比赛，短短几天的准备时间，演讲稿从头到尾写了三遍，听了几百首背景音乐，为大家讲述修宪的历程与意义。她参加东南大学“华为杯”职业规划大赛，讲述自己关于个人规划与成长的些许思考，最终获得了本科生组第三名的好成绩。短短两年的时间里，她打卡了焦廷标馆、润良报告厅、圆形报告厅、科技会堂等舞台。话筒起落之间，她受益匪浅。

她愿意走向东南大学外面的世界，发掘更多意想不到的可能性。她利用寒暑假多次参与社会实践，在祖国东、西地区不同的土地上，感受国情、民情。在贵州镇远县，她和伙伴们调研基层大学生“村官”问题；在盐城滨海县走访村民、参观企业，调研秸秆利用的现状与方案可行性，所在团队获得了东南大学寒假社会实践特等奖。她参与东南大学本科生党员社会实践活动，远赴云南省南华县，在当地基层机关实习，深刻理解了基层的战斗堡垒作用和当代青年人的担当与热情。

她还去过武汉大学与“最会说话的年轻人”陈铭老师交流过媒体行业的发展；有幸参与“金牌主播青年人才培养计划”，面对面与中央电视台的主持人老师们交流学习。天南海北的探索，与她而言重要的是在不断结识新的伙伴，互相学习，互相见证，年轻的心总需要一群人的协力同行。

她永不满足，愿意走出舒适区迎接挑战；她踏实努力，制定目标后会全力以赴。

■ 如晓霞：青春当奉献，志愿添彩

自信明朗、真诚温暖的晓霞一直是她心中的榜样。晓霞为救人牺牲在洪水之中，奉献出青春的全部光和热。回馈社会，奉献自我，方能更好地感受到青年人的价值与使命。

陈媛婧是个乐于助人的女孩。担任班级学习委员时，她总会细心帮助大家整理好所有的课件，从不吝啬分享自己整理的复习材料。她懂得共情，愿意倾听，总会把自己小太阳般的正能量传递给身边的同学，和大家一起进步。作为学姐，她愿意和学弟学妹们分享成长的经验，却从不说教，理解他们成长的困惑。

这份奉献自我的精神并不局限于校内，她坚信“学以致用，志愿回馈”，期待用所学为社会回馈正能量。身为公卫学子，她明晰健康对于人群的意义。她积极参与教育活动，在无锡与中学生互动，为他们讲授青春期健康知识；在医院做过导医志愿者，细心发现就诊者的需求，让人们在就诊期间感受到更多温暖。此外，凭借辅修的法律知识和自学探索，她成了“青语倾言”普法讲解团的一员，并获得了“优秀志愿者”称号。在此期间，她为幼儿园学生家长普及过《中华人民共和国未成年人保护法》，在宪法日为幼儿园老师讲解《中华人民共和国宪法》，在学雷锋日为江宁区徐家院的老年人普及防诈骗知识。反复修改的案例与演示文稿、针对不同的受众而转换的语言风格，思考让她成长，奉献与传递成为她乐此不疲的动力。作为至善讲解团的一员，她在四牌楼的梧桐大道上讲述大礼堂的“中西合璧，古今交融”，在校史馆里娓娓道来东南大学百年的坎坷与辉煌，在吴健雄纪念馆讲述先生漫长艰辛的科研之路，时刻铭记“做最美的东大名片”。

除了日常坚持的志愿服务，她还热衷于参与大型活动的志愿服务。大一时，她参与了“中国江苏·现代农业科技大会”的志愿活动，在南京南站坚持了3天10小时的接站志愿服务，用微笑和细心的指引让与会嘉宾感受到南京的温暖，最终荣获了“优秀志愿者”称号。2019年5月20日，她是一名光荣的“小流苏”，在江苏发展大会志愿服务的岗位上迎来了20周岁的生日。她对接服务了好孩子集团董事长宋郑还先生，细心安排其参会日程，得到了嘉宾的满意答复。她也在参与高级别会议的志愿服务工作中不断成长。

她喜欢微笑，渴盼用微笑传递温暖；她愿意付出，坚持用奉献点亮青春。

■ 如少安：心系身边事，踏实工作

《平凡的世界》中少安一路从生产队的队长到砖厂的负责人，他总是念着邻里乡亲，要和大家一起过上好光景。她敬佩少安的责任担当，努力做到关心身边人，做好手中事。

422172团支部的团支书职位是她学生工作的起点。团支部虽小，却也锻炼了她的能力。在学院的帮助下，团支部组织开展了各项特色磐石活动。在“读懂中国，听‘五老’说”的活动中，支部同学全员参与，探访了3位老人，听老人们讲述个人经历，翻阅照片勋章，真切感受到个人与时代的不断发展。该项磐石计划被选为“优秀磐石计划”。在2019年度的五四表彰中，她所在的团支部荣获“甲级团支部”称号，她也获得了东南大学“优秀团干部”称号。

以团支部为起点，她一路向前成长。在党支部中，她积极承担工作，为建筑学院、公共卫生学院近两百名新生讲过入党第一课。作为学生职业发展协会外务拓展部的部长，她是“走进名企”活动的总负责人，对接世界500强企业等大型企业16家，帮助近千人走进名企。作为院学生会对外交流与实践部的副部长，她与伙伴们耐心与商家洽谈，拉取赞助，为同学们争取生活福利；借鉴学习其他学院经验，新创“女生节”特别夜市活动；创新学院特色活动“健康文化节开幕式”的活动形式，吸引上千位同学参与其中，生动感受健康的意义。

大三伊始，她再次向前迈进，成为第四届东南大学校长学生特别事务助理的一员。专业特质赋予她心系更多人的健康，保障好更多人的生活，以一己之力助力更好的社会发展的信念与情怀。在这一平台上，她将和伙伴们一起积极建言献策，成为校长“智库”，助力推动建设更好的东南大学。

她葆有热情，始终关注东大人与事；她初心不变，在不同的平台上尽己所能。

“只能永远把艰辛的劳动看作是生命的必要；即使没有收获的指望，也心平气静地继续耕种。”这句话同样出自《平凡的世界》，也是她的座右铭。她感谢路遥先生创造出的满溢坚韧的希望的世界，这篇巨著的精神内核已内化在她心中，支撑起了她的青春岁月。

推荐老师 凤启龙

师长点评

路遥说：每个人都有生命觉醒期，但觉醒的早晚决定一个人的命运。陈媛婧是公共卫生学院很早走入自己生命觉醒期的同学代表，她自主自强又自觉自励，希望陈媛婧将优秀作为习惯，努力奋斗，做一个对社会有突出贡献的平凡人！

公共卫生学院　党委副书记兼副院长　凤启龙

刘　熙

LIU Xi

■ 个人简介

刘熙，男，汉族，1999年10月出生，共青团员，东南大学医学院临床医学(5+3一体化)专业2017级本科生。曾获国家奖学金，校长奖学金；东南大学优秀学生干部、三好学生、优秀团员，江苏省“青春助力健康江苏”大学生暑期社会实践优秀志愿者等荣誉称号；第六届“创青春”中国青年创新创业大赛全国铜奖，江苏省互联网创新创业大赛银奖，“校庆杯”东南大学大学生创新创业大赛金奖，等。

在蜕变中成长

——记医学院刘熙

我想成为一个什么样的人?

步入大学后的他总是在寻找着答案，不断在蜕变中成长。

■ 大学生到医学生

刚步入大学时，他认为一名优秀的大学生就是成绩优异。虽然刚经历完高考，但他丝毫没有懈怠。医学作为一个特殊的学科，需要记忆大量知识点，不同学科之间相互紧密联系，基础科目为专业科目做铺垫。通过对学科特点的深入认识，他调整了自己的学习方法，通过不懈努力，他在大一学年成绩排名年级第一，绩点 3.987。大二学年的绩点进一步提高到 4.133，荣获国家奖学金、校长奖学金以及 6 项课程奖。曾经他觉得学习除了应对考试，似乎也没有更大的意义。但大学通识与专科并包的课程让他意识到“知识改变命运”的真正含义——学习不是为了一次好成绩、一个好大学、一份好工作，而是让我们掌握了支撑社会运转的那个节点所需要的技术，甚至是改变世界的可能。他明白自己的目标是成为一名优秀的医学生。在学习系统解剖学和局部解剖学的过程中，他了解到人体结构的奥秘、肢体运转的灵活；在学习病理学和药理学的过程中，他深入探究了一个疾病的发病机制、病理改变，一个药物的药理作用、作用机制、临床应用与不良反应；在机能实验学中，他锻炼了动手能力，学会了如何进行动脉插管、如何制作动物模型等；在学习医学伦理学、社会学、心理学的过程中，通过一个个真实的案例，他了解到当前“看病贵、看病难”和医患关系紧张等现状，感受到了自己所肩负的责任与希望。从理论课到实验课，再到临床与人文课程，他始终为成为一名医生而努力着。

随着基础课程与专业课程的深入，他开始对科研产生浓厚的兴趣，积极投入科研创新训练，参与了一项国家创新SRTP(大学生科研训练计划)项目“间充质干细胞来源的细胞外囊泡的生物学功能研究”与一项省级创新SRTP项目“piRNA在纳米镍致小鼠睾丸细胞凋亡中的机制研究”。他第一次学会查阅国外文献，了解当下国际研究前沿；第一次学会培养细胞，将细胞复苏、传代与染毒；第一次接触到先进的实验设备与实验方法，如流式细胞仪、PCR(聚合酶链式反应)、WB(蛋白质印迹法)等。从开始的好奇到如今的踏实，作为一名实验室新人，他完成了从好奇尝试到坚定科研的心态转变。虽然发现科研没有想象中的神秘，甚至还伴有困难与枯燥，他却意外地感受到一种平和、踏实的快乐。同时，站在无数先人的肩膀上眺望云端，他又感受到了自己的渺小与科研的重要：渺小于广博的学海，重要于人类科学的发展，正是无数科研人员的艰苦奋斗，才推动着人类攻克一个个难题，不断地超越自我。

此外，他还积极参与竞赛。在南京“云舟杯”江苏省信息素养大赛中，他代表学校获得了第二名的好成绩。他加入校创业项目“智芯中国芯”，从前期负责团队的基础美工到成为后期团队的骨干成员，一路走来，他与队友在各级平台上展现东大学子的风采，荣获第五届“互联网+”大学生创新创业大赛江苏省银奖、“创青春”中国青年创新创业大赛全国铜奖及江苏省银奖、“校庆杯”东南大学大学生创新创业大赛金奖、校第九届大学生学术报告“十佳报告”、全国大学生学术报告会“优秀报告”等。

■ 钻研者到实干者

步入大二，他开始接触临床技能的课程，并在医院进行临床见习。在观察医生与病人问诊及交流的过程中，在学习心肺复苏、吸氧与导尿的基础操作时，他渐渐领悟到，一名优秀的医学生不应仅仅停留于理论学习层面的优异，还需要学会将知识运用于临床。他也意识到局限于书本知识是远远不够的，因此他决定用理论知识武装自己的头脑，并付诸实践，去实干、去应用、去践行一名医学生的责任。

在暑假期间，他组织了10名来自医学院与公共卫生学院的大三学生，在公共卫生学院院长尹丽红老师、医学院副院长孙子林老师与人文学院社会学系张晶老师的指导下，以慢性病为中心，立足淮安，聚焦医疗改革，开展调研工作。

他带领团队前往淮安各级医院，针对医保政策、医药价格、分级诊疗等方面进行问卷调查，并前往社区和老人院，运用自己掌握的慢性病知识，开展以糖尿病和高血压防治为主题的社区宣讲，为老年人讲解慢性病的预防措施。他们向居民们发放精心制作的慢性病知识手册，供更多人传阅，尽力传播健康概念，还免费到社区为老年人测量血压与血糖，联系专业医师为他们答疑解惑。

他在自创的微信公众号上分享所见所闻、普及慢性病与医改知识，得到了学校各大公众号与医学院、公共卫生学院官网的宣传，中华网、扬子晚报网、搜狐新闻、网易新闻、凤凰新闻等数十家国内知名媒体也对本次社会实践进行了报道。此外，他带领团队参与各项比赛，并荣获江苏省“青春助力健康江苏”大学生暑期社会实践十大优秀志愿服务团队、十大优秀志愿者，以及江苏省“三下乡”大学生实践活动先进实践基地等荣誉称号，他以医学生的形象让社会看见东大学子的风采与青春力量。

“健康是立身之本”，一路走来，他看到的是伤痛背后的希望，绝望中支撑病体的不落日光——那是全国人民在医疗健康方面凝聚起来的力量。

他看到政府健全医疗体制，加大对医疗行业的财政投入，加强对医学人才的培养；他看到医院开展社区免费诊疗，向边远地区提供医疗援助；他也看到医务工作者在手术室、实验室，努力攻克一个个疑难杂症，用毕生的奋斗推动祖国医疗技术与医学事业的发展。医疗体制、医院、医务工作者，再到仍在学习阶段的医学生，这是一个层次分明又高度统一的完整体系，全心全力为人民的健康保驾护航。而他对于自己医学生身份的理解，也逐渐从“学习优异的学生”转变为“医术医德俱佳的医者”。

■ 小我到大我

进入大学后，他一直担任432172班的班长。他加强集体建设，每学期定期召开班会与班委会，组织班级聚餐与集体活动，在节假日给班级同学送上节日祝福，他在中秋节的月饼分享、除夕夜的抢红包等活动中尽力让每一位同学感受到班级的温暖；他推进学风建设，班级同学成绩优异，平均绩点3.13，共有五名同学位列年级前十，带领班级获得2019年校优良学分班；他配合团支书开展支部建设，不仅磐石计划被作为优秀案例获得校组织部的通报表扬，而且所在团支部还荣获校“甲级团支部”的荣誉称号。

大一学年，他加入校团委文体部，开始参与学校各大文体活动的幕后工作。在烈士纪念日活动中，东大的英勇烈士让刚入校的他心生敬畏，他充满了对学校的自豪感；在新生文艺汇演中，他学习了如何组织策划一场大型文艺晚会，也被各个学院新生的活跃与团结所震撼。在精品人文讲座中，通过与国家一级评弹演员周红、徐惠新，以及梅花奖得主石小梅的交流，他对于中国传统文化的热爱又被重新点燃。在团委工作的一年当中，他不仅参与了学校团委的各大精品活动，更重要的是他认识了人生的挚友与恩师，使他对自己有了新的定位。

大二学年，或是出于挑战，或是出于兴趣，他加入了2019年东南大学跨年演唱会项目组，成为策划组中唯一的一名本科生。在10月到12月这三个月的时间里，他因主题、舞台设计等经历过脚本的一次次修改、策划的一次次被否定，熬过通宵连续彩排，最终成功地为全校师生献上一场完美的跨年演唱会。当观众散去，灯光暗下，那份快乐与满足为他拭去了一切的疲劳与心酸，那份满足不仅是自我成长的见证，也是自我价值的实现。

2019年暑假，他参与了校大学生骨干研习营，对于自己学生干部的身份，他有了新的理解。在一次次的历练中，如今的他已经成为一名学生骨干，他不仅是医学院科学技术协会的首届主席，也是校团委书记助理，这意味着他将承担更重的责任。从班级建设、学院建设，再到如今参与学校的建设，在学生工作中，他从局限于个人发展的小我蜕变成心系集体的大我。

推荐老师　周明阳

师长点评

刘熙同学学习刻苦，热爱生活，志存高远，热心学生工作，在创新创业方面勤于思考、成绩优异，在志愿服务方面甘于奉献、坚韧不拔。他在"遵循生命轨迹、构筑卓越之梯"的医学院文化影响下，放飞着青春的梦想，践行着"止于至善"的东南大学校训，为健康中国建设贡献着自己的力量。

医学院　党委副书记兼副院长　周明阳

付　孜

FU Zi

■ 个人简介

付孜，女，汉族，2000 年 10 月出生，共青团员，东南大学网络空间安全学院网络空间安全专业 2018 级本科生。曾获 2018—2019 学年校长奖学金；东南大学三好学生，2019 年东南大学寒假社会实践活动优秀个人等荣誉称号；东南大学第十八届结构竞赛校级一等奖等。

踏路寻向

——记网络空间安全学院付孜

大学的魅力就在于给每位同学“做梦”的机会，无论选择怎样的道路它都有熠熠生辉的可能。付孜便是带着对大学的憧憬开启了她奋斗的历程，致力学术科研、参与社会工作、提升艺术素养……她用一支支画笔为自己的大学生活绘出多彩画卷。

■ 初起入学

踏入大学的第一天，付孜站在偌大校园的一角，定定地望着眼前的一切。碧蓝天空映衬下的大学景貌，让她觉得新奇又兴奋。要开始新的生活了！她心中似乎全然是对大学生活的期待与向往，却没有对未来的真切构想。新鲜感很快褪去，而长久的时间留给她的是对自己的反思。习惯了每天上课下课的步调，日复一日的生活如同机械般的复制。在忽然惊觉的一天，她陷入了深深的沉思。

要成为怎样的自己？她只有一个大概的期待，但不明确，可她明确的是不可以坐以待毙，既然思索无果，那便更不能停滞不前。于是她决定动身前行，勇敢尝试与实践，在行进的路上找寻方向，一笔一笔地添上对未来的描绘，这是她的动力也是她的信念。路漫漫其修远兮，她不惧前路艰难，只害怕自己丧失前进的决心，沉沦在慵懒单调的日常中，陷于平庸，甘于松散。并且，她许下初心，纵前路坎坷不断，唯事事尽善当不变。

她愿睁大双眼，默默积累，消化所经历的事情，制成描绘前景的墨笔。大学的画卷终于真正铺开……

■ 笃学明志

描绘画卷的第一笔落在了学习上。纵然大学生活缤纷多彩，但付孜深谙学习的重要性。同时，在认真听取前辈的经验交流会以及与辅导员、老师进行交流之后，她更加明确了大学学习的重要意义。她明白不断学习是大学生树立正确人生观、总结适合自己高效学习方法的重要途径。在踏实学习中优化学习策略，这将终身受益。于是她认真务实，努力学习，课前做好预习工作；课堂上认真听讲、积极思考；课后及时完成作业，进行知识点的梳理总结……她延续高中的学习方式，又在实践中不断改进优化学习方式，使其贴合大学课程，针对不同科目形成多种笔记方式。她自知资质普通，唯有勤奋为上，于是在各项活动工作的空余时间抓紧学习，以得心安。在努力学习的同时，她还热心帮助身边的同学，帮助他们解答疑难问题，并且与同学相互交流、相互促进，实现共同进步。她也及时与老师交流讨论，不放过任何一个疑惑。

一年的努力没有白费，大一上学期她的绩点为 4.134，排名专业第二，大一学年她的绩点达到 3.959，排名专业第六。大一学年她还获得了高数、几何与代数两项课程奖，校长奖学金以及东南大学三好学生等荣誉。除了课程学习，她也在努力思索未来学业的研究方向，这些则离不开积极参加与学科相关的讲座及竞赛活动。她明白，要找寻方向，便要积极主动地了解专业的各个方向，并且努力提高自己的动手实践能力和创新能力，为将来做好准备。为此她参加了创新体验竞赛、结构创新竞赛、信息安全竞赛、创新技能赛等学科竞赛，均取得了不俗的成绩。此外，她还积极参加相关专业的讲座与经验交流会，仔细聆听前辈能人的经验与建议。一年求索，她终于寻得自己感兴趣的方向，并主动联系导师铺开这条新路。

大学画卷，主干已绘，根基稳实，仍待推开。

■ 锻炼提升

付孜明白，终有一天她将离开象牙塔，踏入社会，面对未来更广阔的舞台。因此除了努力学习之外，她还需要全面发展，在社会工作中锻炼处事的各项能力，例如交流沟通能力、组织策划能力、领导能力以及执行力等。学期伊始的学生会招新，点燃了付孜心中的一团火焰。于是在主动了解之后，她发现参加学生会不仅能让她了解一个组织的方方面面，更能让她学会如何融入一个新的团队中去。参加社会工作的道路在她心中渐渐明晰起来，她报名参加了院学生会的面试，获得了在学生会学习、工作的机会。在学生会中，她增长了见识也成长了很多。通过参与幕后的流程运转，她思考的空间逐渐拓开。一整年的踏实工作，让她不止充实了自己的学习生活，也获得了大家的认可。一年结束，她获得了“学生会优秀干事”的荣誉称号，这更激励了她的决心。

确定目标后，不止学生会，她寻找各个可以锻炼自我、展示自我的平台。她主动承担起社会实践活动的队长，组织协调队内成员，平衡队内工作，凝聚团队精神，以严谨认真的态度思考决策。终于，她带领团队获得2019年东南大学寒假社会实践活动优秀团队一等奖，她自己也获得“优秀个人”称号。她明白，自己所收获的远不止这些荣誉称号。

墨笔挥洒，又一支显映。

■ 热心公益

在大学之前的生活中，繁重的学业使付孜鲜能参与到志愿活动当中。社团招新时，鲜红的红十字会徽映入她眼帘，沉寂的决心被唤醒。这正是个合适她的地方，她先前苦于没有帮助他人的能力与机会，也时常陷入自我价值难以实现的纠结中。她仔细阅读红十字会的介绍后发现，在这里，她不仅可以学习急救等技能，而且能参与红十字会组织的志愿活动。她欣喜地参加面试，加入了红十字会。

红十字会的部门，让她在一片温馨和谐的氛围中感受到无限的温暖。这个部门成了一个温馨的小家，成了她的一种寄托。在这里，有志同道合的伙伴一同做公益，有亲密的家人可以互相倾诉，有亲切的前辈鼓励关怀。温暖的氛围更加感动人心，她希望自己也能成为这样温暖的人，用自己的行动给他人带来温暖。她积极参加红十字会的急救、献血等培训，通过考核拿到了急救证，从而有能力加入运动会等活动的机动急救队，且获得了各种志愿活动的参与资格。在此前提下，她参与红十字会开展的各项公益活动，并协助开办各项知识宣传普及活动，例如有关造血干细胞、预防艾滋病等知识的宣传活动。她对公益活动的奉献也不局限于红十字会，她还积极参与院学生会等组织的志愿类活动，例如关爱幼儿园聋哑儿童的活动等，公益活动成了她奉献自我的一片热土。

做志愿公益，受益的不仅仅是受助者，志愿者在过程中也能得到自我的提升，也许这就是志愿活动的意义所在。她在此过程中碰到了各种情形与突发状况，提高了应对紧急情况的能力，也提高了沟通理解能力。最重要的是，人类的悲欢或许无法相通，但起码我们要努力去试试。换位思考，是她最大的收获。

这一支，她决心续写。

■ 素质熏陶

在东南大学，付孜遇到了令她魂牵梦萦的一方净土，那便是 SEU 室内合唱团，她对这里有着前所未有的向往与崇拜。这是一支由来自各院系 80 余名热爱歌唱的学生组成的大学生合唱团，他们日复一日地练习，自隐于理想之中，用歌声筑起乌托邦式的精神家园。她看见这群象牙塔中的造梦者，执着地追求与坚守音乐的梦想，他们和谐而美好的歌声来自纯粹的情怀与对艺术的追求；合唱团便成为他们超脱于现实、寻觅美好淳朴的桃花源，成为出发追逐信仰与自由的寻梦港。她加入合唱团，想成为和前辈一样眼睛里有光的人。

她一次不落地参加排练，将此作为大学生活的重要组成。她为自己唱出的歌声喜悦，又被他人的歌声安慰。这一年里，她参与了计算机科学与工程学院的迎新晚会、跨年晚会，并参与了合唱团的两场专场音乐会。在大家看不见的日子里，她与合唱团一同沉寂自我、磨砺歌声、精益求精、止于至善。“此心安处是吾乡”，她感动于体会到这句话的真实意义。

作为理科生，合唱团的熏陶增进了她的艺术修养，拓宽了她看事物的角度。更重要的是，合唱团内有许多优秀的学长、学姐，他们都是具备天赋、勇于尝试的造梦者，他们创作的音乐作品成为传播东大文化的优秀载体，同时，他们也通过参与校园文化活动发掘自己的潜质、坚守自己的初心，走出了一条不寻常的路。对于还存有些许困惑与动摇的她，合唱团的经历与所见所感为她扫开了犹豫与畏缩，成为她前进的精神支撑。她寻找的方向，她对未来的想法，都在合唱团提供的思路下有了明确的解答。

一年探索，她终于构想出了大学的完整印象，她找到了自己需要丰富的方方面面。踏路寻向，志在远方。她依然会脚踏实地，踩出一条属于她自己的路，她会继续试探方向，在她确定的方向上，止于至善！既有信念，何愁前路。

推荐老师 李古月

师长点评

付玫同学聪明好学，爱好广泛。难得的是，她并不人云亦云，很有自己的一套想法，并能付诸实践，把各种事宜都安排得很好。她是一位对生活充满热情的姑娘，希望她能够一直保持下去，把正能量传递给更多的人。

网络空间安全学院　讲师　李古月

孟声国

MENG Shengguo

■ 个人简介

孟声国，男，汉族，1998 年 7 月出生，中共预备党员，东南大学吴健雄学院工科试验班 2017 级本科生。曾获国家奖学金，校长奖学金；东南大学三好学生标兵，东南大学三好学生，东南大学优秀团员等荣誉称号；国际大学生工程力学竞赛国际一等奖，全国大学生数学竞赛江苏赛区一等奖，等。

尽力奔跑　无问西东

——记吴健雄学院孟声国

他奔跑着，且歌且行，向着自己的目标进发。他在奔跑中追寻真实的自我，他坚守着内心不变的信念，他知道他要变得更优秀、更强大才能肩负时代赋予的神圣使命。青春岁月如白驹过隙，每一秒都显得尤为珍贵。他一路向前奔跑，不敢停歇、无问西东，只为不负青春韶华，只为道一声青春无悔。

■ 曾经风雨，心有光明

经历过高考的洗礼和暑假的自我放纵之后，他终于踏进了自己理想的大学殿堂。在心里憧憬着自己未来美好生活的他，并不知道现实给了他迎头一击。渐渐繁重的大学生活也让他意识到，大学只是一个新的起点，并不是学业的终点，从前建立的观点轰然崩塌，他陷入了迷茫。虽然侥幸通过吴健雄学院的新生选拔夏令营，但是在吴健雄学院这个“大神”云集的团体里，在周围同学耀眼的光环笼罩下，他一个来自农村的孩子显得那么渺小不起眼。好在周围的同学都很乐于助人，他开始广交朋友，不再依赖于以前高中同学的交际圈，尝试适应自己的大学生活。吴健雄学院人才济济，为了让自己在这个优秀的群体中不掉队，奔跑成了他的求生本能。他开始习惯和周围的人一起奔跑，向着自己的目标不断进发。

然而，奔跑的道路上永远不可能是一帆风顺的，命运总是那么喜欢和他开玩笑。大一的那个冬天，他迎来了自己大学生涯的第一次大挑战，他因急性阑尾炎，在医院和学校之间来回周折，近一周躺在病床上的时光里打了很多的点滴，最终还是难逃手术的命运。他清楚地记得那是他人生中的第一次手术，也让他第一次感受到直面死亡的恐惧，本是一个简单的阑尾手术，却足足用了5个小时。术后近1个月的修养让他无法重回课堂，学业上的落后可想而知。他清楚地记得他痊愈后回校的第一节课，那是人生中第一节他完完全全无法听懂的课。课程上的落后、身体上的虚弱，让他陷入了迷茫，但他没有放弃。从那以后，中午午休他再也没有回过宿舍，晚上回到寝室也是11点以后，他开始了他的逆袭之路。累了，他就给自己鼓鼓气，每一次的短暂休息后都是再一次的出发。那一段孤独而又记忆深刻的奔跑，终于换来了成绩的慢慢提升。让他惊喜且有些意外的是，大一上学期期末考试，他的成绩居然没有太受伤病的影响，最终位列年级第九。

从那以后，他更懂得了努力的重要性，一颗上进的种子在他的心里生根，然后慢慢萌芽。现在的他已经度过了自己两年的大学生活，回顾过去的大学时光，他未曾放弃过奔跑，并且经过大一、大二两个学年的不断努力，他40门课程中，有26门课程达到了90分及以上，获得了12门课程奖，更有7门课程满绩，2门课程满分，两学年累计绩点4.297，位列年级第三，他以一个奔跑者的姿态在他的课程学业中不断前行。

■ 磕磕绊绊，领悟百态

相比于课程学业，科研竞赛的奔跑则显得格外艰难。大一到大二，他参加了许许多多的竞赛，体验过各种滋味，奔跑的道路上与他做伴的常常是各个时间段的东大校园，披星戴月对他早已是家常便饭。

他最先体验到的竞赛滋味，是创新体验竞赛中刻苦努力后铩羽而归的失落。这是被同学戏称为“一日三十创”的比赛，他始终坚持着每日一创，即使生病住院时的他依然坚持了下来，然而结果却无情地告诉他，他不适合这个竞赛。

沉重的打击让他感受到现实的残酷和强大，但他依旧保持着积极向上的心态和对未来的思索。他尝试着各种可能，终于在高数竞赛中第一次得到了自己刻苦努力的回报，他清楚地记着那是他大学第一次竞赛获奖，得到消息的他激动地流下了泪水，要知道，他即使遭受了失败，也未曾流过泪。那泪水使他的人生又多了一种滋味，并让他痴迷于此，乐此不疲。

为了能够寻求这种苦尽甘来的滋味，即使是在课业繁重的大二，他仍不忘积极探索。出于兴趣，他参加了智能车竞赛，然而因为缺乏经验，每次都是在最后关头才侥幸通过验收，这种差强人意的感觉让他觉得很不自在，这不是他想要的，他追求的是一种止于至善的快乐，是一张臻于完美的成就感，然而现实离他的梦想还很遥远。

但是，他从未放弃过努力，机会总是留给坚守初心、有准备的人。由于比别人多学了一门理论力学，在大二上学期考试周的时候，他突然接到了参加国际大学生工程力学竞赛亚洲赛区的通知，他感到这是他的机会，要牢牢抓住。“别人的考试周结束了，而属于我的征途才刚刚开始。”寒假留校坚守的他在心里这样激励自己。他开始用行动证明自己的才能，开始追求卓越，尽管只有一晚上的时间复习，但这丝毫不影响他在最后的亚洲赛区的比赛中一举拿下团队赛和个人赛两个特等奖。他觉得他等这个机会已经很久了，他从未对一个竞赛有如此的热爱，通过选拔的他顺利进入国际决赛。而这个国际竞赛也成为他人生第一次出国参加的国际赛事。国际赛筹备的那段时间，尽管他每天的睡眠时间只有不足 4 小时，但是他从未感觉到疲惫，因为他觉得该到自己发光的时候了，那种向着自己的目标奋力奔跑的喜悦他从未体会得如此真切。他和他的竞赛伙伴们一路高歌向前，无问西东，并最终取得了国际赛团体赛的冠军，成绩出来的那一刻他和他的小伙伴们紧紧相拥，身处异国他乡的少年们也第一次体会到了靠自己努力得来的自豪感。

一路走过来，有过巅峰，有过低谷，他开始学会感谢这些经历，让自己体悟到了人生百态，也正是有了收获的喜悦和受挫的失落，才督促他更加努力地向前奔跑。奔跑的路上谁都有过迷茫，但是奋起直追和坚持不懈的勇气难能可贵，他做到了，他的课外研学分值在大二结束时达到了23.7，位列年级第二。他也有幸获得了国家奖学金、校长奖学金，东南大学三好学生标兵、三好学生、优秀团员等一系列的荣誉。他开始坚信，坚守初心、努力奋斗的人运气总不会太差。

■ 起于初心，行于勇气

他热爱课余生活里的奔跑，因为这些奔跑能够让他感到轻松与惬意。尤其是早上的跑操活动，给他带来了一天精神的同时也锻炼了身体。他也热衷于学校里的各种活动，校内马拉松、万人长跑等都曾留下他的足迹。更加令他自豪的是，他参加过院运会的许多跑步项目，也在400米的项目上取得过一些成绩。

但他有着一个信念，他想要从一个人的奔跑变成一群人的共同奔跑，他明白“众人拾柴火焰高”的道理，但是这些行动的实施都需要勇气。他便从最底层做起，一步步积累自己的勇气，一步步积累自己的经验。他从大一开始就加入了学生组织并开始了他的进阶之路，大一阶段的他是体育部的“小跑腿”，脏活累活他来干，他从来都是乐此不疲，乒乓球的新生杯、院系杯、健雄杯都有他忙碌的身影；大二阶段的他任伯藜学社创业部部长一职，部门里的大大小小的事情他都要过目，事无巨细，依靠自己前面积累的经验和勇气，他成功举办了如风险投资面对面、营销挑战赛、SRTP讲座等多场大型活动，更令他欣慰的是他从部门的新生里看到了自己大一时的“影子”。忙碌的两年眨眼就过去了，到了大三应该“退休”的他却依旧没有停下追寻初心的脚步，他是615173班的班长，也是615193班的朋辈导师，他在新的身份下找寻自己生命的真实，坚守着属于自己的初心，传递着属于自己的力量，他明白“一代人有一代人的担当，一代人有一代人的使命”，而他给自己的初心就是保持自己的优秀，并担当起自己对社会和国家的责任。如今他是个学生，在校园里，他用尽自己的一切力量，活跃在各个场合，传播着自己的光和热，带领着大家朝着遇见更优秀的我们一路奔跑。

大学的生活才刚刚过去一半，他经历的那些精彩也仅仅是一半而已，他现在才刚刚大三，未来还有很长的路等着他去用自己的双脚丈量。“愿你在被打击时，记起你的珍贵，抵抗恶意；愿你在迷茫时，坚信你的珍贵，爱你所爱，行你所行，听从你心，无问西东。”于是，坚守着初心和向往，他迈开了双脚，但行前路，不负韶华。

推荐老师　况迎辉

师长点评

孟声国同学学习刻苦认真、自强不息，成绩始终位于年级前列，而且他很注重实践应用，在大学期间多次参加科研竞赛并且获奖，能够很好地做到学习和研究相结合。生活中作风朴素、勤俭节约、关心同学、乐于助人，起到了良好的模范带头作用。

吴健雄学院　副院长　况迎辉

王牵莲

WANG Qianlian

■ 个人简介

王牵莲，女，汉族，2000 年 10 月出生，共青团员，东南大学吴健雄学院工科试验班交通工程专业 2017 级本科生。曾获校长奖学金，东南大学学习进步奖，东南大学社会工作奖；东南大学三好学生等荣誉称号；国际大学生工程力学竞赛(亚洲赛区)特等奖，江苏省力学青年创新创业大赛二等奖，东南大学大学生物理学术竞赛一等奖，东南大学本科生数学建模竞赛三等奖，东南大学本科生创新体验竞赛二等奖，东南大学结构创新竞赛二等奖，东南大学力学竞赛优秀奖，等。

成如容易　艰辛自知

——记吴健雄学院王牵莲

馒头，在丰富多彩的中华美食中实属平淡，却是中国人不可缺少的主食之一。想要将一个不起眼的馒头做得松软劲道绝非易事，整个过程要历经选料、和面、发酵、整形、醒发、蒸制六道工序，层层工序都马虎不得。

她，普普通通，就像馒头，在数不清的佳肴美味中是那样的不起眼。她也不止一次地想：像她这样普通的人，应该如何存在？她想了很久，始终没有答案。或许正是应了那句话："纸上得来终觉浅，绝知此事要躬行。"一番经历后，普通如馒头的她，终于明白自己应该如何走好这一路。

■"选料"

选择的面粉是否合适，从一开始便决定了馒头的质量。选择东南大学，选择吴健雄学院，就如同选择了高筋面粉，揉和时须更加用力，才能成就出色的面团、劲道的口感。

2017年6月，又一次千军万马过独木桥。因为心态的脆弱，她没能成为其中的幸运儿。高考的分数，并没有给她做更多选择的权利。或许是"无心插柳柳成荫"，又或许是冥冥之中自有安排，无心之下报考的吴健雄学院选拔考试，她竟以第十一名的成绩被录取。于是，带着憧憬、渴盼，夹杂着一丝傲气、一丝自负，她走进了东南大学，走进了吴健雄学院。

■“和面”

若要馒头好吃，揉面是最关键的一步，既要力气又要技巧。前所未有的激烈竞争，未曾料到的生活压力，丝毫没有因为她的初来乍到而有所客气，反而更用力地揉捏着她这个不知所措的“面团”。

很快，她原本的傲气与自负就被完全磋磨殆尽，只剩下极度的自卑和焦虑。学习上，工程数学不会证、几何与代数听不懂、英语底子差、编程零基础，一门门的课程，像是商量好了似的来轮番打击她。社团上，她凭着一点兴趣和自以为的好口才，加入了院辩论队。几次训练之后，她信心满满，本以为从此之后能高谈阔论、妙语连珠，却多次在比赛时紧张到一个字也说不出，频频出丑。生活上，她自小是温室的花朵，没有离开过父母的怀抱，对于住宿生活极其不适应，再加上缺乏人际交往能力，身边也没有朋友。而父母家人一向望女成凤，以她为傲，每每的夸赞和要求都让她备感压力。这种种的问题，已是压得她喘不过气来。

就在此时，家中传来噩耗，自小对她疼爱有加的曾祖母撒手人寰。那时候，她正面临期中考试，火速请假赶回家时，见到的已经是一方冰冷的骨灰盒。直面死亡的恐惧、“子欲养而亲不待”的愧疚与悔恨，这些对本就心态脆弱的她，无异于雪上加霜。然而，错上加错，她选择了暴饮暴食作为排解心理压力的方式。

这一切的结果可想而知：大一上学期结束的时候，她的成绩、排名一塌糊涂，尤其是C++语言，仅仅刚及格。一向爱美的她，体重却暴涨到无法直视的地步。那个时候的她，感觉自己失去了一个女孩所有的骄傲和自信，心灰意冷，几近绝望。

■“发酵”

发酵是酵母菌的舞蹈，更是面团的积淀。发酵虽悄无声息，但带给面团的是从内而外的不同，是从量到质的改变。

一番挣扎之后，骨子里的好强终于战胜了颓废，她决心背水一战。 在接下来的一个学期里，她奋力地在困境中寻找突破口。 课程难度大，上课听不懂，就每节课下课及时复习，想方设法地找老师和同学答疑解惑；辩论队训练紧、比赛忙，就挤出一切空余时间提前完成课业任务，好让自己能够专心参与训练，获得提高；不会处理人际关系，就努力站在别人角度考虑，坦诚相待；父母家人不理解，就经常打电话回家和他们沟通交流；心态调节能力差，就每天夜跑锻炼，放松自己……她近乎笨拙地做着这一点一滴的努力，只希望自己能够有些许的提高，哪怕一点点，都好。 今天一点点，明天一点点，或许有一天，便是水滴石穿，绳锯木断。

■“整形”

整形丰富了馒头的形状。 在东南大学包容多元的培养环境下，小小的“面团”有了更多的选择，也遇见了更加多姿多彩的自己。

大一结束，她的各个方面都有了一些提高。 虽然是微不足道的提高，于她而言，已是莫大的鼓舞。 内心对优秀的向往再一次被点燃，她开始想要做更多全新的尝试，接受不一样的挑战。 她重修了 C++ 语言，不再逃避一直以来对写代码的恐惧；她召集同乡的小伙伴，成立了自己的社会实践团队，深入探索家乡“全国文明城市”的创建；她以一番激情的演讲，全票赢下换届选举，接手了辩论队，成为新一届的院队队长；她加入了多个课外研学项目，尝试着打开科研探索的大门；她参加了各类竞赛，在团队协作中收获宝贵的知识和友谊……她积极探索着每一方面的自己。 即使困难远大于从前，她也不再害怕。 因为她深深知道，经过“揉和发酵”，“面团”已脱胎换骨。

■“醒发”

醒发增强了面团的延伸性。吴健雄学院的平台和各项制度，给了她更宽广的视野，就如同醒发，能够让馒头拥有更加松软的口感。

在吴健雄学院自由的专业制度下，她遵从自己的内心，选择了交通工程专业作为自己未来奋斗和从事的方向。在本科生导师的引导下，她加入了刘志远老师的课题组。在这里，她见识到了更大的舞台，接触到了与专业相关的最前沿发展，也有幸能与优秀的伙伴们交流学习、并肩作战。她逐渐对自己的未来发展有了清晰的定位。灵活的选课制度让她能够在全校范围内选择适合自己的课程，而新增的导师交流让她接触到更多优秀、有思想的灵魂。她突然开始感恩当年入学时的选择，以及那个无知无畏的自己。泥泞的道路虽然难以行走，但正因为污泥的存在，迈出的脚印才更加清晰。

■“蒸制”

在高温的作用下，面团的每一个微孔都悄然升华，之前的一切积累，终于在此刻完完整整地迸发。

风雨过后，重见彩虹。大二结束，她总绩点 3.954，位列年级十四，连续两年被评为校三好学生，并被确立为正式学习优秀生；获校长奖学金、学习进步奖、社会工作奖以及多项课程奖。C++语言的重修拿到了满绩，更重要的是，她克服了对编程的恐惧，甚至一发不可收拾地喜欢上了这件事，之后的所有相关课程均以高分结课。她参与的竞赛也小有收获，累计获得一项国际级奖项、一项省级奖项及五项校级奖项，总计获课外研学学分 15.8 分。两项课外研学项目均以“优秀”通过校级答辩，一项国创完成中期答辩，另一项正在整理成果、准备投稿。她所带领的社会实践团队获“校级优秀”荣誉，相关工作在当地媒体、报纸及校内公众号上被发表，引起广泛关注和热烈好评。在辩论队，她不仅成长为能够独当一面的领导者，还担任了多场校内比赛的评审工作。日复一日的锻炼，不仅让她在体育比赛中获得奖项，更让她收获了健康的身心，减掉了20多斤的体重。从“选料”到“蒸制”，这一路的成长，每一步，她都走得很认真。

无论过去、现在还是将来，她依然普普通通，不闪耀，更不完美。但她却不再彷徨，不再迷茫。经历这一路，她终于明白，即使是普通如馒头般的存在，也应该悉心对待每一项工艺，充分揉和，细细发酵，大火蒸透，方能在揭盖时，得到味蕾和口感的绝佳体验。成长是一辈子的事情，无论前路怎样，小小的“馒头”仍然会坚定地走下去，耐心地等待每一次“发酵”，认真地品味每一分“揉和”。

是的，日子还很长，路还很远。她所能做的，唯有珍惜当下，静候时光，品味成长。

推荐老师　况迎辉

师长点评

普普通通，但依然可以拥有自己的无限精彩。王幸莲同学在困境中以极强的韧劲积极要求进步，脚踏实地一步一个脚印，注重自身综合素质的发展。生活中乐于助人，与同学相处融洽，作为院辩论队队长工作认真负责，在同学中起到模范带头作用。

吴健雄学院　副院长　况迎辉

第三篇

青春奋斗 荣耀起航

陈雪纯 CHEN Xuechun

■ 个人简介

陈雪纯，女，汉族，1996 年 5 月出生，共青团员，东南大学建筑学院风景园林专业 2015 级本科生。曾获国家奖学金，东南大学校长奖学金，苏州工业园区奖学金；江苏省三好学生，东南大学三好学生、学习优秀生等荣誉称号；2018 年“园冶杯”国际风景园林竞赛一等奖，2017 年东南·中国建筑新人赛 TOP100，2015 年东南大学健康素养竞赛团体亚军，等。

追梦六载　释我光华

——记建筑学院陈雪纯

这六年来，总有许多人问她这样一个问题——

“六年的超长本科经历，给你带来了什么？”

作为一个转系生，回首这段比别人多出了整整两年的本科生涯，她从一开始的兴奋，到迷茫，再到重拾方向、坚定前行，一路上的故事有太多太多……简单的话语无法描述她在东南大学的这六年时光，若真要去概括，那便是：“六年追梦应无悔，释我青春好光华。”

■ 梦之萌芽，以“勤”浇灌

2014 年的夏末，她第一次来到南京。

高考的发挥失利并没有阻断她最初的梦想——冲入东南大学建筑学院。尽管高考成绩略低，她未能被建筑学院直接录取，但她并未言弃。从小到大所积累的对艺术、对美的热情与追求，使她心中依旧怀着一颗设计梦。

在交通学院的大一时光，对她而言是一段难忘的大学初期体验。

虽然下了转系的决心，但她并不准备因此就为这段学习生涯交上一份潦草的答卷；恰恰相反，她似乎比别人更加用心地对待在交通学院的学业与工作。

她一面忙着跟上专业繁重的课程，无数次与室友一起挑灯夜战；一面以积极活泼的姿态加入了交通学院学生会团委组织部，奔走于各个活动的筹备与组织工作中。与此同时，她还默默地为参加转系考试而积极努力着。他人都用来放松娱乐的暑假，在她那里是两点一线奔波于画室与宿舍的磨炼时光。南京夏季动辄逼近 40 摄氏度的高温，并不能挫败她的坚持；同画室的伙伴们的坚实基础与神速进步，也并不能使她感到沮丧——她坚信，只要坚持努力，梦想的新芽，一定能够绽放。

最终，功夫不负有心人，她以第三名的成绩成功通过了建筑学院风景园林专业的转系考试；同时，大一结束，她在人才济济的交通学院大类专业排名位列前 5%，获得了升入茅以升班的资格。

这时，她的家人与朋友都建议她直接在茅以升班继续学业，四年顺利毕业便是十分圆满，而转系后就是六年本科则应当三思。前思后想，深思熟虑！最终，她还是听从了自己的内心，决定去实现自己的设计理想，义无反顾地选择了去建筑学院开始新的五年本科生涯。

理想的萌芽，需要用勤奋来浇灌，方能茁壮成长。这段经历，虽然算不上顺利与轻松，却无比充实，让她更加地笃定了自己的梦想。

■ 梦之峰峦，以“韧”攀越

转系考试成功，只是远征的起点，梦想旅程才刚刚开始。

在建筑学院这五年的追梦路上，还有千峰百嶂等待她去翻越。

来到建筑学院的兴奋之情，才不到一个月，就逐渐被焦虑所代替。陌生的环境、与以往大不相同的课程模式、身边轻而易举就能拿到高分的优秀同学……一切的一切，都让初来乍到的她感到迷茫。转系后第一年里，尽管她付出许多努力，但设计课成绩仍然没有令自己满意，她的表现也很少得到老师的肯定。

转系后建筑学院的大一结束时，她有点坚持不住了，甚至对当初的选择产生了怀疑——自己真的适合学设计吗?

那个暑假，她没有像他人那样放飞自我，而是选择再努力一次。她泡在各色各样的专业书籍里汲取知识，穿梭在祖国的各个角落去感受艺术的魅力，在大师的案例中体会手法的精妙……虽然可能无法成为专业里最闪闪发光的那一个，但她还是不想放弃自己当初深藏于心的梦想。

正是凭借着“不抛弃、不放弃”的这股精神，她的专业知识积累愈发丰富，设计的思考也愈发成熟，设计课成绩渐渐从中游提升到了年级前列，多门设计作业甚至还拿到了专业第一的高分。她发现，原来只要掌握对的思考方式，就能够更加轻松地做出更优秀的设计。她终于满怀欣喜地感觉到自己离梦想又近了一步。

即便是在设计上取得了突破，她也并未骄傲自满、放松懈怠，而是仍然选择再接再厉、突破自我、多元发展。

交叉学科的知识使她兴趣无穷——借助建筑学院“宽平台”的培养计划，她选修了许多个人较为感兴趣的跨专业课程，如城乡遗产保护、城市形态学、空间句法等课程，拓宽了自身的知识面，也增强了自己的学科竞争力，累计收获了十余门课程奖。

科研使她备感好奇——于是她主动请缨，担任了2018年江苏省大学生创新创业重点项目“基于结构方程的新中式商业景观空间效能研究”的项目负责人。好多个夜晚，尽管设计课程繁重，但她与组员在深夜的工作室依旧苦苦思索推进课题的技术方法，一度眉头紧锁、满腹疑惑。幸好有导师的指点，她们查阅大量文献资料，不断突破知识的盲区，最终圆满完成该项目，取得了出色的成果。

竞赛使她跃跃欲试——她便在暑假期间废寝忘食，细致打磨个人设计作品。她的作品《折来折趣——大学校园活动中心设计》参加了2018年“园冶杯”大学生国际风景园林主题竞赛，并斩获了一等奖。这也是近年来本专业同学所获得的最佳成绩。

梦想的峰峦，是障碍，更是挑战。只要凭着坚韧的信念，相信自我，便能够越过山丘，看到山那头迷人的风景。

■ 梦之果实，以“敢”采撷

若是六年的本科生涯只有“学习”这一个关键词，那么大学生活的色调也难免有些单一。她心目中的大学生活，应当是流光溢彩的。

若要够到梦想的果实，仅有成绩是不够的，更需要多方面协调发展。学习以外的成就在她看来，都是兴趣加上努力的结果。若要说这一切的出发点，那大概就是一个字——“敢”。“敢做”“敢想”“敢拼”的信念使她不仅收获了专业能力以外的提升，更帮助她成为一个更好的自己，也成功实现了自己未来的学业之梦。在她看来，这更是一种奇妙的因缘际会。

“敢做”一词，体现在英语方面。刚开始英语水平在同学中不算甚好的她，六级一度只有五百分不到。不甘落后的韧劲使她在繁重的课业之余，依旧挤出时间提升自己英语的听说读写能力，词汇表、听力题、作文稿摞起来厚厚一打。最终她取得了托福考试106分以及GRE考试321+3.0的较好成绩，英语水平在全年级同学之中也不再落后。

“敢想”一词，则体现在学生活动以及社会志愿实践方面。对文字、沟通的执着与热爱，对身边大小事物的深入思考，使她在进入建筑学院之初便加入了学院团学联记者团。对待工作的热忱以及与他人交流的乐趣支撑着她从最初的小小干事，成长到团学联记者团副团长，再到2017年中国建筑新人赛志愿者采访组组长。她曾负责采访过十余位业内著名院士、学者、设计大师，如院士王建国、齐康，著名设计师坂本一成、韩冬青、柳亦春等大家。此外，她还曾作为负责人之一参与东南大学“二十四节气”文创产品设计并主持文案，公众号阅读量突破十万，引导了不俗的社会反响。

在社会志愿实践方面，她曾担任过江苏省十佳志愿团队“小小建筑师”负责人之一，带领孩子们在艺术与设计的海洋中挖掘自身的兴趣，拓宽他们的视野。

“敢拼”一词，则是以上所有的综合概括。这五年来参与各种活动的积累于她而言，都是一种突破。若将大学生活比作是一条路，那么她感觉到，自己大学生活从一条崎岖小径逐渐变成了一条风景迷人的林荫大道。在拼搏之中，自己的视野也变得开阔起来。

在得知自己保研成绩排名第一时，她终于交上了一份令人满意的答卷，可以再一次挺起胸膛，继续去拼搏、去追逐自己未来的学业理想。

她曾无数次试想，当年若是没有为了理想坚定转系，若是碰壁后自暴自弃，她还能像今天这样充满自信地站在这里吗？ 这六年的大学生涯，是她对自己当初选择的坚定回答，更是一种温润的滋养，让她慢慢成长为自己向往的模样。

也正是这六年积累，让她怀揣依然滚烫的理想，果敢地参加了清华大学研究生推免考试并战胜其他来自五湖四海名校、同样无比优秀的竞争对手，成功保研清华大学建筑学院，实现了自己的理想。 她知道，在未来，她还会继续一步一个脚印地走向自己的职业梦想——将目光投向广袤的祖国大地，为建设社会主义生态文明而不断奋斗！

六年的时光仿佛一条蜿蜒的河流，虽然看似不那么汹涌澎湃，却让她积淀下了更多珍贵的品格与回忆——在这六年里，她积淀了更多的热情与果敢、坚韧与毅力，让自己成为自己期待的模样，释放了属于她自己的青春光华！

推荐老师 吉倩妘

师长点评

陈雪纯同学具有较高的专业素养，相关课程研究和设计作品能够体现出其较强的专业思考能力与刻苦钻研的韧性，这些品质也成就了她名列前茅的优秀成绩。她为人谦和，品行端正，积极参与各项活动，组织与沟通能力较强。期待她在研究生阶段能够再接再厉，学业更上一层楼！

建筑学院 副教授 唐军

杨宇欣 YANG Yuxin

■ 个人简介

杨宇欣，女，汉族，1997年8月出生，中共预备党员，东南大学建筑学院风景园林专业2015级本科生。曾获东南大学校长奖学金，安徽同曦商会奖助学金；江苏省优秀学生干部，东南大学优秀学生干部、三好学生，东南大学优秀团干、优秀团员等荣誉称号；大学生英语竞赛国家级二等奖，东南·中国建筑新人赛TOP100，南京市社区“微更新、微幸福”优秀设计奖，等。

愿为一道光　照亮青春路

——记建筑学院杨宇欣

她没有什么很复杂的身份，015151 班班长，五年。这段时光，从不乏高光时刻，国旗团支部、江苏省先进班集体、东南大学优良学风标兵班，她所在的集体是所有集体荣誉的大满贯获得者；但更美好的是和大家共同进步的日常，在这个集体里，优秀是一种日常。

■ 大爱于心，致真于行

“真诚”是杨宇欣的优秀品质，她将这份赤子之心注入专业追寻与为学校发展的努力中。

对专业，她以最清醒的头脑去思考，以最大的热情付出，她与政府沟通，为群众谋福利，以微更新带动空间美好，她以与队友的所见所得，长期而广泛的社区调研赢得南京市社区“微更新、微幸福”优秀设计奖；在艾奥瓦州立大学交流期间，她关心帝王蝶的迁徙，参加圣路易斯市政府年度 MonArch 志愿活动，并将所感所知运用于设计，以帝王蝶和拉丁裔人迁徙的类比创造美好的愿景，设计成果最终在学校与社区政府共同举办的答辩中获得好评，且她本人进入当学期的系主任名单；她关心历史与文化的厚度，关心空间的正义，积极参加天作杯、eVolo 等多项竞赛，她的设计独具慧心。

对于学科建设、党团建设的人才培养，她是最愿意发声的人。五年中，她几乎出现在每一次的学科意见征询会、评估会、学科座谈中。她永远积极参与并帮助调动所有与学科学校发展相关的活动，第三届数字景观国际研讨会志愿者学生负责人、东南·中国建筑新人赛志愿者、城市规划学科南京会议志愿者、院庆专刊《知行合一·至善至新——东南大学建筑学院学生课外自主研学创新实践活动成果》章节编辑之一、东南大学大学生骨干培训营学员等等，她珍惜每一次贡献出自己力量的机会，将深沉的家国情怀融入最广泛的实践之中。

■ 胸怀天下，未来可期

“梦想”是杨宇欣的关键词之一，她坚信即使自己是点点微光，也可以汇聚集体一起发亮，照亮青春路。她将自己小小的梦想注入班级实践与服务集体的努力中，只为实现集体的更大的梦想。

“绝知此事要躬行。”作为015151班的班长，她从最初便想要号召同学心怀天下，于是有了连续三年的磐石计划；于是有了“墙里秋千墙外道——对‘原则上不再建设封闭式住宅小区’相关政策的解读、研究与展望”，大一的小朋友们以对学科的火热，关注“十三五”新政策，把握学科热点，初探国家发展建设方向；于是有了“Generation Album 90，90——015151看90后众生群像”，跳出自身，思考习总书记对新时代青年人的期待，客观看90后的时代特征与时代角色——万象·统一，既纯粹，又丰富；于是有了“行海丝遗路，扬文明互鉴，携手012172支部，响应十九大做‘一带一路’积极践行者”的号召，以独具匠心的视角记录历史路径，以身体力行的方式传播丝路文化，以以古为今的思维思考新丝路内涵。集体力量永远是大于个人力量的。于是有了，西家大塘景观改造中，无论阻力重重，仍头顶烈日为社区创造一方活动空间的同学们；于是有了，在南京老城游憩行为调研中，每一位为最终成果添上一块拼图的同学们；于是有了，第三届数字景观国际研讨会中组织调配得体、齐心合力创造极高效率的身影。他们怀天下抱负，他们的天下抱负融化在这一点一滴为社会、为集体、为专业做贡献的分分秒秒。

杨宇欣也有一些小小的“梦想”，她认为每一年对班级荣誉的争取实则都是一次对班级记忆和资料最好的整理，也是进一步巩固班级凝聚力的契机。还记得申请“国旗团支部”成功时的情景（这是集体所获得的第一个集体荣誉），那是一次在三年的努力之后，荣誉的水到渠成，那也是一次精良准备的异彩突放。还记得那个夜晚，015151 唱响的班歌现在还时时被轻声吟唱，015151 的道具是最美的舞台布景，015151 精心打磨的手册是班级永远的纪念，还有那个喊口号喊破音的她。这些小小的梦想，都是最美好的遇见，都是最美好的纪念。杨宇欣带领班级先后又获得了“江苏省先进班集体”“东南大学优良学风标兵班”“江苏省甲级团支部”等荣誉称号，这个只有 32 人的小小集体是近乎所有集体荣誉的大满贯获得者。以杨宇欣为代表的他们胸怀天下，未来可期。

■ 知行合一，止于至善

杨宇欣十分注重自我反思，她深知必须保持自己的先进性才能更好地带动集体的先进性。

作为预备党员，她深知应当不断提升自己的政治素养。在积极参加党课，参与党员培训、党员学习之余，她广泛涉猎，思考外交，思考地缘政治，思考以她的专业去作为改变世界的力量。作为学生，她的专业排名永远在前 20%，她参与了两个 SRTP 课题：跟随景观系系主任成玉宁完成的“校园水景观评价体系构建”，获省创优秀；跟随副系主任李哲完成的“基于 eCognition 的风景园林空间密度量化研究——以浙江温州三垟湿地为例”，获国创良好。她去艾奥瓦州立大学访学交流，“She can write a paper for everything”是交流学校的系主任对她的评价。在专业领域，获得香港大学上海学习中心、清华同衡规划设计研究院朱育帆工作室、SWA Group 的实习机会，分别在学校学术氛围、中方设计工作思维与西方设计工作思维下综合学习，她并不只是一个履历厚度的积攒者，她思考工作方式的更新换代，思考语言逻辑的自然法则，她以最大的热情与期望去触碰专业的边界，探索专业的深度。她步履不停，永远记得“奋斗青春是幸福的青春”；她知行合一，永远期待自己的一点微薄力量，可以给学科、给世界带来一点小小的改变；她止于至善，至善永远在下一个路口。

她思考班级管理对于每一位同学的意义。

五年，她和这个班一起成长了太多太多。她有为班级事务狂热过，她曾带着高中时期更为传统的班级治班理念进入大学，她乐于服务，勤于策划，让大家“抱团”取暖，促进感情，规划团日活动、踏青游学，准备每一个节日、每一个生日的小礼物与小祝福。她也有“冷漠”过，尤其在美国交流学习中看到更为松散的集体结构下群策群力的治班模式后，她开始更加尊重大家的时间与自由度，更多地便利大家将精力调配到更合适的地方，她更明白有的时候不说话是为了让更多的人说话，不作为是为了让这些人在更好的地方作为。她懂得如何更好地利用最有限的时间把握“聚是一团火”的机会，每一次的活动经费安排都恰到好处，每一次的时间安排都最大限度地尊重每个人；她也懂得如何在“散是满天星”时，让这个集体的每个人发挥自己的光与热，SRTP、志愿活动、比图拼图等，让每一个在单个领域里最擅长的人去鼓舞大家，激励大家，影响着身边的你我他做有意思的事情。在 015151 班，让优秀成为一种日常，这是她时刻铭记于心的管理服务理念，他们只是在以最普通的姿态前行，这种姿态，足够踏实，足够优雅，足够坚毅。在 015151，集体是一种仪式感与归属感，他们总有一种力量可以发起“总攻”，他们总有一个地方可以互诉衷肠。

这三个小标题，分别是杨宇欣初中、高中和大学的校训，这三个地方赋予她性格与温度，赋予她做事的态度与做人的品格，成就了无私奉献、胸怀集体的她。她深信，无人所念之人方成无人敢想之事，在今后的学习工作中，愿为一道光，照亮青春路。

推荐老师 吉倩妘

师长点评

杨宇欣同学聪明睿智、热情大方，最具有青年人蓬勃向上的姿态和厚积薄发的力量。她担任 015151 班级班长，在她的带动下，该班班风优良、获奖无数，是景观系发展的中坚力量。奋斗的青春是幸福的青春，愿她保持持之以恒的动力与活力，继续奋斗。

建筑学院　景观系副系主任　李　哲

张　帆 ZHANG Fan

■ 个人简介

张帆，女，汉族，1998 年 2 月出生，中共预备党员，东南大学能源与环境学院核工程与核技术专业 2016 级本科生。曾获国家奖学金，唐仲英德育奖学金；2018 年度江苏省三好学生，东南大学学习优秀生、优秀学生干部等荣誉称号；全国大学生节能减排社会实践与科技竞赛一等奖，2017 年全国大学生英语国家级竞赛三等奖，东南大学高等数学竞赛校级三等奖，等。

不忘过去　不畏将来

——记能源与环境学院张帆

■ 心有明月，手摘星辰

“要以星星为目标，那样的话，即使掉下来，你还能落到树梢上。”大一时，张帆首先把自己摆在了一个很低的位置上，对自己的要求有些低，大一上学期期中考试，她的高数得了82分，这个分数对于只求及格的她来说是个惊喜，她便有些沾沾自喜。然而，高数老师对她说，你考得并不好，没有达到我的预期。正在上晚修的她眼泪霎时就流了下来，老师的这句话像是一面镜子，映射出了她的懒散和懈怠，她为自己的逃避、自己的自甘平庸而羞愧，过去的她害怕失望而不敢有目标，庸庸碌碌还安慰自己平凡可贵。她不敢再这样下去了。剩下的半学期，她上课时全神贯注，下课后举一反三，融会贯通，在完成老师布置的作业外，自行进行适当的课外练习。高数课本的每一道练习题她都做过，工程制图的每幅图她都画过两遍以上。就这样，第一学期结束之后，她的绩点是4.256，位列年级第一，至今她都清楚地记得这四个数字，如果说学习成绩有什么实实在在的好处，那便是它给予了她强大的自信，这是一股前所未有的力量感。努力是最不值得炫耀的东西，却也是她最敬重的东西，是努力，让她看到了更多可能。

此后，张帆将优秀成为一种习惯，从不曾松懈过。五个学期里，她参加了 13 个竞赛，获得了东南大学高等数学竞赛校级三等奖、2017 年全国大学生英语竞赛国家级三等奖、东南大学第五届英语写作竞赛校级一等奖、2017 年“外研社杯”全国大学生英语挑战赛江苏赛区优胜奖、2018 年全国大学生数学建模竞赛省级三等奖等 7 个奖项，还有未能获奖的结构竞赛、健康素养竞赛、物理实验论文竞赛等。是这些竞赛使她迅速地成长起来，她学会了 MATLAB、CAD 等软件，她学会了如何快速处理信息、如何统筹规划、如何与队友沟通观点，最重要的是，她找到了自己的归属感，她拥有了自己同这个世界分享美妙的方式。她越来越享受在书本的海洋里探索，享受打破砂锅问到底的求知欲，享受和自己博弈，享受思维的碰撞和智慧的交融。

高数竞赛培训的时候，她常常会为解法的精妙所倾倒，享受着求知的乐趣，当真正投入一件事情中的时候，整个人都是闪闪发光的。美国大学生数学建模竞赛提交日期的前一天晚上，张帆和她的队友熬了一个通宵，将模型重新完善，对所有的英文从头至尾检查了三遍。临近早晨，他们看着天渐渐泛起了白，冬日的阳光有着别样的光辉。她永远铭记那个提交的瞬间，那种热泪盈眶的感觉。愿意并且能够为了一件事情废寝忘食，是她的幸运。

大三的寒假，她所在的节能减排小组进入了备战竞赛的关键阶段，他们面临着实验室位置不够只能露天实验、人员紧缺等问题，但是当一边抱着电脑取暖一边看着实验曲线越来越符合预期的时候，内心也变得越发纯粹，那就是不达目的不放弃。正是凭借这样的毅力，张帆成功拿下了比赛。

■ 携伴上路，与有荣焉

大一刚入校门，看着种类繁多的社团、学生组织，她跃跃欲试。怀着满腔热情，张帆加入了唐仲英爱心社、学院新媒体中心、学院科协、学院团委、东南风文学社。认识新朋友的喜悦、刚接触任务的新奇很快淡了下来，她要面对的是学习时间和学生工作时间的分配问题，要面对不熟悉的部员、不适合自己的任务，这让她一度自我怀疑，丧失了前进的动力。但阵痛过去，她想明白了，既然做了选择，就要负责到底，先尽力去做，再讨论到底适不适合、到底能不能做好的问题，行动之前先否定了自己又怎么会获得成长呢？大一那年，她每个周有四个会要开，周末几乎全部被占用，但她的内心是洋溢着欢乐的，她想她拥有干一行爱一行的能力，自主性成为她奋斗的动力。

大二的时候，张帆做了新媒体中心的副主任。领导层和干事层要关心的问题完全不同，她仔细谋划，希望把整个局面阔出去，内外联合，这就要求她必须做好长久的规划、人员的安排，把部门的整体氛围调节好。虽然有时候她也有过迷茫，但是她不敢停下，努力往前走，给干事们树立信心，不断寻找并塑造部门的形象。大一和大二，她一共编辑了30多篇推送，审核了20多篇推送，越来越清楚自己的目标，他们要做的是一个有深度有质量的学院平台，本着服务各方的原则，应该高标准严要求，传达积极向上的内容。她个人的成长与公众号的成长相辅相成，她在它身上凝结了心力，它同样回报她认知与感想。她喜欢这个地方，它带给了她数不尽的头脑风暴、夜半畅谈、欢声笑语，在这里她也收获了一帮肝胆相照的朋友。

进入唐仲英爱心社三年多来，她对志愿活动有了更深层次的理解，对自己的要求也更为严格，也在身体力行地参与各项志愿者活动。奉献是她参加志愿者活动的初衷。当看到匆忙的高铁乘客因为自己的指引成功登上列车，当给清水亭的孩子们讲凡·高的《向日葵》、莫奈的《睡莲》，看着他们脸上洋溢出的憧憬，当看着家教的孩子把不会的题都做完朝着她微微一笑，那一刻，那份充实与满足，是奉献精神的深刻诠释。在为他人减轻负担、避免麻烦、提供方便之时，哪里还会斤斤计较自己究竟获得了什么回报？

梭罗说，德行善举是唯一不败的投资，是对人生的丰盈，是对自己的负责。凡人为善，不自誉而人誉之，为恶，不自毁而人毁之。

令张帆感到最骄傲的事情是，她逐渐学会了用高效率争取更多可能性，效率的提高使她可以更好地利用课余时间。从大一至今，她参与志愿服务活动累计200小时以上，获得过唐仲英爱心社十佳志愿者、义务家教优秀志愿者、地铁服务优秀志愿者等称号。大二下学期，她有幸在教务处成立的学习辅导中心担任志愿者，为低年级同学解答基础科目的疑难问题。恰巧那位同学手边放着张晓风的散文集，有一篇叫作《种种有情　种种可爱》，跟她的心境十分契合，她想永葆这份热心，这份初心。“这个世界是美好的，值得我们为之奋斗。”海明威只相信后半句，而她，相信一整句。

■ 不畏将来，不念过往

大三短学期，张帆到连云港田湾核电站进行认识实习。她特别喜欢集体出行的氛围，在集体中，她有一种朝气蓬勃、规整严明的命运共同体感。坐在去核电站的班车上，她想起了马尔克斯那句话——我去旅行，是因为我决定要去。她的脑袋里不由得冒出了这样的问题：今后决定做什么？顺应初心，或许是最好的选择。人都是摸索着踉踉跄跄前进的，人生就是做出无穷个决定的征途。空想是没用的，在经历极其匮乏、认识尚浅薄的当下，实践活动给予她的，不仅是知识的学习，更是一次自我挖掘与进步。

通过几天的听课和参观，她也知道了一些身处象牙塔中不曾知悉的事情，每个行业都有兴衰演替的过程，每当一个行业处于红利期，人们便趋之若鹜，人人都绞尽脑汁想做出自己人生的最优解，实现人生价值的最大化。只不过她在最后一天参观常规岛的时候，内心又有了新的感悟。那天上午九点多，第一组九个人换好衣服，穿上不合脚的工作鞋，不利索地迈着步子往中心厂区走，一路上被太阳晒着，工作帽又重又厚，才几分钟便体会到了一线工作人员的辛苦，敬佩感慨油然而生。抬头看着常规岛和核岛的外壳，这种近距离的体验有别于远远的观望，她突然间就觉得这是人类多么伟大的进步，感动于人类社会变迁之快速之巨大，又想起那么多数据、那么多按钮的控制室，她深深地被现代科技震撼了。排队、过闸机、安检、进入一道又一道防护门，在长长的走廊里，她突然眼睛酸酸的，意识到，伟大的事业，通常都是以集体精神和无私奉献为动力的，她看着那些令人眼花缭乱的管道，听着带了耳塞仍无所阻绝的机器轰鸣声，再一次不由自主地对那些电力事业、施工建造事业、民用核事业等的先驱和奋斗者投以深深的敬意与感谢！ 她内心中，为了祖国奉献青春的心也变得更加坚定！

田湾这次实习，她载兴而去，载兴而归，心情“轻”了些，也“重”了些。“轻”是心中的顾虑和纠结少了些，虽觉得自己天资和悟性不高，但是勤能补拙，还是想继续在这条道路上走下去；“重”是心中的责任感和融入感更强了，灵魂更加厚重。

大三上学期的汽轮机课上，胥老师说，我们的汽轮机至今还是很弱，很多器件需要进口，苏黎世联邦理工学院的蒸汽透平是世界排名第一的，同学们有志于此的可以多了解一下。 她就在想，如果我们都不坐冷板凳搞研究，那谁去呢，青年人，就要视野广一点、格局大一点，哪怕几十年后，忘记了大学学会的所有知识，仍会记得我当年被点燃的求知欲、探索欲和家国抱负，这是大学教给她的最值得珍视的东西。

不必太纠结于当下，也不必太忧虑未来，当你经历过一些事情后，眼前的风景已经和从前不一样了。 不忘过往，永远奋斗，方能谱写华章！

推荐老师　茅　佩

师长点评

张帆同学学习态度端正，学习兴趣浓厚，有较强的独立能力和自学能力，同时该生逻辑思维能力强，思想超前，视野开阔，在分析问题和解决问题时常能提出自己独到的见解。学习和工作方面均有较大的发展潜力。

能源与环境学院　副院长　梁　财

张家齐 ZHANG Jiaqi

■ 个人简介

张家齐，男，汉族，1998年11月出生，中共党员，东南大学能源与环境学院能源与动力工程专业2016级本科生。曾获国家奖学金，CASC奖学金，东南大学森德兰舍奖学金；2018年度江苏省优秀学生干部，东南大学三好学生等荣誉称号；美国大学生数学建模竞赛国际级一等奖，全国大学生节能减排社会实践与科技竞赛一等奖，等。

勤奋·严谨·朴实·进取而“止于至善”

——记能源与环境学院张家齐

■ 学海无涯勤为桨，乘风破浪济沧海

2016年的夏天，满怀憧憬的他踏入了东南大学的校门，他知道，他的梦想将要在此起航了。“大学之道，在明明德，在亲民，在止于至善。”这是东大的校训，也是他进入大学后牢记于心的第一句话。

“大学”的解释为博大之学，即博大精深的学问。他深知厚积薄发的道理，学好本领才能更好地奉献社会，才能真正放飞梦想。作为一名大学生，他知道不能缘木求鱼，必须脚踏实地，首先要把握方向，找准角色定位，把学好知识、练好本领作为他的首要任务。他深知学习不仅仅靠的是基础与天赋，更需要勤勉与坚持，“勤能补拙”是自古良训，也是他学习生活的真实写照。他在课前自觉预习，课上积极互动，课下主动提问，课余与老师保持密切联系，节假日走进图书馆，从书本中获取营养、掌握知识。在大学的学习过程中他体会到，身为一名学生，学习绝不能仅仅局限于学完一门课而应该是学好一门课。学习过程中，他力求将每一门课程的每一个知识点尽力学到能够熟练运用的程度，不仅仅局限于应试，而在全面发展。大一学年的各项课程都是通识类课程，他力求打好基础，为以后的专业课夯实“地基”。功夫不负有心人，大一学年，他成功跻身专业

前三。

进入了大二、大三之后，身边有一些同学开始松懈下来，不再有大一时的干劲与冲劲，而他依旧咬紧牙关，开始了专业基础课的学习。专业课相比于通识课来说，涉及的已经不仅仅是概念与知识了，更多的是现实生活工程中所遇到的问题，这也让他初次领略了“工程”的内涵。虽然专业课的难度相对较高，但是通过反复的推敲与理解，他觉得专业课更有趣味。通过认识实习，“锅炉”“汽轮机”“烟囱”“冷却塔”，这些在脑海中的设备真真实实地出现在了他的眼前，他对电厂运行的一些工作有了初步的认识。在大三之后的学习中，他也正式地接触到了这些课程，这些设备的运行内容丰富，同时要求他能够灵活运用所学知识，有挑战，更有挑战成功的成就感与自豪感！

机会总是留给有准备的人，经过三年的努力，张家齐的综合成绩绩点为 4.147，位居专业第二位，成功保研至清华大学。

■ 科研路漫苦作辕，攻坚克难迎佳绩

校训中“道”指的是目标，而张家齐的目标便是所学有所用。在他看来，知识若只停留于理论层面，它永远不会真正属于他，只有通过实践，把一个个抽象的理论付诸行动，才是知识真正的归宿，而科研与学科竞赛便是很好的途径。于是，在课余生活中，他积极地投身到科研与竞赛中。

大一时，他参加了创新体验竞赛，凭借着开拓的思维与新奇的想法，获得了校级一等奖。在结合自身优势和兴趣的基础上，他还参加了东南大学第九届中华赞经典诵读大赛，获得了三等奖。

到了大二、大三，专业课的知识支持着他开始从事一些科研项目，他先后参与到校级重大项目“分流热管式真空集热管”和省级项目“气液两相流气泡三维测量方法研究”等研究中去，真正走进了以往只有在脑海中才有的科研人员开发新产品的画面中。其中，省级项目的研究对他的影响很大，这是一项将光场成像技术应用到测量中的创新项目，他在此研究过

程中不仅掌握了 MATLAB 等应用软件，也培养了浓厚的科研兴趣，最终以优秀的成绩完成了该项目。

同时，数模竞赛和节能减排竞赛进入了他的视线。他发现可以通过数学建模来解决实际的问题，在数模竞赛的参赛过程中，从校赛三等奖，到国赛的省二等奖，再到美赛国际级一等奖，每一次的经历都是一次历练和收获。节能减排竞赛的参赛经历更让他真正体验了一把从零开始的科研经历，受益匪浅，从思路构建到装置搭建到进行实验，全部由他们本科生讨论完成，最终他们的参赛作品获得了“首钢京唐杯”第十二届全国大学生节能减排社会实践与科技竞赛一等奖的好成绩。

■ 学生工作心热忱，与众同乐共欢颜

校训中“亲民”一词可解释为亲近民众，除了学习外，张家齐投入最多的便是学生工作了，因为这不仅能服务群众，还能实现自我价值。在大一时，他便承担了三项学生工作：030164 团支部团支书、东南大学广播台新闻部直播组干事、能源与环境学院学生会外联部干事。

虽然身兼三职，但是工作的压力并没有打击他的热情，反而使他斗志昂扬。身为班级团支书，他积极组织一些能够提升班级凝聚力的活动。他率领班级在辩论赛场上唇枪舌剑斩获冠军，在魅力班级评选中展现风采稳夺第一，在饺子宴中增进感情嬉戏打闹，在团日活动中挥洒汗水绽放青春。支部的“春风桃李花开日，师生相知共欢时”主题团日活动获得了优秀成绩，他也因此获得了校“优秀学生干部”和“优秀团员”称号。

作为学校广播台的一员，每周二下午五点，校园广播《新闻十七点》栏目总会响起他的声音。他发挥自身播音与主持的特长，为广大校园师生服务，播报当天的新闻时事，这也圆了他一个当播音员的梦。与此同时，他也积极参与广播台的各项活动，如担任配音大赛经理人、年会主持人等等。最终，他被评为东南大学广播台“最佳男主播”。

到了大二，他成了年级最早的一批预备党员，并担任了能源与环境学

院本科生九龙湖党支部党建负责人。在此期间，他认真向学长学姐学习，熟悉党支部的相关工作，带领支部成员举办了“入党申请人学党章培训会”“入党积极分子培训会”等活动，取得了不错的反响。

同时，他成功通过竞选成为东南大学广播台新闻部总编，审核稿件、把关节目质量、组织广播台的各项活动。他与总编室的同学们一起举办了全台秋游、台内派对、年会、配音大赛等活动。虽然辛苦，但是看到台员们的笑容，看到他们温情满满的空间和朋友圈，再多的苦与累都值得了。

进入大三后，他便专心于党支部一项工作，担任能源与环境学院九龙湖本科生党支部书记，为了提高党支部在学生中的影响力，他提出了许多新的改革措施与举措：让制度规范化，提升党支部的战斗力；让例会常规化，提升党支部的凝聚力；让活动多样化，提升党支部的影响力。他们支部组织策划申报的“寻访非物质文化，传承民族之魂；搭建共进步桥梁，点亮未来之光”领航计划党日活动被立为校重点项目。最终，他带领支部获得了2018—2019学年东南大学优秀本科生党支部和东南大学先进党支部的荣誉，他自己也被评为2018—2019学年东南大学优秀本科生党支部书记和江苏省优秀学生干部。

■ 碌碌风尘廿如饴，志愿调研彰价值

在学习工作之余，张家齐也不忘做一些社会实践与志愿服务。2017年的暑假，他和几位同学组成了“六朝松”小队，开展了题为“国立中央八子，六朝松下东南”的社会实践调研，旨在通过一次全面的调研深入了解国立中央大学拆分而来的各兄弟院校对拆分历史的认知情况，以及老师、同学们对这段历史的感想，其中重点调查东南大学从国立中央大学中得到的物质和精神财富，以及优良传统的传承情况，从而激发东大学子对母校的认同感和自豪感。他们通过细致的调研、采访，完成了长达121页的调研报告。同时，他们的调研也被做成了微信推送发送到了学院的新媒体平台，获得了1600+ 的阅读量。最终，他们的调研成果被评为东南大学2017

年暑期社会实践一等奖，他也被评为社会实践“优秀个人”。

他还积极地参加志愿者服务活动，他担任了2017年中国工程热物理学会燃烧学学术年会暨国家自然科学基金燃烧项目进展交流会志愿者，在志愿者服务中彰显自身价值。

为天地立心，为生民立命，为往圣继绝学，为万世开太平！ 他坚信“经得一番寒彻骨，终得梅花扑鼻香”，在前进的道路上，他饱含热忱，不断开拓进取、奋勇争先！ 以梦为马直奔前，不负韶华勇争先！

推荐老师 茅　佩

师长点评

张家齐同学学习成绩优异，对所学专业饱含激情与热忱。他勤于思考，勇于探索，具有良好的学术基础及较强的科研能力。他热爱学生工作，热情为同学服务，积极参与社会实践与志愿者活动。希望他早日成为一名国家能源动力领域的领军之才！

能源与环境学院　副院长、教授　许传龙

吴佳其 WU Jiaqi

个人简介

吴佳其，男，汉族，1998年4月出生，共青团员，东南大学信息科学与工程学院信息工程专业2016级本科生。曾荣获2016—2017学年国家奖学金；2018年度江苏省三好学生；江苏省普通高等学校第十四届高等数学竞赛本科一级组一等奖，2018年全国大学生英语竞赛特等奖，等。曾获发明专利一项。

心怀大我　奋斗人生

——记信息科学与工程学院吴佳其

“心怀大我的奋斗者”可能是对吴佳其同学最好的描述。在东南大学信息科学与工程学院就读的三年中，他以自己的思考完善自己存在的意义，以自己的行为践行社会栋梁的担当。在他心中，有一些东西所带来的心灵体验会比表面上光鲜亮丽的成就与称号来得更加珍贵。

■ 暗暗积蓄力量

“大学之道，在明明德，在亲民，在止于至善。”吴佳其不是一个天资绝佳的少年，更多地，他利用勤奋的汗水创造属于他的辉煌。高考成绩并不理想，以班级最后几名的身份进入强势的信息科学与工程学院的现实，给了他压力但也给了他动力。平时上课认真听讲、记笔记、向老师提问题，课后认真完成作业，周末积极复习。他对每一门课程都投入了相当多的精力，并制订了合理的学习计划。通过有规律的学习，他慢慢地对大学的课程有了更好的认识，在第一学年结束后，他取得了全年级 P 值第三名的好成绩，平均绩点达到了 4.275，成为班级的学习榜样。更可贵的是，他将优秀变成了习惯，在三年中一直保持这样优异的成绩。可是他没有在这里停止，他在思考：“人生的意义是否仅停留于分数？学习与生活的交会点在哪里？”

为了寻找答案，吴佳其一次又一次踏进人文大讲堂，倾听“过来人的故事”。从缪昌文院士的“成人成才成功”到刘攀院长的青春故事分享会，他突然发现这个世界上的人都是这样的缤纷多彩，但有时又是那样的脆弱无助，人生的起起落落，身边人们的一次次靠近与远离，在他内心最深的那一片海里泛起一阵又一阵惊涛骇浪。梦想？现实？努力？前进？社会？这一个又一个词汇莫名其妙地在他的眼前放映着。他在感悟：“或许能用自己的努力，用真实的行为去爱身边的人，去为这样一个人类共有的世界做贡献，是对我这个个体生命的无限尊重与热爱！”他更加刻苦地学习本专业的课程，在他看来，一行行代码与一道道数学公式的背后是未来人们生活的奠基石，有了这些工具的帮助，他可以从小处着手开启未来的大门；而同时，他切实地行动起来，做志愿者和国际文化交流使者，让更多人感受到温暖、得到帮助，这亦是他实现理想的一大途径。

■ 潜心学术研究

有了信念和知识做基石，吴佳其开始构筑他的理想。带着对交通和数据分析的喜爱，他将他的心血投入 SRTP 项目，为车联网的未来带去他的贡献。

那是在一节体育课课间的突然起意：“要不我们组队做个 SRTP 项目？”四个来自不同学院的同学就这样走到一起，当初的他们只想将课程中的一点设想变为现实，未曾想到整个复杂的系统居然在两年后的一天展示在所有评委老师面前。开始的时光总是充斥着激烈交锋的观点和反复修改的方案。对于吴佳其来说，他的井井有条正逐渐与纷繁复杂的想法不断融合，从第一篇真正研读的论文，到最后的系统基本架构成型，有一种能力在持续努力中慢慢成长出来，那便是创新。信息科学与工程学院大二的课程是最具挑战性的，但 SRTP 项目的立项时间也步步紧逼，可是他没有退缩，他自己设计简约而清晰的 PPT，在短时间内展示出所有的好点子，他们通过了第一步的考验！他的难能可贵之处在于他的持之以恒，他明白这样的通过只是开始，只有往前看才能经历一次又一次的挑战。幸运的是，他的队友们也明白这一点，他们坚持着日常性的周会和进度记录，把任务稀释到平日的生活中去。在队友的协作下，机械结构被制作出来，设备已经采购完毕，吴佳其开始将自己的课程学习知识转化为软件应用。这时，摆在他面前的是一个他并未想象到的“大网”，从最简单的安装系统开始，每一个操作都会牵扯到部分未知的知识，而这些知识又再次向外延展，就像雪崩效应一般。好在他已经在大学中进一步提升了自己对困难的“忍耐阈值”，他在纷繁复杂的英文文献中寻找突破口的同时也慢慢地认识到选择性和主次分明的重要性。他们的队伍越来越强大，他们的成果慢慢地显现出来。面对着五月明朗的阳光，当他们的摄像头最终缓缓地朝小车前行的方向移动时，他们相视一笑，这是工科学子最大的骄傲。

回顾整个项目过程，或者是他曾经参加过的各类比赛，他认为这些能够在不久的将来转化为带动社会进步的生产力；他又总是把这些比作好酒佳酿，他喜欢从中品出处事待人的哲理或是治学的真谛。他学会了解决问题，学会了总结错误，学会了看淡生活中的起起落落，学会了在一次次摔倒之后继续爬起来，学会了缩短纠结，脚踏实地。

■ 投身志愿工作

吴佳其的可贵之处在于他把自己的爱心和信念付诸实践。他从自己的成长经历和与别人的沟通中了解到：这个世界上的人很多，想法更多，每一种想法都有它的合理性，每一个人都有独一无二的特质，想要为最广泛的大众谋福祉，就要了解不同的个体。他用他的这种热爱认识更多的人，倾听他们的声音，尝试更多的可能，帮助更多的人。

利用自己的语言优势，吴佳其在大一就成了一名汉语志愿者，与尼泊尔小哥 Yuvi 结成语言伙伴。大一的他虽然课业繁重，但仍旧抽出时间从九龙湖奔去四牌楼，与小哥在校园内徜徉，向小哥介绍东南大学的历史和南京的古韵。吴佳其加了小哥的微信，在汉语考试前期为他辅导题目，也在图书馆外帮助他纠正中文发音。小哥总是对他说，自己国家的医学仍旧不发达，需要来中国学习，以后希望能够更多地救死扶伤。小哥眼中的执着深深感染着吴佳其，他坚持着自己的志愿行为，从同仁医院的导医台到中山陵的景区入口、从国内到国外。2019 年暑假，他有幸在加州的一家医学中心做了一日食物分发义工。那天烈日当空、极度干燥，他驱车一小时后来到医学中心门前，与干净整洁的内饰截然相反的是医院外破旧的街道。在任务分配结束后，一辆满载食物的大车停在医院门前，而门外是陆陆续续开始聚集、焦急地渴望得到食物的人们。一声令下，人们开始有序地进入已经搭建好的一条条食物长廊，等待着他们的是耐心的志愿者和新鲜的蔬果。引导人们进入、帮助他们装好食物、送他们到自己开来的车上，在重复的动作中，吴佳其在观察、在聆听：熙熙攘攘的人群虽然略显嘈杂，但无法掩饰其生活的艰辛，病痛的折磨或是经济的压力使他们不得不在烈日下排队等候；很多被帮助的人不会说英语，却仍用肢体语言表达着他们的感谢；志愿者们上至白发苍苍的老者，下至仍在小学的女孩，都在以百分之一百的劲头投入志愿工作。他回忆起了医院中病人焦急的神色、景区迷路人们的一声声感谢，还有永远一同出现的各色志愿马甲，这一切的一切是多么的相似而又令人动容。

他在这些志愿活动中愈发坚定了自己关爱他人、理解他人并帮助他人的信念，也不断把这样的信念传递出去。在为 040187 班同学上班指导的“入学第一课”时，他说：“大家有不同的想法，能够站在别人的角度看问题才能够更好地体谅别人。”校记者团的同学们曾经采访过他，他对同学们说：“很多时候人并不能明白自己当前做事的意义与价值，但这些人和事却在历史长河中永远闪耀了下去！”或许他正是以坚持与爱做好每一件事，才让他活得如此闪亮，也为他人带去了光明！

■ 积极面向未来

吴佳其是幸运的，他希望带给身边人的，也正是身边同学带给他的。他渐渐发现同学自己创建的一个崭新的公众号正在唤醒着大家的理想；他渐渐发现同学不再功利地讲求学分而是真真切切地希望通过学生科研做出一些成果。他发现校园中的义卖越来越多，同学们愿意为身边有困难的人施以援手。这些都让他坚定了自己持续奋斗的“初心”：他希望在未来学到更多的技术，创造出更利于人们生活的物联网设备；他想坚持自己的志愿行为，资助山区的贫困女生走出大山，获得更好的教育；他想教更多的外国人学习中文，让他们了解到中国的文明与富强；更重要的是，他更加热爱自己的人生，希望通过坚持与奋斗创造出属于所有人的美好人生！

推荐老师 顾青瑶

师长点评

三年多的大学生活中，吴佳其同学一直以很高的标准要求自己，从学习到科研再到学生工作，他给身边的同学树立了榜样。在严于律己的同时，吴佳其同学更以主动与热情为学校和社会带去了温暖。在这个瞬息变幻的时代，他的勤奋与坚持实在难能可贵。相信未来的他能“不忘初心”，自强成才，为社会建设添砖加瓦。

信息科学与工程学院 教授 王东明

刘哲铭 LIU Zheming

个人简介

刘哲铭，男，汉族，1997年12月出生，共青团员，东南大学土木工程学院给排水科学与工程专业2016级本科生。曾获国家奖学金，东南大学校长奖学金；江苏省三好学生，东南大学三好学生、学习优秀生等荣誉称号；2019年美国土木工程师协会(ASCE)环境工程竞赛水处理单元美国东南赛区第二名等。

音乐才子的科研之路

——记土木工程学院刘哲铭

土木工程学院给排水专业有一位多次参加学校演出活动的业余音乐人，曾在高中时拿过香港国际音乐节比赛精英金奖，现为东南大学小交响乐团成员。然而这位业余音乐人不仅怀音乐之才，更有科研之志气，正努力地向科研界进发，他用自己的成长讲述自己的科研情愫。

■ 音乐指引，结缘东大

刘哲铭从四岁便开始学习小提琴，九岁在老师的推荐下到中央音乐学院跟随王振山教授学习。中学后师从沈阳音乐学院韩艺老师，即使是在忙碌的高中生活中他也不忘利用午休时间到琴房练习小提琴。由于小提琴属于无品乐器难度比较大，对手指机能要求较高。在练习过程中，他都要去把握每一个曲子的每一个细节，反复练习上百遍，直到心满意足为止。正是这样的刻苦训练，他在高二时凭借沈阳赛区第一名的优势去香港参加比赛，并获得了香港国际音乐节比赛精英金奖。对于小提琴，他有着自己的独特理解，他认为拉小提琴和科研比较像，不仅仅是因为小提琴蕴藏着很多物理学原理，拉的过程也需要经过反复优化，同时要兼顾每一个细节。也正是在音乐的陶冶下，他对自己也有了一个更加清晰的认识。

由于艺术特长，高考前的那个寒假他到许多学校参加艺术特长生考试，东南大学是他最后一个去考的大学，初次踏入东大之门，他便被东南大学深厚的学术氛围深深地吸引了，于是东大成为他唯一的奋斗目标。高考后他以超过录取分数线 11 分的成绩顺利进入东南大学土木类专业。

来到大学的他开始了正式的东大求学生涯。起初他有些不安，担心自己是因为艺术加分才进入东大，学习能力可能会比其他同学弱。但在学习过程中他对科学的激情完全取代了不安，每天都满怀期待地走进教室，因为他觉得没有什么能比学习自己喜欢的课程更有趣。即便是面对自己不擅长的科目，他对老师的尊崇和对学科的热爱也消除了自己对课程的抵触。一年的刻苦学习最终让他取得了专业前五名的好成绩，并转入自己喜欢的给排水科学与工程专业去学习，自此正式开始了他的科研之路。

■ 不畏挫折，磨砺成长

因为以前从未有过科研经历，做实验成为他的一个硬伤。各种实验数据的处理让他无从下手，即使是简单的步骤也让他屡次受挫，但这一盆盆冷水并没有浇灭这个年轻人内心的星星之火。他到图书馆里借阅书籍，去网上搜寻各种网课资源，学习物理、化学、生物等相关专业课程，不断地分析实验失败的原因。并于暑假到中国科学院生态环境研究中心的实验室进行学习，终于凭借努力在科研的道路上踏出了坚实的第一步。之后他对 SRTP 项目渐渐有了头绪，他真正体会到了做科研的美妙。

科研能力的增强让他有机会参加美赛，ASCE 环境工程竞赛的比赛经历让他有了更深的感悟。ASCE 环境工程竞赛是有关水处理的，模拟一个野外求生过程，比赛时要求使用现场材料将一定量的比较脏的水处理成较为干净的水，最终的成绩是以出水量、所用时间以及水质等参数作为定量标准。刘哲铭和他的同学在比赛之前做了大量的准备工作，考虑到了生活中的多种情况，进行了多次的实验去模拟预测，最终拿到了第二名的好成绩。公布比赛结果时当听到“China”的时候，他们所有人都激动地从椅子上跳了起来，这一时刻也是他永生难忘的。在比赛期间他有机会去参观国外的实验室，看到国外精美的实验设计，他颇有感触，他们好像很享受做实验的过程，实验室里的每一件物品被制作得像工艺品一样，享受做实验的过程也是他一直梦寐以求的。

■ 心有归属，科研之路

在刘哲铭心中，科研才是他最终的归属。

小时候接触过一些与科学有关的纪录片，看到里面的科学家，穿着白大褂，在干净庄严的实验室里做实验、做科研，心生崇敬之情。从事科研的梦想便在他的心中生根发芽，直至今天开出了绚丽夺目的璀璨之花。从刚进入东大对科研一无所知，到 ASCE 环境工程竞赛获奖，取得第二名的好成绩，再到如今在科研的道路上渐行渐远，愈走愈坚，他一直在用进步倾诉衷肠。

因为大二接触到 SRTP 项目，这让他对于自己的未来有了一个清晰的认识，他以后想在计算化学和分子生物学方面做一些努力，并将其运用在水处理方面。

他认为知识大致分为“术”和“道”两个层面，术即解题的方法，道才是知识的本质和原理。他认为领悟知识的“道”才应该是每个人学习的终极目标，他是这么说的，也是这么做的。学习每一门课程，他不仅仅是满足于掌握解题的方法，课后他还会花费大量的时间吸收学习过的知识，有时花一个甚至几个小时去理解一个知识点，使这些思想方法完全成为自己的一部分。他说自己最崇敬两个人：一个是发现地球是球体的亚里士多德，另一个则是提出碳正四面体构型的范特霍夫。一个人是把宏观的东西看得很清楚，另一个则是把微观的东西看得很清楚，并且是在科技手段并不发达的年代。他认为这两位是把“道”这个层面做到极致的人，而这也是他在一直追求的目标，于科研亦是如此。

他总说自己是幸运的人，自己的进步离不开其他人的帮助。父母从小到大对他细心的照顾和鼓励式的教育让他养成了良好的生活和学习习惯。在从小到大十余年的校园生活中，他遇到了很多良师益友，和他们一起讨论问题，听他们讲述各种有趣的知识。尤其是在大学的生活中，许妍老师和秦庆东老师给他的学习和生活提供了很多帮助，让他能专注于自己喜欢的课题。学校给了他一个良好的平台，让他在实现梦想的道路上越走越远。

有人问，梦想的力量到底有多大？或许这个问题只有真正拥有梦想并为之努力奋斗的人才能解答。从音乐到科研，刘哲铭完成的不仅仅是方向的转变，更是内心与精神的升华。愿这条科研之根深扎大地，接受养分的滋润与呵护，无限生长，无限蔓延。

推荐老师　林　榕

师长点评

怀揣梦想而战，刘哲铭的世界里不仅有专业第一的绩点、小提琴动人的旋律，还有东大在美国土木工程师协会大学生竞赛中第一座水处理竞赛的一等奖奖杯。他勤奋好学，坚持努力，青春的多彩在他身上绽放。

土木工程学院　副教授　许　妍

魏秋萌
WEI Qiumeng

■ 个人简介

魏秋萌，女，汉族，1998年9月出生，共青团员，东南大学电子科学与工程学院电子科学与技术专业2016级本科生。曾获国家奖学金，东南大学校长奖学金；2018—2019学年江苏省优秀学生干部，2016—2017学年东南大学三好学生标兵等荣誉称号；2018年7月TI杯江苏省大学生电子设计竞赛一等奖等。

大千幽微　溯光而往

——记电子科学与工程学院魏秋萌

东揽钟山紫气，北拥扬子银涛，在东南大学度过的时光造就了拼搏进取、全面发展的魏秋萌同学。作为电子科学与工程学院电子科学与技术专业的一名 2016 级本科生，她先后获得了“东南大学三好学生标兵”“东南大学三好学生”“江苏省优秀学生干部”等荣誉称号，国家奖学金、校长奖学金等奖项。东南大学为莘莘学子提供了良好的学习环境和丰富的学习资源，魏秋萌同学借这个平台驰骋思想、挖掘潜力，在勤奋学习的同时积极参与社会活动，又潜心精攻专业一方。

■ 诚朴求学，勤思好问

魏秋萌以优异的成绩进入东南大学，自高中便有志科研的她，深知若想要在某一个领域有所建树，一定要具备非常扎实的知识基础。在东南大学诚实、俭朴、勤学、勤劳的风气下，她十分重视课程学习，不断扩充自己的知识储备，在专业课程考核中取得了优异的成绩，并获得多项课程奖学金。褪去初入学的青涩，她在第二、三年级学习数学与物理方法、电子线路基础、半导体物理基础、固态电子器件等几门较艰深的课程时，即使遇到难题也不曾言弃，勤思好问；而在此过程中不断积累的学习能力，得以让她在大学三年期间保持着持续稳定的进步，最终在步入大四后获得了“学习优秀生”的荣誉称号。在学习中遇到问题时，她会以内省探索、旁征博引的方式寻求最佳解决之道。由于模拟电子线路等专业课程课时有限但内容繁杂，她便从图书馆借阅了一些经典的书籍文献来完善相关基础知识构架。在自主探索的过程中，她将自己已知的半径不断延伸，在对知识的海洋不断探索的过程中，她对开拓自己未知的边界更添勇气。本科期间，在学习经历中的沉浸感和获得感激励着魏秋萌同学在专业领域继续前行。在毕业后，她将成为一名博士研究生，深攻自己最感兴趣的新型存储器技术领域。

■ 海阔天高，竞展宏韬

若将电子科学与技术专业的学习视作一场修行，那么基于一方教室、同窗一班好友的课堂学习仅是修行的储备阶段，跳脱于课堂之外，与更多有志之才相互切磋的学科竞赛才能让她通往这场修行的“至善”之至。魏秋萌同学在打下坚实的知识基础后，便在东南大学提供的广阔平台上积极参加学科竞赛，展现东南学子不断挑战、突破自我的勇气，强大的调动、应用知识的能力。

在各类校级的学科竞赛中，她小试牛刀，成绩不俗。在各项竞赛，例如 PLD 设计竞赛、视觉制导机器人竞赛、智能车竞赛、电子装配竞赛、校庆杯创业创新大赛等中，她将课程中学到的知识灵活应用，融会贯通，形成了适合自己的学习方法和思考方法，极大地锻炼了她解决问题的能力，也让她拥有了挑战全国性赛事的信心和勇气。

在全国性的赛事中，魏秋萌更是赛出了风采，赛出了精彩。在大二上半学期，她参加了全国大学生 FPGA 创新设计邀请赛，和队友共同完成了基于 ZYNQ 的视觉导航装置，她的任务是硬件模块驱动的编写和 FPGA 上硬件架构的搭建。在这个过程中，她将课程中学习的知识灵活应用，融会贯通，极大地加深了对数字电路和数字信号等方面知识的理解和掌握。在大二阶段，最难忘的竞赛经历莫过于暑假那一整个月的电子设计竞赛培训和最终的决战省赛。作为队长的魏秋萌不仅要全力解决遇到的各种技术问题，还担任着整体方案规划和协调组员分工的责任。在竞赛培训的过程中，让她感触至深的莫过于学院的指导老师和周围的参赛同学毫无保留的指导和帮助，还有学校对于学生竞赛活动的全力支持。在面临紧张的竞赛日程、充满挑战的竞赛任务和源源不断的意料之外的问题时，通宵熬夜成了不可避免的事情。盛夏的夜晚，实验室内充满干劲和热情的参赛同学们忘记了蚊虫的侵扰，忘记了几日未眠的疲惫困意，忘记了夏日的炎热。指导老师们也不遗余力地为同学们提供便利，甚至到了深夜仍在实验室内和同学们一起奋战。从校赛到省赛的一路拼搏，从高频信号放大到非接触式电流信号测量中的种种挑战，魏秋萌在这过程中学习了很多的知识，比如用 FFT 算法分析基波和谐波信号、场与波中的传输线理论等。同样她也能灵活地学以致用，凭借着扎实的知识基础解决了很多问题，比如高频情况下的放大器增益衰减、放大器的自激等等。

积极参与学科竞赛极大地激发了魏秋萌的潜能。在每一次的竞赛经历中，难免会有一段失落失望的时段，难免会有一个看似难以战胜的困难，但这些前所未有的艰难经历，虽然痛苦，但是值得拥有。当最终所有的障碍在努力和勤勉面前轰然倒塌的那一刻，所有的挫折和挑战都成为她永攀高峰的见证。

■ 博观约达，知行合一

在专于学术探索的同时，魏秋萌亦不忘大学之道“明德亲民”的教诲，身体力行地在学生活动中发光发热，将自己的大学生活经营得有声有色，通过与外界的接触完善自我，传播能量。

她在大一入学后加入了学院学生会的宣传部，和部门同学一起准备“我的青春故事”活动的宣传材料，讨论海报和宣传展架的设计，在部门聚会上聆听学长学姐的分享……这种种经历都为她后来的社会活动打下了基础。随着专业学习日渐深入，她把“做有温度的学术”落实在行动中，于大二期间加入了电子科学与工程学院科技协会的技术部门，和部门的其他同学共同学习、开发有趣而前沿的新奇设计。协会内部充满了乐于互助的氛围：每当大家遇到问题时就会通力合作一起交流讨论，分享自己的经验和想法；高年级的同学还会介绍技术学习网站，传授学习经验。这些温暖的经历，铸成了她积极助人的信条，遂于大三阶段担任起了电子科学与工程学院志愿者协会的会长这一职务。

大三阶段担任学院志愿者协会会长，这项全新而充满挑战的工作曾让她些许踌躇，因为她不能仅作为执行者或辅助者，而需要站在全局角度，对内维系、活跃协会各个分属部门，对外联络对接不同的合作团队，这对个人沟通能力和应变能力都是很大的考验。她勇敢地承担起这份挑战，回顾先前在其他学生组织里的经历，请教前辈关于活跃例会氛围、分配工作、维系部门各成员关系的经验，然后尝试迈出自己的第一步。在大三学年结束时，她已褪去最初和校内其他协会、校外公益组织对接中的紧张与不周，而成为一个行事雷厉风行、为人备受好评的优秀会长。在她的带动下，协会内部的会员们在一次次例会上积极参与讨论，共同探讨生活中和学习上的各种问题，共同讨论活动的想法和创意，共同研究活动的执行流程并且争先主动承担任务。在这样的团队氛围的推动下，志愿者协会在这一年内成功举办了很多公益活动，例如，栖霞寺志愿服务活动、电子科学与工程学院的爱心义卖活动、植树节的答题护树活动等等，还将南京市科举博物馆作为学院的长期志愿基地。这极大地调动了学院同学们参与志愿服务的热情。每次的志愿者招募活动，都有大批热心的同学前来报名，这些同学参与到义卖的摊位布置，参与到博物馆的讲解和引导服务，参与到植树节的宣传活动中来。通过和众多志愿者同学的交流，她对志愿服务的认识上升到了一个新的高度，对于奉献、友爱、互助、进步的志愿者精神也有了更加深刻的认识。而在组织各种活动的过程中，学院和学校对于志愿活动的鼎力支持则更加坚定了她要在今后的人生中积极帮助他人，为社会做出自己力所能及的贡献的信念。

在丰富多彩的社会活动中，那些或欢乐、或紧急、或感动、或踌躇的时刻，都成为她今后人生旅途中一份份宝贵的财富，为她的成长添上浓墨重彩的一笔。

■ 溯光前行，未来可期

在东南大学提供的广阔平台上，在敬爱的师长、父母的引导、鼓励下，在身边同学勤奋求学、互帮互助的氛围里，魏秋萌始终保持着积极向上的势头，不断鞭策自我，博于学识，精于专业，善于思考，乐于挑战，以切实的努力收获了丰硕的成果。大千幽微，心中有光的她定会溯光前行；大千幽微，本身就是光的她与“至善”同载同行。

推荐老师　王一卉

师长点评

魏秋萌同学在大学本科阶段严格要求自己，不仅在学业方面取得了瞩目的成绩，还在社会活动方面开拓了一片天地。她积极参与课外活动，努力培养自身的实践精神和创新精神。希望其在今后的道路上砥砺前行，不负初心。

电子科学与工程学院　党委副书记　江雪华

ZHENG Wendian 郑文典

■ 个人简介

郑文典，男，汉族，1998年8月出生，共青团员，东南大学数学学院数学与应用数学专业2016级本科生。曾获国家奖学金，唐仲英德育奖学金；江苏省三好学生，社会工作优秀者，东南大学三好学生、学习优秀生等荣誉称号；社会工作优秀奖等。

文以载道　以典省身

——记数学学院郑文典

回望大学生涯，郑文典同学始终秉持着“服务社会、奉献爱心、推己及人、薪火相传”的做人准则，在思想、学习、工作上严格要求自己。在他的不懈努力、老师的关怀以及同学的帮助下，学习、工作水平均名列前茅，获得了诸多荣誉与肯定。

■ 太上有立德

古语云：太上有立德，其次有立功，其次有立言。作为一名新时代的大学生、一名光荣的共青团员，他爱国爱党，自觉践行社会主义核心价值观；他志存高远，努力做新时代具有远大理想和坚定信念的爱国者；他坚信一个人的理想只有同国家的前途和民族的命运相结合才有价值，一个人的追求只有同社会的需要和人民的利益相一致才有意义。他深知历史赋予使命，时代要求担当，他需要切实承担起推进新时代中国特色社会主义事业的使命，努力成长为新时代德智体美劳全面发展的社会主义事业建设者和接班人。

■ 怀与安，实败名

追求梦想、担当使命需要依靠过硬的本领，而练就过硬本领则要依靠勤奋学习。

初入大学时，他还只是个懵懂的少年，对大学生活的一切都充满好奇。进入数学专业后，他对数学专业课产生了浓厚的兴趣，但是兴趣似乎并不足以支撑学好数学。在大一上学期的期末考试中，他并没有取得理想的成绩，但他并没有失去信心，而是开始反思自己的学习方法，调整自我定位；他看着来往于教学楼和图书馆之间的人群，感受着浓郁的学习氛围，下定决心要做出改变。不同于高中的“填鸭式”学习，学习的主动性和时间的利用效率在大学中显得格外重要，在之后的学习中，他提高对自己的要求，逐渐地，遇到难题时反问自己的“这我怎么能想得到”转变为“这我怎么想不到”；他勤奋刻苦，充分地利用自己的课余时间，成为那来往于教学楼的人群中的一分子；他认真完成先前制订下的各阶段学习目标，每晚回宿舍之时望着天上的星辰反思一天下来的学习进度和构思第二天的时间安排。

功夫不负有心人，在大二学年结束时，他成功获得了专业第一的成绩，顺利获得了国家奖学金、唐仲英德育奖学金、多项单科奖和东南大学三好学生、东南大学学习优秀生等荣誉称号。独学而无友，则孤陋而寡闻，除自身学习外，他还与同学自发组成了学习小组，互相交流想法与体会，当一个人有了绝妙的证法时，一群人便也有了绝妙的证法，同时他们会互相出一些刁钻的问题试图难住对方，在答案揭晓时拍大腿的声音中共同进步。在数学的海洋遨游时，他逐渐找到了自己的兴趣和想要从事的研究方向，同时他也意识到仅仅依靠课本上的专业知识是远远不够的，所以他在学好专业课的同时也注重课外积累，他常常会去图书馆借阅相关领域的书目，拓宽自己的知识面，使自己全面发展，这一点一滴的积累大有裨益。

他作为一名数学与应用数学专业的学生，深知应用的重要性，因此除了学习知识，他还积极申报参加各项创新项目，包括一个国家级创新训练项目“反常扩散问题的分数阶微分方程建模及数值求解”和一个校级创新训练项目“共享单车对城市房价的影响研究——基于居民出行行为的分析”。他和团队成员共同协作。作为团队中的重要核心成员，他在项目推进过程中不断学习进步，突破自我。通过这些创新训练项目，一颗科研的种子在他的心里悄悄生根发芽。

怀与安，实败名。他从不放松对自己的要求，正是因为这一份坚持使他的数学基础十分扎实并顺利保研至浙江大学数学学院攻读运筹学与控制论硕士研究生。他始终牢记，一名学生最主要的任务是学习，不动摇、不松懈，为未来的发展打下坚实可靠的基础。他坚信现在的每一分付出都会给未来的自己带来意想不到的收获。

■ 笃行而不倦

在学生工作上，郑文典曾连续两年获得社会工作优秀奖，在过去的几年里他曾担任数学学院学生会外联部部长，跑过一个个商家，为学院活动的开展拉来赞助，同时积极配合其他部门开展、参与一系列院级校级活动。此外，他还曾担任东南大学学生资助管理中心唐仲英爱心社主任，后任唐仲英爱心社副社长，参与策划、组织多次校级大型活动，如东南大学暑期新生家庭走访等。让他最为印象深刻的是那年的“寒衣发放”活动，从物资筹备，到现场布置，再到清点善后，他体会过从快递站一车一车往回运包裹的感觉，体会过在堆成山的鞋盒中迷失的感觉，体会过熟练叫出各种不同型号的羽绒服的编码的感觉，体会过令人崩溃的贴标签环节，但活动当天前来领取物资的同学们开心激动的表情让他觉得，这个世界总有人在温暖着你。学生工作的初衷便是方便大家，温暖你我东大学子，正如那次活动的名字——“暖东”。

福因慈善得

“服务社会、奉献爱心、推己及人、薪火相传”这是著名企业家、慈善家唐仲英先生的基金会的宗旨，也是他牢记在心的一句话。唐仲英爱心社是他进入大学后第一个接触到的社团，热心公益的他立即就报名加入了这个社团，一待就是四年，从普通社员到主任再到副社长。他在公益劳动和社会实践上，作为东南大学唐仲英爱心社的一员，始终秉持唐仲英先生“得诸社会，还诸社会”的理念，参与了社团内外的各种各样的公益活动，并且多次在志愿服务活动中获得优秀志愿者称号。在唐仲英爱心社做公益有个很大的优势，就是不需要自己去募捐，可是公益并不只有资金，这才是一个开始。

在一次次的志愿活动中，他发现学校与社会截然不同，面对不同的人时，他显得有些茫然。有时候看着活动摊前拥挤着踊跃参与的人群，很是欣慰，有真正关心活动的退休大爷前来侃侃而谈，但也不乏只是为了奖品充数的人，有些人甚至连活动的标题都没有看清。怎样才能使公益的目的更好地深入人心呢？他陷入了深深的思考之中。

他的答案是，一个人的力量总是有限的，所能帮助到的人也是有限的，真正的公益是要让更多的人一起参与进来。因此他还曾参与组织公益，如明孝陵志愿活动的策划、东南大学暑期新生家访活动的策划等。除此之外，他还利用暑假的空余时间组建了社会实践团队，以垃圾电站为切入点，实地调研了家乡的垃圾电站发展现状以及对周边环境的影响，结合团队特长分析了垃圾电站“消除污染”和“造成污染”的平衡位置，并针对家乡现状提出了一系列可行建议，可能他们现在做的效果微乎其微，可能他所参与策划的活动还有改进空间，但是这些事如果永远没有人来做，就永远不会有改变，他为他是参与其中的一分子而高兴着、骄傲着。他小心翼翼地把所有的证书保存好，因为在他心里，这是他积累下的宝贵财富，不断地鞭策着他践行志愿精神。

回首过去的时光，他有过成功和喜悦，也有过失败和遗憾，但唯一不变的是他一直在努力追求更好的自己，即使是在繁重的学习和工作的压力下也从不放弃，敢于奋斗、敢于拼搏、敢于超越。在未来的道路上，他终将一路向前，无论坎坷还是坦途，因为他坚信，“服务社会、奉献爱心、推己及人、薪火相传”！

推荐老师　蒋丽怡

师长点评

郑文典同学思想积极向上，学习刻苦努力，工作认真细致。我曾担任其SRTP项目指导老师，发现他在专业课程的学习上，不仅能系统地学习专业核心课程，还涉猎其他相关课程来丰富视野、扩展思维。他具有较好的问题分析能力和数学基础，科研工作能力值得赞赏。

数学学院　副院长　曹婉容

王小丹

WANG Xiaodan

■ 个人简介

王小丹，女，汉族，1998 年 6 月出生，中共党员，东南大学计算机科学与工程学院、软件学院、人工智能学院软件工程专业 2016 级本科生。曾获 2017 年国家奖学金；2017 年青少年高校科学营江苏科学营志愿者服务工作“优秀志愿者”荣誉称号；2019 年美国大学生数学建模竞赛二等奖，2017 年全国大学生英语竞赛三等奖，等。

热忱浇灌青春　脚步丈量远方

——记计算机科学与工程学院、软件学院、人工智能学院王小丹

将困难化作自我提升的基石，将忙碌化为拼搏前进的动力，用勤奋与努力支撑梦想的成长。仰望星空，年轻的眼眸里神采飞扬，装着梦想；脚踏实地，每一个脚步都应坚实而有力地走向远方。以理想为船，以坚毅为帆，以勤奋作桨，于激流中勇进；笑对人生，不与他人作比，只做最好的自己。

■ 学无涯而以勤为径，路漫漫而上下求索

学习是学生之本，作为一名学生干部不仅要做好学生工作、服务于同学，更应该在学习上起到表率作用，方能使大家信服。因此，她力求在忙碌的学习、工作、生活中找到平衡，努力做到既要做好学生工作，又不影响自己的发展。她坚持把学习时间安排在第一位，利用碎片化的时间静心学习，压缩娱乐与休息时间高效完成工作，乐于在图书馆、教室静享学习的时光。

在学习方面，她刻苦努力，始终以严谨认真的态度对待学习，相信学习没有捷径。她在大学的三年中成绩优异，保研综合排名全院第一，并斩获多项课程奖，并于大二时获得国家奖学金的荣誉，大三时获得诺得物流奖学金。

她深知学好英语不仅可以更好地了解专业方面的最前沿知识，更可以

通过不同的语言逻辑结构来锻炼自己的思维能力。因此她在课余时间坚持锻炼英语听说读写能力。驽马十驾，功在不舍，水滴石穿的努力回报来的不仅是英语四六级650以上的高分，还有2017年在全国大学生英语竞赛中斩获全国三等奖。而英语的学习也给自己增加了一双可以在第一时间了解世界的眼睛，更意味着多了一次与外界交流的机会。

“纸上得来终觉浅，绝知此事要躬行。”计算机行业的蓬勃发展将人工智能的技术应用于各个领域，大大减轻了人力与财力的消耗。秉承这样一个信念，在大二学年，她作为团队共同负责人参与了土木工程学院的跨学科课外研学项目“基于机器学习的钢筋混凝土结构的计算与评估”，将机器学习算法应用于钢筋混凝土结构的预测。在该项目初审时仅立项为院级的情况下，她和她的队友们仍坚持以认真积极的态度完成好项目中每一步的工作。最终，该项目在中期答辩时，在众多校重点、校重大项目中位列全院第一，成功立项为国创项目。目前，这项目已优秀结题，并有多篇专利受理公开。作为软件学院的同学，在本次跨学科项目中她主要负责算法部分，面对从未接触过的机器学习领域迎难而上，从头学起。最终成果带来的满满的成就感充溢于她的心头，驱使她继续勇往直前。

大三学年她加入了杨全胜老师的深度学习兴趣小组，在老师以及研究生学长的带领下参与人脸特征点的智能交通项目。她还与实验室的同学们参与了校级重大SRTP项目“基于人脸特征点检测的表情识别算法改进和特效添加”，并负责人脸特征点识别的算法部分。

“路漫漫其修远兮,吾将上下而求索。”当理论结合实践，当数据碰撞程序，一行一行的代码在指尖诞生，一点一点的经验也在刻苦钻研中慢慢累积。程序运行成功的片刻带来的成就感已足够促使她坚持下去。一路心酸欢愉，一路热忱不弃。

■ 于责任而时刻投入，于热爱而无怨无悔

倘若问她在大学中最不后悔的事情是什么，她一定会回答是学生工

作。带着奉献的使命感，带着对学生工作的一腔热忱，从大一起，她便在团支部与校团委中承担着学生工作。

学生工作无大小，她从大一伊始担任711163团支部团支书至今，已有近三年的时光。团支部的事情繁杂而琐碎，她从初上任时的懵懂无知，到现在也变得游刃有余。虽然团支部工作只是一方小天地，却也可以闯出别样的精彩。

起初的她对于筹办团日活动一筹莫展。为了做好工作，她一方面向优秀的学长学姐寻求经验，一方面让自己学习优秀活动的案例，选定合适的主题再进行充实。大一时，在她的带领下，支部举行了“铭记历史再前行，坚定初心跟党走”的主题团日活动，走访战役纪念馆，在实地考察中感知历史，坚定初心；此外举办了知识竞赛，同学们也纷纷赞同了这种寓教于乐的历史知识学习形式，表示受益匪浅。自此，她有了经验，对工作也越来越有干劲。

大二她再次推陈出新，组织举办了“双手传承传统文化，点滴记录盛世风华”的主题团日活动，以十九大提出的“文化自信”与“美丽中国”为关键词，带领支部同学们切实感受传统文化，感悟身边的美丽中国，组织了饺子宴、美丽中国摄影大赛、踏青等一系列的活动。在大二学年学院组织的“魅力支部”评选活动中，她与支部内其他班委协商，以支部活动视频为依托，在同学们的歌声与朗诵中展示独特的支部魅力，最终获得了711163计软学院魅力支部“二等奖”，而她也以极高的票数被评为了计算机科学与工程学院、软件学院“最美团支书”。大二下学期，支部被授予了东南大学“特级团支部”的称号，她也被评为东南大学“优秀团干部”。

除了在团支部担任支部书记外，大一时，一个机缘巧合的机会，她加入了校团委文体部，并在大二时留任，担任了校团委文体部项目调研中心的中心主任。如果说，写策划、改主持稿、写白皮书及红头文件这些工作锻炼的是她的文字能力和工作能力，那么在这个部门，她深感自己的所获所得远不止于此。

在文体部的两年，她参与了2016年、2017年新生文艺汇演，2017年、

2018年五四表彰大会以及2017年青少年高校科学营东南大学科学营闭营仪式的策划与幕后工作，这些也更让她体会到了举办大型活动的流程复杂与烦琐，每个环节都不能有丝毫差池。每台晚会的背后，是数十遍的彩排工作，是焦廷标馆后台匆匆忙忙吃饭，是深夜更改台本、校对主持稿的身影；当台上的灯火辉煌，歌舞升平，一台精彩的文艺演出正在如火如荼地进行时，她作为文体人中的一员，在后台忙碌地工作；晚会闭幕后，她还要对晚会流程进行总结与反思。是对文体工作的一腔热忱使她将热情完全融入工作之中，更将自己视为为东南大学校园文化活动添砖加瓦的一名奉献者。

源于热爱，她对学生工作投入了百分百的热情；源于责任，她时刻自律，严格要求自己。

■ 无私中不负青春，奉献中承载梦想

她将志愿服务视为人生中重要的一环，她化身一叶扁舟，投身到社会实践与志愿活动中，在无私奉献中承载梦想。

学习与工作之余，她积极参加志愿活动与社会实践。大一刚入学时的学长学姐们的无私帮助令她印象深刻，作为回报，她也参与了2017学年与2018学年校迎新志愿者的活动，引导新到校的学弟学妹们熟悉报到流程，为他们答疑解惑。并在2017年及2018年的招生季，她跟随学校招生老师前往济南、常州等城市，参与学校的招生活动，与有意向报考东南大学的学弟学妹及学生家长亲切交流，为他们答疑解惑，让他们了解更多关于东大的信息。

大一的暑假，她作为东大科学营志愿者团的一员参与了2017年青少年高校科学营江苏科学营的志愿者工作，作为跟班志愿者接待来自全国各地的优秀中学生，每日与他们一起活动，给予他们学习、生活上的帮助。虽然时值南京酷暑，每日工作烦劳而琐碎，但在她心中，这是与科学营的小营员们最感动的相识、最美好的记忆。志愿者团队作为学校的一张名片，

也为更多人了解东南大学做出了贡献。科学营的志愿服务得到了主办方的肯定，她也被评为了“优秀志愿者”。

赠人玫瑰，手留余香，帮助别人所得到的不仅仅是120余小时的累计时长，其中的快乐是不可比拟的，也许这正是志愿者工作的魅力所在。只要能通过志愿活动让社会美好一点点，那些忙碌也便值得。她将仍继续忙碌而充实地奉献下去，在志愿活动中帮助他人，收获快乐。

在大学期间去关注社会、走进社会，对她来说是一种很特别的经历，她认真参与社会实践，在社会实践中感受到了生活的魅力及精彩。大二暑假，她作为队长，和同学们组成了“丝路织梦”社会实践小队，借助互联网技术，以海上丝绸之路为调研主题，结合多个线上活动，了解海上丝绸之路的历史及其申遗状况，并“从21世纪海上丝绸之路”的核心城市广州入手，实地考察广州在各方面的发展情况，了解岭南文化。作为队长，她根据队友们的特点合理分配任务，督促队友分模块共同完成任务，也正是明确的分工以及和谐的团队配合使得她们的实践收获满满，她们最终获得了学校“优秀社会实践团队”的荣誉称号。

四年的大学生活锻炼了她坚毅的性格，让她变得愈发坚强沉稳，愈加散发出青春的活力与自信。然接下来的道路中仍然充满了挑战，但她有信心能够一路高歌、披荆斩棘、奋勇前行。

推荐老师　姜龙玉

师长点评

王小丹同学在学习上勤奋刻苦，态度严谨，成绩优异；在工作上认真负责，得到了老师同学的认可；且该生勤于科研，善于思考，具有钻研精神，热心志愿服务，为人谦虚真诚，待人热情友善，是一名综合素质优秀的大学生。

计算机科学与工程学院、软件学院、人工智能学院　副教授　姜龙玉

缪居正

MIAO Juzheng

■ 个人简介

缪居正，男，汉族，1997 年 4 月生，中共党员，东南大学生物科学与医学工程学院 2015 级本科生。曾获国家奖学金，东南大学校长奖学金；东南大学三好学生标兵荣誉称号；美国大学生数学建模竞赛二等奖，全国大学生数学建模竞赛江苏省一等奖，全国大学生英语竞赛 C 类三等奖，四年制生物医学工程专业第一，等。

读书有味　忙且从容

——记生物科学与医学工程学院缪居正

2015 年 6 月初，东南大学四牌楼校区的自主招生，让他第一次与东南大学结缘。 8 月末，他第一次跨入宿舍，舍友都已经到了，他是最晚到的那个，他们羞涩而又激动地互问名字。 此后四年，他穿梭在教学楼、图书馆、实验室，漫步于九龙湖畔、六朝松下，从当时好奇地四处张望，优哉游哉，到后来逐渐步履匆匆，每一步都承载着一点一滴的成长。

读书有味且从容

四年来，他的步伐越来越快，生活越来越忙，但他总把一句话挂在嘴边——“读书有味且从容”。 一开始只当他是书呆子，谁曾想，他竟不依不饶地在艰难困苦中调整自己的状态，“人不堪其忧，缪不改其乐”。 舍友甚至作起了打油诗“我的舍友不得了，日常放松有奇招。 上个厕所洗个澡，算个积分求个导”。 别人看来再乏味单调不过的生活，在他，却是每天都乐在其中。

当然，他也有心烦意乱的时候。 他偶尔和故乡知交互相通信，诉说苦闷，回信上说：“你似乎总说在忙，但是有的人忙得充实，有的人忙得空虚。我希望你是忙得充实的那一个。”这一番话振聋发聩，“忙得充实”也从此成为他大学最大的追求以及实时衡量自己、反思自己的一大准则。 慢慢地，他又能从对忙的抱怨逐渐转到了适应，能够静下心来学习、读书、思考。

他是个喜欢学习的人，也愿意为学习花大量的时间。也正因此，他愿意连续好几天思考一个证明题，甚至是书上不经意间带过的一句话给他带来的困惑。到了期末，他只需要合上书，拿一张纸，列举一摞知识点、定义，或是从一些基本的公式开始推导就可以完成复习。

他更引以为傲的，是他的思考不仅仅在于对每一门学科的深入理解，更在于学科之间的相互贯通。用他的话来说，这些共通的点，正是科学的思想精髓，正是武侠小说中所说的内功。这其中，他最得意的，当属傅立叶变换和线性代数之间的联系。为什么傅立叶变换能够将信号进行分解？为什么对傅立叶变换的系数进行滤波就是对相应频率分量的消除？线性系统研究的意义是什么？以前学过的知识能否来解释这些问题？……这些问题反反复复地萦绕在他的日常思考中。也不记得是在哪个傍晚或是清晨，他突然领会了其中的联系，虽然在信号与线性系统的知识内容中学的只是傅立叶变换，但是这之间的联系却在后面他接触的很多公式、小波理论等中。

思考也需要表达。记得上顾宁老师的健康信息学研讨课之初，他也是一个只听老师讲不愿意自己去设计问题、去寻找解决之道的学生。慢慢地，他能发表自己的想法，被老师夸赞“展示就应该是你们组的样子”。

正如金庸先生武侠小说中任何高深的武功都离不开深厚的内功心法，而缪居正同学的心法就是静心——那种能够脚踏实地，重基础、不含什么杂念，只为致知的纯粹。

■ 无基础不谈竞赛

大一的时候，他每天中午午睡之前背半个小时单词，午睡之后听半小时的 TED，训练听力的同时也开阔了眼界。充分利用英语课的机会练习口语和写作，努力去突破，尝试表达，在各个英语课上都受到了老师的夸奖，英语四、六级都超过了 600 分，在全国大学生英语竞赛中也荣获国家级三等奖。

数学建模竞赛校赛时，他们组选择的是一道优化问题，通过一系列模型假设，最终的模型可以通过动态规划来实现，但是在短时间中，以他们当时的基础要实现它是十分艰难的。思前想后，他和队友联想到了课上提到过的基于图论的 0-1 整数线性规划，可以较快地借助 MATLAB 现有函数直接实现，这大大简化了模型求解的过程。最终，他们获得了校一等奖的佳绩，并在国赛中获得了江苏省一等奖，在美赛中获得了二等奖。

■ 投身集体守初心

作为一名党员，坚守共产党人的初心和使命，是他时刻牢记的。对于初心和使命，他在宏大目标之下，总是致力于将它们落实到细小的、平凡的生活中去。他的小初心，就是“用自己正好的青春在方圆两公里内传播正能量、散播暖阳光”。方圆两公里，大概便是他日常活动的范围。

大家都以为凡是学霸必定孤高不可一世。他并不高冷，也从不逃避责任，有幸在大学刚开始的时候遇到了一批真诚、可爱的同班人。一次团日活动正好是圣诞节，团支书给每个人都准备了礼物。他当时不是班委，但是 21 人的小集体的确给他带来了归属感。有这样的团支书和一群可爱的同学，是他热衷集体活动的最初动力。他报名 1500 米长跑、参与魅力班级评选活动、撰写班徽解说词、迎新晚会出演吕秀才一角、辅导少年生、担任班长、担任党支部副书记、代表学院在九龙湖校区唯一的预备党员组织开展“传承图书馆”党日活动。在四牌楼继续管理“传承图书馆”，提供微信公众号在线书籍查询服务，定期整理书籍，网盘收集并共享升学经验，编写小程序方便读者在线查询与借阅……他在用自己的方式，为集体做着力所能及的点点滴滴。

初心的坚守，一方面靠自我约束，另一方面也靠实践过程中来自外界的不断的反馈。因为在班级中的贡献获得了大家的认可，他成了大家愿意去倾诉、愿意去寻求帮助的人，也是在班级缺班长时被大家一致推举的人。眼看着党支部“传承图书馆”项目逐渐式微，他抱着试试看的想法在群里招募专员一起专门负责相关事宜，意外发现有好几位同学主动报名。男儿有泪不轻弹，他把感动的泪水默默咽到了心坎里，然后慷慨激昂地在毕业前又为传承图书馆编写了2个月的微信小程序。

开始他也许会犹豫：在忙碌中是否还能继续坚持？ 坚持又是否值得？一贯坚持的做实事又是否有意义？ 可是，当他看到他大二辅导的少年生顺利通过重修时，看到班级同学的和谐与团结时，看到“传承图书馆”在越来越多参与者的共同建设下逐渐萌芽和蓬勃时，看到他在成贤街社区做志愿者教授的小学生不再惧怕学习时，看到他“理论联系实际，实践推动改变”的务实观成了生物科学与医学工程学院本科生党支部建设口号时，他觉得一切都是值得的。

■ 亦学亦乐亦生活

在学习之外，他也是一个善于发现和传递乐趣的开心果，有着自己享受的情调，一首歌，一句诗，一盏清茶，一卷书，一捧阳光，一分山水色。

他总喜欢“自己动手，丰衣足食”，在课余爱好上也是如此。 大一下学期的时候他突然很期待“短笛无腔信口吹”，于是每天坚持十五到二十分钟的练习，现在终于也能够吹一些基本的曲子自娱自乐。 大概是看到他的坚持有了收获，在一旁观望的舍友最终也加入了口琴社，一起摸索，开始了自己的“音乐生涯”。

他爱骑行，重耐力的培养。 大一暑假“怂恿”同学一起环太湖一周，在烈日下骑行，跨江浙两省，历时五天，连周边景点在内，全程逾三百公里。 或者山间小道蜿蜒曲折，或者苍茫大路横贯天际，或者烈日下大汗淋漓，或者小山里阴凉刺骨，顺风顺水和精疲力竭在一日之间尽可体会，感触良多。

倘若有闲暇，他也爱漫步校园，给自己一点独处的时间，看看四季的景，回顾最近的得失，想想未来的路。 思考，一如变幻的景，永无止境。他也会写日记，写说说，通过专栏“日常略记二三事”，分享近日的乐与忧，这既是自己抒发心情的渠道，也是给大家提供笑料的平台。甚至，有一些学弟学妹，仿照他的格式，开启了“日常略记五六事”等的版块。他看到标题的那一刻，笑了很久。

这就是缪居正，一个不一样的学霸。他搞笑，也文艺，醉心思考和学习，也无比热爱集体，努力坚守着自己的小初心。他很忙，却不着急，苦于科研的压力，却也享受生活的点滴，总之，是书生意气。

推荐老师　李冬梅

师长点评

缪居正同学爱国爱党，积极上进，能够团结同学，乐于助人。他思维敏捷且勤于思考、善于思考，学习刻苦认真、态度端正，成绩优异。他性格开朗，对生活的态度乐观、积极向上，校内校外他总在传播正能量、散播暖阳光。望继续保持目前的优秀状态，做更好的自己！

生物科学与医学工程学院　党委副书记兼副院长、副教授　周　平

孟雅之

MENG Yazhi

■ 个人简介

孟雅之，女，汉族，中共党员，1998 年 7 月出生，东南大学经济管理学院信息管理与信息系统专业 2016 级本科生。曾获国家奖学金，东南大学校长奖学金；江苏省三好学生，东南大学优秀学生干部等荣誉称号；美国大学生数学建模竞赛国际级二等奖，“互联网+”大学生创新创业大赛省二等奖，立邦“为爱上色”中国大学生农村支教奖国家银奖，等。

影响力，IMPACT

——记经济管理学院孟雅之

“太阳没有迎面而来，是我在朝着它去。”

这是她在刚刚过去的经济管理学院“先锋影响力”优秀本科生评选上的个人宣言。在活动后台默默付出了三年的她，2019年终于站上舞台，一举拿下现场评选和线上投票的双料冠军。当评委问到是什么支持她一路保持优秀，她说她一直以来在做的，只是自己喜欢的、能让自己开心的事情。

拥有影响力，正是她所认为的振奋人心的事情。她在大一的时候，经历过少不经事的懵懂，初出茅庐的意气风发，是她的学姐学长给了她影响。现在身为大四学姐的她，也很幸运能够看到身边的学弟学妹身上闪现出她的影子。这份正能量的传承正是IMPACT，影响力。而IMPACT出现在孟雅之的身上，每个字母都有了它特殊的含义。International，Matches，Practice，Academic，Contribution，Transcript，每一项她都有属于自己的影响力。

■ Transcript——学习成绩——决心攀岩，欲穷千里目

在过去的前6个学期中，她共有3个学期排名第一，综合绩点4.187排名专业第二，均分91.75排名专业第一，共有16门课程满绩，43门课程在90分以上，课程奖累计7项。此外她还获得了国家奖学金、校长奖学金、江苏省三好学生等20余项荣誉称号和奖学金。

但这些，也正如她的好朋友所说，其实只是她最不明显的优点。

■ Contribution——学生工作——勤勤恳恳，愿得团委心

学生工作一直是她内心十分推崇的一件事，并不是为了图得一职，而是能从中奉献自我。她的身份很多，从院级到校级社团再到企业实习，她已经在超过15个岗位上奉献自己的力量。

两年前，怀着高中积累下的“愿得团委心，白首不相离”的眷恋，她再次填下了团委组织部的报名表。在经济管理学院团委，她从组织部的干事做起，留任部长，最后担任会长。学院里各位团支书开展支部活动所参考的支部基本团务要求文件，正是她协助团委书记撰写的；先锋学员们学习成长的先锋学校，也正是她细心观察团委的方方面面，为了系统化现有的各式各样的培训、分享类活动而开创的品牌旗帜性活动；浸入式访谈交流活动“先锋青年荟”，也是她为了让活动更加“有温度”、有新意而首创的新式干货分享活动。就连她奋斗的舞台，“先锋影响力优秀本科生评选”盛典，也是她首次把答辩从教室推向润良报告厅，让先锋精神遍布图书馆、食堂、两个宿舍区的每个可宣传角落。

当然，在其他岗位上她也在其位、思其职。任团支书期间，带领支部获得特级团支部、先进班集体等荣誉称号；在学生处当助管期间，她也参与到全校千余份材料审核环节中，工作时长超过100小时；在各大志愿类社团中，她也积极付出，从青协、支协到礼仪协会，从南京婷婷幼儿园支教活动、将军山小学支教活动、南京南地铁站志愿者到作为礼仪小姐出席东南大学各项活动，她印象深刻的还是跨年演唱会那次，她在现场做引导、发彩蛋、参与串场表演，获得了东南大学艺术团颁发的优秀志愿者证明。她还担任团总支心理部部长、14B186班级班指导、党支部支委等职务，她从来没有觉得大三大四已经是激情褪去的时候。

■ Academic——课题三千，只取一瓢饮

她很尊敬的舒嘉教授曾经教导她，大学是做学术的圣地，她也一直牢记于心。现在，她已经获得了34个SRTP学分，还有10余分在路上，预计可以以45+的SRTP学分圆满毕业。她参与SRTP项目7项，其中国创2项，A+级项目2项，A级项目1项。除了SRTP学分，她也作为独立作者完成一篇全英文论文，作为第一作者完成了一篇中文在投论文，在国家自然科学基金等资金资助下投稿至国内核心C刊《中国管理科学》，顺利进入主编终审阶段。

在刚刚过去的保研季，她收获了清华经管、北大光华、北大汇丰、浙大管院、交大安泰等8个入营通知，作为学院唯一入营清华经管夏令营的学生赴北京通宵阅读文献，会见顶级学术大牛教授，最终以专业第一名推荐保研至上海交通大学安泰经济与管理学院。学术的路上，她也一路披荆斩棘。

那学习之外的假期，她在做什么？

■ Practice——深入社会，此事要躬行

大一寒假，她回到了母校长沙市雅礼中学，参与了“感恩母校，情系东南”回访母校志愿活动。一位学妹在活动结束后特意找到她，“上午听了你的演讲，非常感动，”她说，“学姐，来找你就是为了好好谢谢你。”回到东大，她代表团队答辩，获得全校最高奖项优秀团队一等奖。

在暑假，她也同样没有停下实践的步伐，她发动人脉寻找了10位来自经管、交通、人文、建筑学院的志同道合的同学组成团队，在没有借助学校现有资源的情况下自主选题、自主申报、自主策划，作为学院2个校级社会实践项目队长之一，带领团队考察研究了30余处不可移动文物点，独立联系并走访了多处政府机构，并创新性地开展小学支教和家访活动，教授语文、数学、英语、文物保护等7门课程，获得立邦“为爱上色”中国

大学生农村支教奖国家银奖等殊荣，项目也得到了搜狐网、人民网、《新鹿邑》报纸、《教育前沿》电视栏目组等近10家媒体报道。这些荣誉的背后是很多个挑灯努力的夜晚，“考试周那会儿，半夜十二点还在和同学打电话策划小学支教的事儿。”她笑着说，“我们没有任何后台支撑，10名普通的同学就这样踏上乡村支教的征程。”但更多地，这些经历给予她的是难以忘怀的体验和真挚的友谊，也大大提升了她对人文社会的关注。

■ Matches——赛场拼搏，厚积而薄发

学科竞赛一直是她长期的追求，从院级、校级、省级、国家级到国际级，她共获大大小小的奖项23项。其中，作为经济管理学院的学生，她参与的创业项目在各类商赛获奖7次，包括“互联网+”省级二等奖、江北新区创业大赛二等奖、“万创奔腾杯”创业大赛三等奖等。而她最执着和热爱的还是数模比赛，2019年1月，她继数模国赛后再战美国大学生数学建模竞赛，连续36个小时没有入睡，获得国际二等奖。而已经保研的她在2019年9月放弃休息时间，选择了再次参加数模国赛，凌晨5点从金智楼的窗户翻出来，挂得一身蜘蛛网，最终获得了江苏省一等奖报送国家级奖项的第一名。2020年，她将第五次参加数学建模比赛，争取在美赛挑战更高的奖项。

但她始终觉得人要做让自己开心的事情，而不是做有利可图的事情。

■ International——远渡重洋，上下而求索

国际交流是她作为保研党而一直热爱的一件事情。大一的暑假，她前往美国佐治亚理工学院参与ASP(Atlanta Summer Program)暑期交流项目，主修了3门课程，获得GPA 4.0的成绩认证，学习之余，她在没有任何信号的田纳西郊外和朋友睡帐篷，看天上的银河；她在原奥林匹克赛道上体验了4个小时的惊险漂流；在回来的飞机上，她看到了正在经历极昼的北冰洋——一望无垠的冰盖宣告着造物主的伟大，衬托出自己的渺小。她十分享受不同文化

的碰撞所带来的新鲜感和冲击感，结交到了很多至今都是很重要的朋友。

大二的暑假，她经过重重面试选拔再次出发，赴香港岭南大学参与思尔豪国际教育基金会主办的全英文阳光国际交流营，与 20 多个国家的海外志愿者和 40 多个高校的大学生一起探索和学习以诚信为本的仆人式领袖精神，在那个乌托邦一般的地方，她用热情和真诚享受其中，学会了领导力和服务精神，学会了诚信和包容。

不久前，她收到了国家留学基金委的贺信，在大四的下学期，她将以国家公派留学生身份公费前往美国威斯康星大学麦迪逊分校学习交流，再续她每学年一定要出境交换的执着理想。

IMPACT，或许这就是她的影响力，是她一直以来希望的，能把她经过努力开辟的道路、留下的点点滴滴的经验和洞见，不断传递下去。人从来不能沉迷于已有的成就与安逸。保研后，她开始在全球前三的独立软件公司实习，担任产品经理，深入参与上亿元级别的项目，日常和行业专家一起头脑风暴；她开始和威斯康星大学的老师一起提前开始做毕业设计，项目正在有条不紊地开展……身体和灵魂，总得有一个在路上。

其实忙碌和充实一直都是她大学生活的主打色。“有时候有些事情，并不是如同最初那样因为新鲜和热爱而坚持，”她说，“而是因为责任感，或者说在坚持的过程中，才渐渐找到了坚持的理由。”

推荐老师 杨 艺

师长点评

孟雅之同学在学习上勤奋努力，力争上游，专业排名前列。在工作上，她积极承担学院内和班级的学生工作，具有较好的责任意识和服务意识，为支部和班级的发展做出了一定的积极贡献。在社会实践方面，她热心公益，乐于助人，努力追求“先锋”精神。

经济管理学院 教授、博士生导师 赵林度

冯一鸣

FENG Yiming

■ 个人简介

冯一鸣，女，汉族，1999 年 2 月出生，中共党员，东南大学化学工程与工艺专业 2016 级本科生。曾获东南大学校长奖学金，德威奖学金；江苏省优秀学生干部，东南大学三好学生、优秀团员等荣誉称号；全国大学生化工设计大赛二等奖，卓越联盟大学生化学新实验设计大赛二等奖，江苏省普通高等学校大学生“安莱立思”杯水处理实验大赛二等奖，东南大学两门课程奖、暑期社会实践校级一等奖、暑期社会实践优秀个人、社会工作优秀奖、文艺活动优秀奖等。

满怀热情　止于至善

——记化学化工学院冯一鸣

当人生被赋予青春这个字眼的时候，世间的一切都会被美好所打败，而热情正是青春最明显的标志。永远满怀热情，对生活保持积极的态度就是她在大学的生活态度。满怀热情面对大学时光，每一件事情努力做到止于至善。

■ 对学习保持热情

在索求知识的路途中，她永远怀着一颗热忱的心。时间永远比想象中要过得快，转眼间她已经在东南大学度过了两年韶华。正是这些日夜交替，构成了她人生中最美好的阶段。在这些日子里，保持热情地学习是她生活的主旋律。能够有机会系统地接受教育和建立知识基础正是大学之道的馈赠，作为学生也更应该抓住机会。课堂上，沉浸于老师口中奇妙的化工世界；闲暇时间，沉迷于图书馆的无尽宝藏之中。这样的热情，也给她带来了一点小小的成果，目前她平均绩点排名专业第二，曾获校长奖学金、德威奖学金和课程奖等奖项。书本之外，实践也必不可少。“纸上得来终觉浅，绝知此事要躬行。”对于工科学生更是如此，进入实验室是一个很好的选择，在形形色色的药品和试管中找寻、探索和验证真理。大二期间，她做的 SRTP 校级项目为“氟硅离型膜的制备及性能研究”，从阅读晦涩难懂的文献到一步步探索尝试未知的领域，从一次次样品的失败到做出微小成果的喜悦，看似枯燥却很充实的过程让她渐渐地喜欢上了科研。

于是她选择暑假留在学校每天待在实验室里，挑选自己较为感兴趣的方向进行研究。多级孔双金属MOF的制备及性能研究让她对光催化剂相关知识有了更深刻的了解和认识。南京的夏天很热，做喜欢又值得的事情却很开心。专业知识之外，东大也提供了很多学习其他知识的途径和机会，C++语言、英语等课程的开设让学生能够广泛涉猎各类知识。

她并不满足于现状，止于至善是她一直以来的追求，学习就要步履不停地追求更好。

■ 对生活充满热情

大学生活很美好，不单单只有学习。“国事家事天下事事事关心”，课本上的知识固然重要，但象牙塔外的世界同样值得探索。在大一即将升入大二的暑假里，她作为组长组织了一次志愿服务类的暑期社会活动，走出校园去感知身边的世界。在社会实践申报之前，一则新闻引起了广泛的关注和热议。杭州一小学采用的一套北京师范大学出版的中小学生性教育教材因被家长投诉“尺度太大”而被取消使用。联系自身实际，目前，大部分学生基本没有接受过系统的性教育，所以她想做这样一个暑期社会实践，了解南京中小学生及高校性教育的实施情况。身为组长，她首先对整个活动做了完整的规划，制订了一份详细的策划书。她负责的暑期社会实践为期两个月，其中包括前期准备、中期进行、后期整理三个部分。在前期，小组成员搜集了大量的文献资料，了解了大量关于性教育的知识。与此同时，他们联系预约了需要接受采访的老师和医生。活动后期，他们把所有得到的数据进行了整合分析，撰写了长达几万字的社会实践总结报告，把所有的采访影像资料剪辑制作成视频。采访南京的各大医院，走进十几所教育机构，编纂了五万余字的总结报告，熬夜到凌晨完成了视频的剪辑。不过最幸福的莫过于时光和煎熬都是值得的，最终她所负责的项目荣获东南大学暑期社会实践校级一等奖。

在忙碌的学生工作中她也找到了更多感动与成就感。大一时，她加入了化学化工学院学生会，遇到了优秀的学长学姐，榜样的力量带给她巨大的影响；大二时，她成为综合媒体部部长，认识了总是带给她很多惊喜的学弟学妹们。学生会带给了她很多，而她想带给学生会更多的东西。正因如此，她选择留在这里，成为学生会主席。在这一年里，她带领院学生会组织了多场大型校级活动，协助团委老师举办化学化工学院三十周年院庆典礼等多场活动。

穿梭在忙碌的生活之中，她收获颇丰，成长许多。拿得了相机，做得了推文，剪得了视频，写得了文案。从懵懂无知的大一新生成长为一个懂得责任与担当的人。

■ 对信仰满怀热情

她在大一期间任 190163 团支部团支书，后担任 191161 团支部团支书。团支书是班级的核心，起到引导同学在正确的方向上前进、鼓励青年团员积极向党组织靠拢、提高班级学风、提高班级凝聚力的作用。出于这样的向往，她成功竞选为班级团支书一职。还记得第一个磐石计划——“你的大学，还好吗”，虽然团支部只有二十余人，但活动参与人数过百。就在她努力把活动做得越来越精致时，当时的班主任在班会上问她：“你们这个活动真的能起到作用吗？”这个问题让她陷入了思考，她才发现，在追求活动越来越漂亮的过程中，渐渐远离了它的初衷，并没有达到计划书中所写的效果。真正有用的团日活动是要带给别人更多好的影响。她想要做得更多，也想要做得更好，就有了后来的两个磐石计划——“青春践行正当时——学习贯彻党的十九大精神”“未来可期——她想成为什么样的人”。在这些活动中，支部成员对党的十九大精神有了更深刻的理解，同时提升了团支部的影响力。她在担任团支书期间，共举办五次团日活动，四次申报为磐石计划并顺利结题。从第一次做磐石计划时的懵懂无知，到现在的轻车熟路；从开始组织集体活动时的手足无措，到看到活动参与人数超过一百五十余人时的欣喜；从第一次迈进实验室的陌生，到在实验室亲手做出叶脉书签、手工皂等文化产品的成就感；从第一次拿起相机，到自拍自导自演的微电影浏览量不断上升……这些绕不开团日活动的时光，一次次让她感受到那些难以言表的情绪与感动，也一次次让她成长。她带领191161团支部获得了国旗团支部入围奖、甲级团支部、特级团支部等多个荣誉称号。

对党的深刻认识和深切向往，让她有了加入中国共产党的强烈决心。在大一刚入学时，她就向党组织递交了入党申请书，现政治面貌为中共党员，担任化学化工学院本科生党支部书记一职，带领党支部成功申请领航工程，并在“青春心向党，奋进新时代”大型党史国情知识竞赛中获得特等奖的好成绩。在今后的生活中，她将用党员标准更加严格地要求自己，真正实践自己的入党誓言，使自己真正成为一个能经受任何考验的中国共产党员。

习近平总书记指出,青年是社会上最富活力、最具创造力的群体，应当走在创新创造的前列。青年要有敢为人先的锐气，敢于解放思想、与时俱进，敢于上下求索、开拓进取。学习上，她勇于创新、上下求索；生活上，她保持热情，真诚待人，秉持着逢山开路、遇河架桥的勇气；支部内，她坚定信仰，敢于承担、勇于争先，在不断的实践过程中提高自己的思想理论水平，在同龄人里树立了良好的榜样。

“自信人生二百年，会当水击三千里。”在将来的学习、工作和生活中，她将会以更高的标准严格要求自己。尽管本科阶段已经取得了相对不错的成绩，但她不会止步于此，必将继续昂首前进，勇攀高峰。

推荐老师　周亦珩

师长点评

冯一鸣同学学习刻苦认真，学习成绩优秀，具备良好的理论知识和实践能力。她兴趣爱好广泛，能积极参加学科竞赛并多次获奖。曾在院学生会担任主席，现任化学化工学院本科生党支部书记，有一定的良好的群众基础。她尊敬师长，团结同学，是一名品学兼优的好学生。

化学化工学院　教授　代云茜

刘芷辰 LIU Zhichen

■ 个人简介

刘芷辰，女，汉族，1998 年 3 月出生，中共党员，东南大学交通学院交通工程专业 2016 级本科生。曾获国家奖学金，茅以升科技教育基金奖，唐仲英德育奖学金，宝钢奖学金，国家留学基金委优秀本科生国际交流项目奖学金；江苏省三好学生，东南大学三好学生标兵、优秀生等荣誉称号；美国大学生数学建模竞赛特等奖提名，全国大学生英语竞赛国家级特等奖，大学生交通科技大赛江苏省一等奖，大学生数学建模竞赛江苏省三等奖，等。

东大青年　多元光彩

——记交通学院刘芷辰

一个下地苦求的探索者，一个外向赤诚的艺术者；

一个因爱发声的领导者，一个保持创新的前进者；

一个愿竭我才的交通人。

她想说："无尽的远方，无尽的人们，都与我有关，我想用交通的力量，把思考和温暖传递给更多的人。"

高考填报志愿的时候，她是为什么选择了东南大学，又为什么选择了交通的呢？ 走在李文正图书馆前的那条笔直笔直的大路上时，她经常思考这两个问题。

第一个问题，为什么会选择东南大学，她是清楚的，因为她想学工科。 从高一到高三，每当有人问：你以后想读什么啊？ 她都会笃定地回答：她想读工科。 通常对方会笑笑：女孩子读工科会很辛苦哎，读文或理会更轻松一点吧。 然后她也笑笑，不再言语。 借用古人一句话，学之大者，为国为民。 工科于她，就是这样一个梦想般的存在。 那她又是为什么选择了交通呢？ 第二个问题的答案不似第一个这么清晰笃定了。 直到有天，她坐车穿过长江二桥，看到向后飞逝而过的整齐的白色栏杆，和在远处波澜起伏的江水，她突然想起：她选择交通的起因，是一座桥。

杭州湾大桥，36 千米，从杭州到上海，连绵不绝。 高二那年坐车从桥上经过时，她看到按赤橙黄绿青蓝紫排列的像彩虹一样变化的护栏，看到动中有静的路面，看到桥上的路和高立于海面上的观景台，生平第一次知道，桥也可以盖成这样。记得在杭州湾大桥上飞驰了一段时间终于从桥面开到路面上时，她不由得肃然起敬：这，是一个奇迹。

也许是与杭州湾大桥的初次见面令人印象太过深刻，以至于报考志愿的时候看到东南大学交通学院，她几乎是不假思索地说：就这个了。于是第一志愿第一专业，刘芷辰同学来到东南大学交通学院，成了一个有交通底色的东大人。而她，决心用四年的时间，成为一个有东大底色的交通人。

■ 脚踏实地，上下求索

随着学习的深入，她越来越喜欢和同学、老师们交流探讨，用工程师敏锐又严谨的思维去学习新的知识、解决新的问题，用自己的专业知识和创造力实现工程师的价值。

于她而言，追求优秀并非标签，而是习惯。她见过凌晨教学楼的阳光，也见过午夜交通大楼的灯光，自入校以来，她始终保持均分专业第一，荣获了国家奖学金、茅以升科技教育基金奖、唐仲英德育奖学金、交通学院奖学金与十余门课程奖学金，并获得东南大学学习优秀生的称号。同时，早在大一时，她便提交了入党申请书，她从身边的点点滴滴做起，始终提醒自己要想成为共产党员就应该具备共产党员的基本素养——奉献自己、服务他人、与身边的同学共同进步。终于，她成为本届第一批光荣的中国共产党员。她时刻以党员的标准来严格要求自己，起到带头的作用，为祖国的建设添砖加瓦。

学术之路，在踏实沉淀与热情迸发的相辅相成中，她稳步向前，不曾退缩。刘芷辰多次在国际、国家、省级竞赛中斩获高级奖项，曾荣获 2019 年美国大学生数学建模竞赛特等奖提名，2016 年全国大学生英语竞赛国家级特等奖，2019 年大学生交通科技大赛江苏省一等奖、小组第二名，大学生数学建模竞赛江苏省三等奖等等。她亦知，不积跬步无以至千里，贵在钻研，第一个 SRTP 项目她和团队成员一起耗时两年，其间三次推翻四次重建，终于从交织区最基础的理论上搭建出创新使用的信号控制平台，研究成果获得大学生交通科技大赛江苏省一等奖，并成功申请软件著作一项，专利受理一项。

学术之路，越是探索，越知路漫漫其修远兮，吾将上下而求索。随着专业知识的深入，她在交通工程与大数据分析的交叉方向开始了自己的科研探索，研读通信原理，实地采集数据，步步推敲直到取得进展，以第一作者的身份发表了EI(工程索引)论文，参加2019年COTA国际交通科技年会、2018年两岸四校永续与创新学术研讨会等。

从专业课到语言到学术研究，于她而言，不断地学习，就是不断地创造新的可能，也许探索的过程会有诸多挫败与灰暗，但面对困难和挑战，勇敢与踏实总是最好的应对之策。走得越远，世界就会越发开阔，越发妙不可言。

■ 因为热爱，所以坚持

她喜欢尝试，喜欢阳光，永远爱笑，永远在路上。自从三岁那年拿起蜡笔在纸上懵懂地感知色彩起，绘画不知不觉间已经成了她生命的一部分。她喜欢热烈的仿佛要溢出纸面的绚烂色彩，也喜欢清寂的蜷居在画纸一角的灰色留白。因为热爱，所以坚持，从国画到水彩，从素描到水粉到板绘，对她而言，每一种绘画的风格都是新鲜的，独特的，值得细细品味的。从初进东大，军训时作为海报组负责人和团队一起用巨幅手绘海报展现东大的美景，到为团日活动绘制明信片在全校发放，再到为公众号供稿绘制插图，看到她所描绘的温暖与美丽得到认可，她感到深深的愉悦和自豪。

进入大学，刘芷辰加入了话剧团。在一次次的排练中，她逐渐成了一名业余的话剧演员和一名专业的话剧观众。话剧，这个打破“第四堵墙”的艺术，让她得以用全新的视角诠释她的生活。三年来，她成功解锁校内所有大型学生活动舞台。舞台下，这三年来交通学院每一场大型晚会的台前幕后，都有她参与调度的身影。舞台上，她是莎士比亚戏剧社年度大剧《时间的故事》中敢爱敢恨的女二号宝琳娜，她也是《群鬼》中跨性别反串的男主角。某种意义上说，话剧给了她一个打破固有自我、认识自己的机会。她也欣喜地发现，当尝试着用不同的途径去看世界，世界也变得更加丰富多彩了。

■ 东大青年，绽放光芒

南京市青奥会举办前，刘芷辰有幸成为青奥会顾问团的一员，用自己的才智与创意为青奥会的开幕式献计献策。她曾作为苏北地区唯一的高中生代表，赴北京人民大会堂参加了中华全国学生联合会第十二次代表大会，在与来自祖国各地学生骨干的交流中，感受到了属于青年人的才智与责任感。

她深信，青年之文明，奋斗之文明也，与境遇奋斗，与时代奋斗，与经验奋斗。故青年者，人生之王，人生之春，人生之华也。她始终相信，勇敢肩负责任的青年人，有让世界变得更好的力量。东大之青年，亦是社会之青年。

在第二届江苏发展大会，她作为 VIP 志愿者，负责中国工程院院士顾大钊先生的行程对接，在点滴中展现江苏青年的风采；在贵州黔东南自治区渡马县桥坪小学，她是认真的支教老师，用一方黑板给孩子们描绘他们将要见到的世界，她希望，通过传递她自己的思考与温暖，能让孩子们更好地走出去，去看他们想看的世界，拥有不设限的未来。业余时间，她是“一览众山小-可持续城市与交通”团体的志愿者，翻译国外前沿文章并进行推广，以期能让更多人了解她所热爱的交通学科的美丽与力量。

她从交通学院学生会副主席到传媒中心副主任，从东南大学学生处助管到各类志愿者，角色不同，热情相同。她希望能用自己笃定的光芒，照亮世界一角，实现交院人、东大人、青年人的价值。

交通，关乎承载，坚实的桥墩与路面所承托的，不只是来往的车辆与如潮的行人，更是一个城市、一个国家靠着自己的力量走向新世纪、走向新世界的基础和希望。

交通，关乎联通，宏伟的桥面与路网所连接的，不只是江的这边与江的那边，更是贫穷与富裕、落后与发达、梦想与现实、现在与未来。

做优秀的交通人，助力祖国未来建设，她在路上，也一直会在。

推荐老师　胡浩辰

师长点评

刘芷辰同学积极进取、团结同学、学习勤勉、成绩优异，德智体美全面发展。担任学生干部期间工作认真负责，有良好的组织领导和协作沟通能力，深得老师和同学们的一致好评。凭着这股坚持不懈、勇于上进的精神，相信她在未来的学习、工作和生活中会更加优秀和出色。

交通学院　教授　刘志远

熊瑾乐 XIONG Jinle

个人简介

熊瑾乐，女，汉族，1998年6月出生，共青团员，东南大学仪器科学与工程学院测控技术与仪器专业2016级本科生。曾获国家奖学金，东南大学校长奖学金，中国仪器仪表学会奖学金；江苏省三好学生，东南大学三好学生标兵、三好学生等荣誉称号；第十届“北斗杯”全国青少年科技创新大赛省级三等奖等。曾发表论文两篇(第一作者)。

课程学习到投身科研

——记仪器科学与工程学院熊瑾乐

和其他的同学一样，刚刚步入东南大学的时候，熊瑾乐对本科的学习和生活有一点点兴奋，也有一点点迷茫，当然更多的是憧憬。她很清楚，大学生活，意味着自己已经不再是在父母庇护下的小孩子了，需要学会独立，去担负属于自己的未来；踏入这样一所大学，会遇到很多优秀的老师与学生，也会遇见许许多多的机会与挑战；在四年之后，每个人就会做出自己的选择，走上适合自己的人生轨迹。那个时候的熊瑾乐对于所学的专业知之甚少，也不确定大学毕业之后会从事什么方向，但是她有一个很坚定的信念，就是想要在未来从事科研方面的工作，而且是和生物学相关的研究，这是她从初中以来一直怀揣的梦想。

然而，在高中阶段的不顺遂，以及高考成绩的不理想，让她在填报志愿时不得不做出妥协，选择和生物学鲜有交集的仪器专业；如果没有办法一次达成目标，那就退而求其次，条条大路通罗马，只要信念坚定，总可以实现梦想。那么，如何向这个看似遥不可及的理想靠近呢？那个时候的熊瑾乐并不知道。大学的学习和高中不一样，作为一个工科专业，课程多且复杂是在所难免的，仪科学院的学生将会在本科期间接触到机械、信息、仪器等诸多领域的知识。熊瑾乐相信，从入学开始就打好基础，在将来把握住机遇的可能性自然更大，因此，她把自己的绝大多数精力都投入课程学习当中。

■ 朝夕孜孜，志存远大

无论是在暖意融融的春日，还是在寒风凛冽的冬日，每天早上，当手机的震动铃声响起时，熊瑾乐不会有一丝迟疑，她会敏捷地爬下床，在多数人尚沉醉在酣甜梦乡时轻轻地关上寝室的门，在跑操之后坐进熟悉的教室里，开始一天的学习。等到回寝室的时候，已经是星斗满天的夜晚了，在摇曳的灯光下，她的影子伴着她，一同走过寂静的校园。有课的时候，她总是会早早到达教室，坐在第一排的位置，因为她希望离老师近一点，去细细体味老师说的每一句话。闲暇的时候，熊瑾乐绝不会躺在寝室里虚度时光，她仍旧一个人坐在教室里，孜孜不倦地巩固和拓展所学知识，知识就是她最好的伙伴。在苦苦思索的间隙，或者是奋笔疾书间的休憩时刻，她会抬起头，凝视窗外的那棵乌桕树。这棵树是那么高，足足抵达四楼的窗口，同时，它又是那么婀娜多姿，椭圆形的叶子和光洁的果实就像童话里静谧怡人的仙女。一年三百六十五日，这棵树都在窗外注视着她，她也见过它在四季更迭时刻的种种美丽的容颜。熊瑾乐多么希望自己也可以成长为这样的一棵大树呀，年复一年地承担寒潮、风雷、霹雳，拥抱雾霭、流岚、虹霓，枝横云梦，叶拍苍天。当然，她也深知，无论多么伟岸的树木，都是从小小的萌芽开始的；一切的现在都在孕育着未来，未来的一切都生长于它的昨天，她应当怀有希望，并且为之奋斗。

大学生涯最初的两年，熊瑾乐都是这样度过的。或许，在每个学期的前十六周，熊瑾乐都是别人眼里的书呆子，成天泡在教室里；但是，等到考试周拉开序幕，熊瑾乐就不由得微微一笑，她只需要轻松地温习几遍早已熟稔的知识点，然后从容赴考，过关斩将，一举拿下一个漂亮的成绩。在考试中锋芒毕露之余，她也会思考，这样的生活是不是太单调乏味了呢？把大量精力投入课程学习，会不会本科结束之后，成了一个很厉害的考试机器，而不是一个具备良好科研潜质的学者呢？除此之外，还有一点困扰着熊瑾乐，那就是她在学科竞赛等课外活动上表现平平。在本科期间，熊瑾乐也读过很多竞赛大神、科研牛人的事迹，她十分羡慕那些和自己同处一个校园的同学能取得如此瞩目的科研成果，并做到学习、研究两不误。她很清楚自己为什么无法做到相同的事情，对自己近乎严苛的要求，致使她绝对不允许平时刻苦的学习只是为了应付考试。每当她有机会深入某一个竞赛或项目研究时，她内心总会面临抉择，她会犹豫不决，她害怕转头攻克别的东西会致使课程学习荒芜。因此，她陷入了深深的苦恼中：真的是自己兼顾不了吗，是自己没有遇到好的机会吗，还是自己当真没有那么多科研的天赋呢？在这样的纠结中，她步入了本科三年级，在这一年，所有这些如云翳般的困扰都将化解。

■ 厚积薄发，笃定前行

如往日一样，熊瑾乐仍然十分认真地对待各门学科的学习，同时怀着满腔热情参加各类竞赛和研学项目。这一次，她遇到了对的人。在2018年11月，熊瑾乐作为项目负责人参与了刘澄玉老师指导的SRTP项目“基于医疗健康大数据的心血管系统发病风险预测”，这是一个基于实验室可穿戴智能设备采集的数据，研发医疗数据的信号处理和机器学习算法，建立患者早期预警和早期诊断系统的研究项目，它的研究成果将会极大地减少心血管疾病的发病风险和死亡风险，并可以通过大数据分析降低未来国内老龄化大背景下的养老成本。这是一个庞大的项目，或许本科生在其中发挥的作用很小，但是真正吸引熊瑾乐的是项目指导老师的研究方向。刘澄玉老师的研究方向为穿戴式医疗设备、医学大数据与人工智能，这与仪科的专业有联系，同时又结合了生物医学领域，可以说很好地契合了熊瑾乐对未来研究方向的所有要求。

在项目期间，她凭借对待学习的勤奋与热情，对待研究的严谨与专注，给刘老师留下了非常深刻的印象。在此之后，刘澄玉老师担任了熊瑾乐作为东南大学遴选的优秀生的指导教师，并为她制定了有针对性的本科学习优秀生培养计划，在进行专业学习指导的基础上，重点培养她的科研探索能力和创新精神。

2019 年 1 月，在和刘老师的一次会面中，刘老师安排熊瑾乐围绕熵测度算法及其在心血管疾病检测中的应用开展研究，争取能取得一定的研究成果。 寒假在家的时候，熊瑾乐阅读了大量熵算法领域的研究论文，接触到了一个与过去单纯学习课本上的知识迥然不同的世界。 新学期开始，老师给熊瑾乐指明了样本熵研究上的一个思路，让她去实践和验证这一想法。 在此基础上，通过每周一次的师生研讨，渐渐形成了样本熵算法阈值规则的改进思路，在 2019 年 3 月至 6 月四个月的时间里，熊瑾乐展现了非常强的自我学习、探索研究精神，其间她快速掌握了熵算法的构建机制、阈值影响规则等核心技术问题，并创造性地提出了使用物理阈值规则来改进样本熵测度的思路，并通过翔实的实验验证了采用物理意义阈值的样本熵在心衰和房颤检测中表现优于传统样本熵。 对于这些理论创新思路，2019 年 8 月，熊瑾乐作为第一作者撰写的英文论文被国际熵研究领域主流期刊 *Entropy* 录用(2019 年影响因子 2.419)；同时其进一步研究提出了新的心衰熵指标，该研究被第 46 届计算心脏学国际会议录用，熊瑾乐参加了 2019 年 9 月在新加坡举行的此次大会，并在会场与多位专家学者进行交流，表现出了非常好的国际交流能力。 在短短不到 1 年的时间内，熊瑾乐同学作为第一作者发表了 2 篇熵算法方面的研究论文。

在刘澄玉老师的实验室学习期间，熊瑾乐也参与了科研中诸多环节的训练，包括临床数据采集、数据质量控制与拣选、数据分析和临床应用验证。 她由起初对机器学习方法的不甚理解，到后来能够较为熟练地掌握部分机器学习和大数据分析算法，展现了一名研究初学者快速适应环境、融入团队的能力。 在其中她更是展现了极大的学习热情和兴趣，给老师印象最深的是她对新领域知识和技能的渴望，虽然她以前从未接触过信息熵理论，但她可以通过独立学习专业参考资料来弥补相关的知识差距。 同时，熊瑾乐作为 SRTP 项目组长，积极组织其他同学参与研究，讨论项目进展，展现了良好的小组协作能力和团队精神，并且，在结题答辩中，这个项目也因为小组学生出色地完成了研究任务，最终成绩被评为“优秀”。 在刘澄玉老师担任组委会主席的2019年第二届中国生理测量挑战赛中，熊瑾乐也带领其他同学帮助老师完成了部分竞赛数据的整理和标准化工作，被第八届国际生物医学工程和生物技术会议授予竞赛“优秀志愿者”称号。

大学三年级以来参与的这些不同于以往的科研活动，打开了熊瑾乐通往新世界的大门，她看到了一个更高远、更美好的领域，不再纠结于过去竞赛上的种种得失了。更为重要的是，她的未来有了一个明确的方向，她不再迷茫，也绝不会浪费时间自怨自艾了。2019年9月，熊瑾乐以本院保研综合排名第一的优异成绩保送至刘澄玉老师所在的实验室攻读硕士学位，继续深入在生物医学和医疗健康领域的学习和研究。在具体的科研能力培养方面，刘老师将带领熊瑾乐继续学习大数据处理、机器学习、深度学习相关技术，了解相关技术在心血管健康大数据分析中的应用，并了解医院、家庭智能监护中存在的问题和可能的解决方案，培养其独立思考能力和动手能力。在参与科研项目的过程中，熊瑾乐的组织协调能力、团队配合竞赛和带头科研能力将得到培养，她将向学科基础扎实、专业技术过硬、实践能力突出的领军人才方向发展。在未来，熊瑾乐会在这条道路上踏实地前行，愈行愈远，最终必将实现她的理想与信念。

推荐老师　彭袁圆

师长点评

熊瑾乐同学在学习和科研上展现了非常好的天赋。学习上，成绩排名全年级第一；在科研上，在短短不到1年时间内，以第一作者的身份发表SCI期刊论文1篇，EI论文1篇。同时，熊瑾乐同学还有非常好的社会实践和社会服务意识。

仪器科学与工程学院　教授　刘澄玉